Toulouse
Montpellier
San Sebastian
Bayonne
FRANKREICH
Vitoria
ANDORRA
Ebro
Barcelona
I E N
Valencia
Júcar
Albacete
Xabia
Alicante
e la Cruz
Murcia
Mittelmeer
N
0
100
km
ALGERIEN

Peter Lindenthal

Peregrinatio Compostellana anno 1654

Peter Lindenthal

# PEREGRINATIO COMPOSTELLANA

## anno 1654

Die abenteuerliche Pilgerreise
des Christoph Guntzinger
von Wiener Neustadt nach Santiago,
wiederentdeckt von
Peter Lindenthal

Tyrolia-Verlag · Innsbruck–Wien

Mitglied der Verlagsgruppe „engagement“

Bibliografische Information Der Deutschen Nationalbibliothek
Die Deutsche Nationalbibliothek verzeichnet diese Publikation in der Deutschen Nationalbibliografie; detaillierte bibliografische Daten sind im Internet über http://dnb.d-nb.de abrufbar.


Umschlaggestaltung und Layout: Tyrolia-Verlag, Innsbruck
Fotos: Peter Lindenthal
Lektorat: Mag. Silvia Greber
Karten: KGS Kartographie und Grafik Schlaich, Geislingen
Lithografie: AS-Design, Imst
Druck und Bindung: Gorenjski-Tisk, Kranj (Slowenien)
ISBN 978-3-7022-3303-7 *(gedrucktes Buch)*
ISBN 978-3-7022-3313-6 *(E-Book)*
E-Mail: buchverlag@tyrolia.at
Internet: www.tyrolia-verlag.at

# INHALTSVERZEICHNIS

Und er sandte sie aus mit dem Auftrag, das Reich Gottes zu verkünden und zu heilen. Er sagte zu ihnen: Nehmt nichts mit auf den Weg, keinen Wanderstab und keine Vorratstasche, kein Brot, kein Geld und kein zweites Hemd. Bleibt in dem Haus, in dem ihr einkehrt, bis ihr den Ort wieder verlasst. Wenn euch aber die Leute in einer Stadt nicht aufnehmen wollen, dann geht weg und schüttelt den Staub von euren Füßen, zum Zeugnis gegen sie.

Lukasevangelium 9,2–5

# ÜBER DAS PILGERN

## GEDANKEN ZU EINER MODEERSCHEINUNG

Pilgern ist mit großer Wahrscheinlichkeit das zur Zeit am inflationärsten verwendete Wort. Ganz abgesehen davon, dass die Menschen ins Fußballstadion, ins Einkaufszentrum, ins Konzert eines Superstars etc. „pilgern", pilgert man jetzt sogar „wirklich", und zwar hauptsächlich nach Santiago de Compostela. (Heute ist man fast schon out, wenn man NICHT den Jakobsweg „gemacht" hat.)

Aber was ist eigentlich das Pilgern? Sind alle, die jetzt in Massen den Jakobsweg bevölkern, wirklich Pilger? Die meisten sagen ja. Denn sobald sich jemand selbst als Pilger bezeichnet, ist er oder sie es auch. Niemand hat das Recht oder die Macht, den Begriff „pilgern" für alle allgemeingültig und verbindlich zu definieren, das macht jeder selbst. Für mich ist die Eigendefinition als einziges Kriterium zu einfach, zu oberflächlich, zu beliebig. Alleine wenn man das Wort „peregrinus" – davon leitet sich der Begriff Pilger ab – näher betrachtet, sieht man, dass „pilgern" doch viel, viel mehr ist.

Im Wort, lateinisch für „der Fremde", sind die Worte „per" und „ager" verborgen. „Ager" wird mit Acker bzw. Scholle übersetzt, bis vor kurzem auch im Deutschen ein Synonym für „Heimat". Es stammt aus einer Zeit, als unsere Gesellschaft noch vorwiegend bäuerlich war. Der Fremde, der „peregrinus", ist also jener, der die Sicherheit und Geborgenheit seiner Heimat aus welchen Gründen immer hinter sich lässt.

Zu Zeiten des Römischen Imperiums bedeutete dies, das Gebiet zu verlassen, in dem man alle Rechte eines römischen Bürgers genoss. Man wurde zum Fremden, dessen Überleben vom guten Willen, von der Gnade, von der Gastfreundschaft derjenigen abhing, denen der „peregrinus" auf seiner Reise begegnete. Richtet man nun den Blick auf den Begriff im christlich-religiösen Zusammenhang, auf die ersten Pilger des Christentums – das waren Jesus selbst, seine Jünger (siehe Lukas 9,2–5) und, für uns Europäer besonders interessant, die irischen Wandermönche des frühen Mittelalters –, stoßen wir wieder auf den „Fremden", diesmal in einem spirituellen, religiösen Kontext.

Die Iren kannten drei Arten des Martyriums, das rote, das weiße und das grüne. Das rote bedeutet, man gibt sein Leben für seinen Glauben. Das weiße Martyrium bedeutet, dass man zum Einsiedler wird, um in der Einsamkeit und Askese Gott näher zu kommen. Das grüne Martyrium bedeutet, dass man, mit dem gleichen Ziel, seine geliebte Heimat, die grüne Insel, verlässt, zum „peregrinus" wird. Der „peregrinus" im christlichen Sinne ist also jemand, der aus Gründen des Glaubens freiwillig DIE MÜHSAL DES FREMDSEINS auf sich nimmt.

Die Übersetzung dieses Fremdseins ins 21. Jahrhundert ergibt eine zeitgemäße Definition für das Pilgern. Für mich sind es folgende Aspekte, wo ich „fremd" werden kann:

*Fremd in einer Welt der Beschleunigung und der Geschwindigkeit*
Ich gehe konsequent zu Fuß, auch wenn es mir manchmal schwerfällt. In bestimmten Situationen ist ein Bus/Taxi/Autostopp natürlich gut, hilfreich und sicherlich nicht weniger „unpilgerlich". Aber ich steige nicht bei der ersten Schwierigkeit, Müdigkeit in den nächsten Bus, ich plane vor allem die Benützung von motorischen Untersätzen nicht von vornherein in meine Pilgerreise ein. Jakobsweg per Fahrrad? Ist sicher eine schöne Tour, interessant und gesund, aber für einen Pilger bin ich zu schnell unterwegs. Bei vielen Naturvölkern gilt die Regel: Die Seele des Menschen kann sich maximal in Gehgeschwindigkeit (= 4 km/h) fortbewegen. Sind wir schneller unterwegs, bleibt unsere Seele verloren zurück …

*Fremd in einer vom Überfluss geprägten Welt*
Ich trage alles, was ich brauche, selbst auf meinem Rücken. Das zwingt mich zur – materiellen – Reduktion und hilft mir beim Erlernen des Unterschiedes zwischen Wesentlichem und Unwesentlichem. Mit einem – immer beliebteren – Begleitfahrzeug, das das Gepäck transportiert und mich aufklaubt, wenn ich nicht mehr kann oder will, mache ich eine schöne Reise, aber bin kein Pilger.

*Fremd in einer Welt des Luxus, der Übersättigung, der Bequemlichkeit*
Ich akzeptiere auch karge, primitive, manchmal auch nicht besonders saubere Schlaflager, ich muss nicht jede Nacht im Hotel verbringen. Hin und wieder, als Belohnung, zu besonderen Anlässen, warum nicht? Und es ist nicht nur für die körperliche Hygiene gut.

*Fremd in einer Welt des Sicherheitsdenkens, der Vollkaskomentalität*
Ich lasse mich ein auf Neues, Unbekanntes, erwarte mir keine perfekte Wegmarkierung, bin bereit, immer wieder vorkommendes „In-die-Irre-Gehen"

als Teil des Pilgerns (wie auch des Lebens) zu akzeptieren, den Weg zu suchen, Fremde (!) zu fragen, um etwas zu bitten. Um ein Glas Wasser, um eine Wegauskunft, vielleicht sogar um einen Schlafplatz …

Und noch ein Fremdsein fällt mir ein:

*Fremd in einer Zeit, in der die Unverbindlichkeit und die Beliebigkeit immer mehr zur Norm werden*

Ich stecke mir ein Ziel, dessen Erreichung mir so wichtig ist, dass es mich die mit absoluter Sicherheit über mich hereinbrechenden Krisensituationen überwinden lässt und ich nicht gleich bei den ersten Hindernissen aufgebe. Und das weit genug entfernt ist, dass ich zu Fuß mindestens zwei Wochen unterwegs bin.

„Der Tourist fordert, der Pilger nimmt dankbar an."

Je mehr es mir gelingt, diese Aspekte auf meiner Pilgerreise zu berücksichtigen, desto mehr habe ich auch von ihr und desto höher sind die Chancen, dass diese im Laufe der Zeit nicht zu einer schönen Erinnerung an einen exotischen Urlaub verblasst, mit schönen Photos und neuen Freunden. Und umso mehr gelingt es mir, frei zu werden, zum Wesentlichen vorzudringen, zu mir selbst und auch zu Gott. Und nur darum geht es beim Pilgern.

Auf dem Jakobsweg mit dem Auto unterwegs zu sein, mit einem Begleitfahrzeug, mit dem Mountainbike, mit dem Smartphone oder iPod am Ohr, mit der Hotelreservierung (incl. Halbpension) in der Tasche, im Laufschritt, nur mit Trinkflasche und Kreditkarte etc. ist sicher gesund, eine schöne Tour, eine tolle Reise. Und es soll um Himmels willen niemandem verboten werden. Aber man sollte es nicht mit „pilgern" verwechseln!

All jenen, für die aus den verschiedensten Gründen eine Pilgerreise in diesem Sinne nicht möglich ist – Gesundheit, Alter usw. –, bleibt immer noch das „weiße" Martyrium, das – ins 21. Jahrhundert übersetzt – für mich z. B. mehrwöchige Exerzitien sind. Ein vollwertiger „Ersatz" für eine Pilgerreise, von gleichem spirituellem Wert und mit Sicherheit über das „Pilgern light" zu stellen (Begleitfahrzeug, Hotel …).

Abschließend noch ein Gedanke zum Unterschied zwischen „Pilgern" und „Wallfahren".

Im Mittelalter bedeuteten beide dasselbe, heute würde ich sagen, dass Wallfahren meistens in einer größeren Gruppe stattfindet und die Anwesenheit und das Gebet am Wallfahrtsort wichtiger sind als die Art und Weise, wie ich hingelange. Während das Pilgern alleine mir die intensivsten Erfahrungen ermöglicht und der Weg zum Zielort – zu Fuß! – fast wichtiger ist als die Anwesenheit dort, ebenso wie auch die Dauer meiner Reise (unter zwei Wochen lieber nicht) zu Fuß eine wichtige Rolle spielt. Mindestens zwei Wochen deshalb, weil die Seele nach meiner Erfahrung diese Zeit braucht, um mich einzuholen, und so Körper und Seele in Einklang kommen kann.

Ich widme dieses Buch dem Projekt Europa und allen, die daran mitwirken. Mein Dank geht an Ursula, sie weiß schon wofür, und an meine Lektorin Silvia, die ihren vollen Terminkalender für dieses Projekt freischaufelte.

*Peter Lindenthal*

# PILGERN, REISEN UND WALLFAHREN IM 17. JAHRHUNDERT

1654, fünfeinhalb Jahre nach dem Westfälischen Frieden, der den Dreißigjährigen Krieg (1618–1648) beendet hat, bereist Christoph Guntzinger ein Europa, in dem zwar wieder eine neue Ordnung (und so etwas wie Frieden) herrscht, wo aber die durch den blutigen Krieg zwischen Protestanten und Katholiken aufgerissenen Wunden noch lange nicht verheilt sind.

– Die katholische Kirche und der Habsburgerkaiser haben Macht eingebüßt, die deutschen Fürsten hingegen dazugewonnen (so bestimmen diese weiterhin die Religion ihrer Untertanen).
– Die Schweiz und die Republik der Vereinigten Niederlande scheiden aus dem deutschen Reichsverband aus. Die Niederlande werden zur führenden Handelsmacht, sie beherrschen zwei Drittel des Welthandels.
– Frankreich verzeichnet einen deutlichen Territorialgewinn (für Österreich schmerzlich vor allem die habsburgischen Gebiete des Elsass) und wird zur dominierenden Macht in Mitteleuropa (Stärkung des Absolutismus und damit der Stellung von Ludwig XIV.).

Guntzinger kommt auf seiner Rückreise durch vom Krieg schwer betroffene Regionen (Schweiz, Allgäu, Bayern …) und mehr als deutlich lässt er uns wissen, auf welcher Seite er als katholischer Priester steht. Dies uns vor Augen zu halten hilft uns vielleicht, nicht allzu streng über seine Weltsicht zu urteilen, sondern seine Wahrnehmungen als wertvollen, weil unmittelbaren, subjektiven und ehrlichen Kommentar zur Realität Europas im 17. Jahrhundert zu sehen.

Interessant, ja faszinierend ist sein aus heutiger Sicht enger Blick, den er auf Spanien wirft. Die historische Tatsache der *Reconquista*, des Kampfes gegen die arabische Besetzung der Iberischen Halbinsel, der ja doch fast acht Jahrhunderte dauerte und Spanien eigentlich bis heute prägt, wird praktisch verschwiegen. Zu seiner Zeit, 162 Jahre nach dem Fall Granadas (1492), war ja die arabisch-muslimische Kultur in Spanien mit Sicherheit noch sehr präsent, wenn wir bedenken, dass gerade 45 Jahre vor seiner Reise, also 1609, vor allem im Süden und Südosten Spaniens die gewaltsame Deportation von einigen Hunderttausend Muslimen nach Nordafrika stattfand (übrigens ein gewaltiger Aderlass für die spanische Wirtschaft).

PEREGRINATIO
COMPOSTELLANA.

Wallfarth vnd Weegweiser
zu dem ferren
S. JACOB in Gallicia.

GOtt vnd seinen Heyligen zu
Ehren: Denen Wallferttigen zu nu-
tzen: Anderen zu Christlichem
Trost:

Geschehen / vnd beschriben auff
heuriges
Iubileum Compostellanum
M. DC. LV.

Von
M. Christophoro Guntzinger / Beneficiato
Neostadij Austriæ.

Gedruckt zu Wienn in Oesterreich / bey Matthæo
Cosmerovio / Röm: Kays: Majest: Hoff=
Buchdrucker / 1655.

*Titelblatt des 1655 erschienenen Pilgerbuches von Christoph Guntzinger*

Was die Situation der Juden in Spanien betrifft, so werden sie nicht einmal erwähnt. Interessant, dass gerade im Jahr seiner Reise, 1654, die ersten spanischen jüdischen Flüchtlinge (Sepharden) in Neu-Amsterdam (dem heutigen New York) eintrafen.

Aber urteilen wir nicht zu hart über den österreichischen Prälaten, ein von seiner Zeit tief geprägtes Kind. Vielleicht lässt der Kommentar eines spanischen Zeitgenossen von Guntzinger über das Reisen im 17. Jahrhundert Verständnis oder gar (Hoch-)Achtung für ihn aufkommen …

Der spanische Klosterbruder Fray Martin Sarmiento schrieb im Jahr 1689 über das Reisen:

„*… Montes, cuestas, precipicios, barrancas, pantanos, torrentes falsos vados falaces, puentes peligrosos, barras rotaso mal seguras, despoblados de todo viviente y vegetable, sin poderse guarecer, ni del sol, ni de las tempestades, ni de la lluvia, incertitumbre de los caminos en las encrucijadas, de las distancias de los lugares, y de sus nombres, del rumbo, de la hore, etc …*

*Aún falta más: fieras, salteadores, gitanos, ladrones, rateros avencinados, conocidos y tolerados, mesoneros, venteros, que son de la misma clase, escasez o falta de alimentos para las caballerias y personas, y la tirania de los precios, cuando los hay, y esos muy malos, falta de camas, y cuando las hay, ó siempre muy indignas, ó tal vez apestadas, y que siempre se han de pagar por buenas; falta de establo, … falta de oportunidad para oir Misa, falta de alimentos para hacer prevención, falta de herrador y albeitar.*“

„… Gebirge, steile Hänge, Abgründe, Schluchten, Sümpfe, verräterische Wildbäche, trügerische Furten, gefährliche Brücken, kaputte oder unsichere Boote, menschenleere Landschaften ohne Vegetation, wo es keinen Schutz gibt, weder vor der Sonne, noch vor dem Unwetter, noch vor dem Regen, Ungewissheit des Weges an den Weggabelungen, der Entfernungen der Orte und ihrer Namen, der Richtung, der Zeit, etc. …

Aber das ist noch nicht alles: wilde Tiere, Straßenräuber, Zigeuner, Gauner und Diebe aus der Gegend, bekannt und toleriert, Wirte und Herbergsleute von der gleichen Sorte, Knappheit oder gänzliches Fehlen von Nahrungsmitteln für Reittiere und Personen, und die Tyrannei der Preise, wenn es doch welche gibt, und dann von schlechter Qualität; keine Betten, und wenn es doch welche gibt, entweder immer unwürdig, oder vielleicht stinkend, für die man aber immer bezahlen muss, als wären sie von guter Qualität; keine Ställe, keine Möglichkeit, zur Messe zu gehen, keine Lebensmittel zum Mitnehmen als Vorsorge, kein Hufschmied und kein Tierarzt.“

## DAS PROJEKT GUNTZINGER

Auf die Pilgerreise von Christoph Guntzinger bin ich durch den Verlagsleiter der Tyrolia gestoßen, der mich auf einen Artikel aufmerksam machte, in dem von seinem Pilgerbericht, erschienen 1655, die Rede ist. Von den drei noch in Österreich existierenden Exemplaren befindet sich eines in der Nationalbibliothek, von dem ich mir bei der nächsten Gelegenheit eine komplette Photokopie machte. Zwei Dinge waren mir nach der ersten oberflächlichen Durchsicht sofort klar: Vor mir lag ein Bericht von unschätzbarem historischen Wert – und ich musste Guntzingers Reise unbedingt nachmachen! Bei der Rekonstruktion seiner Reiseroute wurde aber auch gleich klar, dass er zu über 80 Prozent das zu seiner Zeit vorhandene Straßennetz und nicht die klassischen Pilgerwege benützt hatte und großteils zu Pferd oder mit anderen Transportmitteln unterwegs war, nicht zu Fuß. (Sonst hätte er die Strecke von über 6000 Kilometern niemals in elf Monaten schaffen können.)

Er „hantelte" sich sozusagen von Ortschaft zu Ortschaft vorwärts, indem er sich in den größeren Ortschaften nach Möglichkeiten erkundigte, sich einer Gruppe anzuschließen, mit der er dann die nächste Stadt erreichte. Reittier und Führer wurden bezahlt, oft waren auch Unterkunft und Verpflegung sowie etwaige Wegzölle schon im Preis inbegriffen. Offensichtlich war dies die damals übliche Art zu reisen. Er erwähnt übrigens äußerst selten explizit, wie er unterwegs war. Was er sehr wohl durchblicken lässt, ist die Tatsache, dass er einen Reiseführer benützt, zumindest für den spanischen Teil seiner Reise. Es ist der Führer „*Itinerarium Hispaniae*: oder Raiss-Beschreibung durch die Königreiche Hispanien und Portugal" von Martin Zeiller (geb. am 17. April 1589 in der Steiermark, gest. am 6. Oktober 1661 in Ulm). Der Autor zahlreicher Werke war Historiker, Jurist – und Protestant (!!!). Die Gegenreform vertrieb ihn von Linz nach Ulm, wo er hochangesehen starb. Ich muss lächeln, wenn ich daran denke, dass der glühende Katholik Guntzinger den Reiseführer eines „Ketzers" benützte ...

Nachdem das Straßennetz seiner Zeit praktisch zur Gänze heute noch besteht, natürlich mit den Veränderungen, die der technische Fortschritt v. a. des 20. Jahrhunderts mit sich brachte (Verbreiterung, Begradigung, Asphaltierung), ist meine Wahl des Fortbewegungsmittels für mein Vorhaben doppelt begründet: Meine Reise ist keine Pilger-, sondern eine Forschungsreise, ich benütze also das heute auf Straßen übliche Fortbewegungsmittel, den

PKW, und gehe nur dort zu Fuß, wo es immer noch möglich ist. Dafür nehme ich mir die Zeit, alle Orte, die in seinem Bericht erwähnt werden, genauer anzusehen und alles, was mir wissens- und berichtenswert erscheint, aufzuzeichnen, ergänzend zu Guntzingers Text.

2005 habe ich begonnen, 2010 war die letzte Etappe im „Kasten". Ich legte etwa 20.000 Kilometer im Auto zurück und machte 1000 Photos. Zu Fuß war ich in Galicien, Asturien, Kantabrien und Gipuzkoa (die baskische Provinz mit der Hauptstadt San Sebastián) unterwegs, in Frankreich in den *Landes* und von Auch nach Toulouse (beides Südwestfrankreich) sowie kleinere Abschnitte zwischen Lyon und Genf.

In Österreich ging ich natürlich auf dem Winterweg von Mariazell nach Wiener Neustadt, immer noch als „Mariazeller Weg" ausgeschildert, unverändert schön seit Guntzingers Zeit. Der Rest der gigantischen Reiseroute sind Straßen, manchmal sogar hochfrequentierte Fernverkehrsstraßen. Den Spuren des Prälaten zu folgen hat mich tief in Europa und seine Geschichte eintauchen und wunderbare Menschen, Landschaften, Dörfer und Städte entdecken lassen. Auch ein Blick auf die damaligen Lebens- und Reisebedingungen war mir vergönnt. Dieser Blick hat mir gezeigt, wie weit und wie tief unsere europäischen Wurzeln zurückreichen und wie glücklich wir uns schätzen können, heute am „Projekt Europa" teilhaben zu dürfen.

Über den Menschen Guntzinger erfahren wir wenig, über seine Biographie weiß man nicht viel: Er wurde 1614 im Innviertel, nördlich von Salzburg, geboren und besuchte ab 1629 das Gymnasium in Graz, wo er auch Philosophie studierte. 1634 schloss er sein Studium mit dem Magistertitel ab. Sowohl Gymnasium als auch Universität wurden von Jesuiten geleitet, deshalb ist zu vermuten, dass er noch während des Studiums eine Priesterausbildung begann, weil er diese schon 1637 erfolgreich beendete. 1651, also mit 37 Jahren, wurde er Domherr (deshalb der Titel Prälat) in der Domkirche Wiener Neustadt – eine Stelle, die er, nur unterbrochen durch seine Pilgerreise, bis zu seinem Tod im Jahr 1673 innehaben sollte. Seine Pilgerreise begann Anfang März 1654 (er war also 40 Jahre alt) und endete am 24. Jänner 1655, nach 330 Tagen.

Da Guntzinger als Kind der Gegenreformation ein großer Marienverehrer war, war seine Reise gleichzeitig eine willkommene Gelegenheit, die wichtigsten Marienwallfahrtsorte Mitteleuropas zu besuchen. Dafür nahm er auch große Umwege auf sich.

Die Daten über Christoph Guntzinger entnahm ich dem Artikel „Zur Spiritualität im 17. Jahrhundert: Christoph Guntzingers Pilgerbericht nach Santiago de Compostela aus dem Jahr 1655" von Gottfried Wendling.

Ich habe Guntzingers Text aus dem Deutschen des 17. Jahrhunderts nur so weit ins Deutsch des 21. Jahrhunderts übersetzt, als es für dessen Verständnis nötig war. Sein Stil und seine Ausdrucksweise wurden aber zum Zweck einer möglichst großen Authentizität nicht verändert, ebenso bestimmte Ausdrücke belassen, auch wenn sie heute nicht mehr gebräuchlich sind. Meine Erklärungen zu diesen Begriffen sind als Anmerkung in Klammer gesetzt.

Gottliebender
Leſer.

WEr mein zu St. Jacob gethane Bil-gerfahrt / eben meine Sünden verurſachet zuhaben/erachtet/ iſt an Muetmaſ-ſung villeicht nit vneben: Berichte

# CHRISTOPH GUNTZINGERS PILGERREISE NACH SANTIAGO DE COMPOSTELA IM JAHRE 1654/55

Gottliebender Leser!
Wer meine nach Santiago unternommene Pilgerfahrt auf die von mir begangenen Sünden zurückführt, mutmaßt nicht ganz falsch. Es gab aber noch weitere Gründe dafür, die ich kurz darlegen möchte: Meine liebe Mutter (deren Seele Gott in Gnaden aufnehmen möge) bekam irgendwann von einem Jakobspilger eine Muschel. Ich war damals ein etwa sechs Jahre alter Knabe und lag mit starkem Fieber krank darnieder. Da alle natürlichen Heilmittel nichts fruchteten, gab sie mir aus der Muschelschale reines Brunnenwasser zu trinken. Und ich sage die Wahrheit: In diesem Augenblick schwanden alles Fieber und Krankheit. Damals konnte ich dies nicht zur Gänze verstehen, doch heute bin ich 40 und das Ereignis ist so frisch in meiner Erinnerung, als hätte es sich erst vor einem Jahr zugetragen. Schon seit meinem 18. Lebensjahr trage ich den starken Wunsch in mir, mich wenigstens einmal in meinem Leben in Santiago einzustellen und dem heiligen Jakobus, dem von Gott gesandten Bewahrer meines Lebens, meine Aufwartung zu machen.
Nach meiner Rückkehr (an die kaum jemand glaubte) befinde ich mich, wie auch jeder, der mich kennt, bestätigt, in einer besseren körperlichen Verfassung als jemals zuvor. Gott sei Ehr und Dank.
Weiters kann ich berichten, dass jedes Jahr, an dem der 25. Juli auf einen Sonntag fällt, in Compostela als Jubeljahr gefeiert wird, wie es in Rom alle 25 Jahre der Fall ist. Dass ich mein kompostelanisches Reisebüchlein, ein gar gering zu achtendes Werk, dank seinen bischöflichen Hochwürden und Gnaden zu Neustadt in Österreich mich untertänigst zu schreiben anschicke, hat nicht zum Grund, dass ich mir einbilde, ihm damit nützlich zu sein. Ich will einfach dankbaren Herzens von dieser wirklich vollzogenen Reise gehorsame Rechenschaft leisten.
So wie ich mich manchmal der lateinischen Sprache bediene, so sind auch die Namen der Städte und aller Orte in Italien, Hispanien und Frankreich in lateinischen und nicht in deutschen Buchstaben

verzeichnet. Sollte also manch einer nicht nur in Deutschland, sondern auch in Galicien zu pilgern gedenken, so hoffe ich, dass ihm dieser aus liebendem Herzen kommende Bericht von Nutzen sein möge. Diesem in brüderlicher Liebe ergeben, den Heiligen Gottes aber und zuallererst seiner höchsten Majestät höchste Ehre schuldend, habe ich es gewagt, ihn treuen Herzens in Druck zu geben. In der tröstenden Hoffnung, der gutherzige Leser werde es wohlmeinend aufnehmen und an den heiligen Pilgerstätten, die er aufsucht, meiner gedenken.

Ich hoffe auch, er möge sich mit dem im Bericht enthaltenen Verzeichnis zufriedengeben und sich keine förmliche Beschreibung der Länder, Städte, politischen Gubernamenten (Anm.: Regierungen) und dergleichen mehr erwarten. Und auch keine Kuriositäten (Anm.: Besonderheiten), die einem Wallfahrer nit auffallen, noch weniger, wenn er die Reise in einem Dreivierteljahr absolviert. Dir befehle ich mich, mein Leser, auf dass du mich Gott befehlen wollest.

# VERZEICHNIS DER HINREISE VON WIENER NEUSTADT IN ÖSTERREICH NACH ST. JAKOB IM SPANISCHEN LAND GALICIEN

Legende der Zeichen und Bedeutung der Buchstaben:

| | |
|---|---|
| ✷ | Wallfahrt oder namhaftes Gotteshaus |
| **N** | (Nota) Warnung |
| **l** | lange Meile (7,5 km) |
| **k** | kurze Meile |
| **leg** | leg (legua = spanische Meile, ca. 4 km) |
| **wM** | welsche Meile |

Guntzingers Text kommt gleich nach den Ortsnamen und ist eingerückt, mein Text kommt nachher und hat ein anderes Schriftbild.

## ERSTER ABSCHNITT: ÖSTERREICH

### AUFBRUCH AM 1. MÄRZ VON WIENER NEUSTADT

**NEUKIRCHEN, 2 l**
manche nennens Neunkirchen

**GLOGGNITZ, 1 l**

**SCHOTTWIEN, 1 l**
von da über den Semmering, wo die Grenze zwischen Österreich und der Steiermark verläuft.

Gleich am Beginn seines Berichts fällt mir auf, dass sich Guntzinger mit der Aufzählung der Orte begnügt, durch die er kommt. Das ist verständlich, da er ja wirklich nur auf der Durchreise war und wohl kaum die Zeit oder die Mög-

*Der Dom von Wiener Neustadt*

*Die Jakobskirche von Krieglach*

lichkeit hatte, zu weiterführenden und interessanten Informationen zu gelangen. Andererseits stellt sich mir die Frage, ob dies überhaupt in seiner Absicht lag. Heute gehören derartige Informationen zu einem guten Reisebericht, aber vielleicht genügte es zumindest Guntzinger, den Schwerpunkt seines Berichts auf die Beschreibung seiner Reiseroute im engeren Sinne zu legen und, wenn überhaupt, nur Informationen vor allem praktischer oder religiöser Natur zu liefern.

Ich habe jedenfalls mehr Zeit als der Prälat. Erstens bin ich schneller unterwegs und zweitens möchte ich meine Spurensuche auf mehrere Jahre verteilen. So werde ich in der Lage sein, mir wichtig und interessant erscheinende Hintergrundinformationen zu recherchieren. Und dadurch gelingt es mir vielleicht sogar, andere dazu zu „verführen“, diese faszinierende Reise, oder Teile davon, auf den Spuren des oberösterreichischen Prälaten zu unternehmen …

*Spital am Semmering*

## SPITAL AM SEMMERING, 1 I

Schon der Name verrät es: Der Ort entwickelte sich um ein Hospiz, das der steirische Markgraf Ottokar III. 1160 für Reisende und Pilger (damals meist synonym), die den Semmering überquerten, gründete. Die zum Hospiz gehörende Kirche, ursprünglich ein romanischer Bau, wurde 1163 zur Pfarrkirche geweiht. Sie erfuhr im Laufe der Zeit mehrere bauliche Veränderungen (die letzte war die Umgestaltung der Fassade zu Beginn des 20. Jh.) und wurde 1331 dem Zisterzienserkloster Neuberg unterstellt, zu dem sie bis zu dessen Auflösung 1786 gehörte. Die Kirche mit dem Platz rundherum hat eine besonders gute Ausstrahlung, es ist ein Platz zum Verweilen …

Warum Guntzinger, ein glühender Marienverehrer, die Frauenbrunnkirche nicht erwähnt, die zu seiner Zeit Ziel vieler Wallfahrten war und für einige Jahrzehnte sogar Mariazell an Bedeutung überragte, ist mir ein Rätsel. Vielleicht war sie ihm auf Grund der Nähe zu seiner Wirkungsstätte Wiener

Neustadt zu vertraut, vielleicht – es ist der erste Tag seiner Reise – entwickelte sich die Schwerpunktsetzung seines Berichts erst im Laufe der Zeit. Wie auch immer, im Zuge der josephinischen Reformen (1780) wurden die Wallfahrten verboten und die Frauenbrunnkirche säkularisiert. Nach und nach wurde sie abgetragen, heute steht an ihrer Stelle das Schulhaus.

## MÜRZZUSCHLAG, 1 I

Da der Ort im 17. Jahrhundert vermutlich ein kleines, unbedeutendes Nest war, hat Guntzinger nichts darüber berichtet. Dies hat sich im 19. Jahrhundert gewaltig geändert. Da ist einmal der Bau der Südbahn, die den Ort zum Eisenbahnknotenpunkt machte. Er wurde 1844 mit der Strecke Mürzzuschlag–Graz begonnen, erreichte mit der Semmeringbahn 1854 nicht nur den geographischen Höhepunkt und wurde 1857 mit der Inbetriebnahme der Strecke Wien–Triest abgeschlossen. Dieser Erfolgsgeschichte ist am Bahnhof der Stadt ein ganzes Museum gewidmet.

Der große steirische Volksdichter Peter Rosegger (1843–1918) hatte sein Stammlokal in der „Alten Ratsburg“ (1382 als herzogliches Gutsamt errichtet), dem wahrscheinlich ältesten Haus der Stadt. Heute befindet sich dort das „Roseggerstüberl“, das als kleines Museum zu Ehren des Dichters eingerichtet wurde.

Schließlich erinnert das Brahms-Museum an den Komponisten, der in Mürzzuschlag die Sommer 1884 und 1885 verbrachte. Hier entstanden über dreißig Lieder und Chorwerke, vor allem aber seine vierte Sinfonie. Den in Krieglach schaffenden Rosegger besuchte Brahms von hier aus zu Fuß.

## KRIEGLACH, 2 I

Die erste Jakobskirche (frühgotisch) auf Guntzingers langer Reise. Nicht jede Jakobskirche ist ein Hinweis auf eine Pilgerroute, aber die Lage dieser am Fuß des seit der Frühzeit begangenen Semmering und auch ihr Baujahr (1230), das mit dem Beginn der Blütezeit der Jakobswegtradition im Alpenraum zusammenfällt, lassen diesen Schluss zu. In der Sakristei können wir das berühmte „Weltgerichtsfresko“ (1420) bewundern. In Krieglach hielt sich Rosegger am liebsten auf, hier ist er auch begraben. Sein Geburtsort Alpl, die „Waldheimat“, liegt nur neun Kilometer entfernt.

## WARTBERG

Die barocke Pfarrkirche des kleinen Dorfes hat einen äußerst seltenen Patron. Der hl. Erhart war um 700 Bischof von Regensburg, gründete in den Vogesen (Elsass) sieben Klöster, taufte die hl. Ottilie und genoss schon früh große Verehrung im Volk.

## KINDBERG, 1 l

Der Marktflecken an der Mürztalstraße war seit dem Mittelalter ein bedeutendes Zentrum der steirischen Sensenerzeugung, das letzte Sensenwerk wurde erst 1925 geschlossen. Der Hauptplatz mit den reich geschmückten und bemalten Häusern aus dem 17. und 18. Jahrhundert zeugt vom Reichtum des Ortes. Die frühgotische Pfarrkirche St. Peter und Paul (1223) wurde nach einem Brand im 18. Jahrhundert im barocken Stil neu gebaut.

## BRUCK AN DER MUR, 3 l

Die Bedeutung des Verkehrsknotenpunktes am Zusammenfluss von Mur und Mürz geht bis ins 9. Jahrhundert zurück. Doch „erst“ im 12. Jahrhundert entstand aus einem salzburgischen Gutshof und einer Ruprechtskirche die Siedlung, die sich rasch zu einer wichtigen Handelsstadt entwickelte. Im 16. Jahrhundert war Bruck Zentrum des steirischen Protestantismus, was zur Folge hatte, dass die strengen Maßnahmen der Gegenreformation die Stadt besonders hart trafen. Erst die Eröffnung der Südbahnstrecke führte zu einem neuen wirtschaftlichen Aufschwung. Unter den kirchlichen Bauten sind die Stadtpfarrkirche (romanisch-gotisch), die spätgotische St.-Georgs-Kirche (16. Jh.), die frühgotische Kirche Maria im Walde (12. Jh., Wandmalereien 13. Jh.) und die Ruprechtskirche (11. Jh., auch mit einem „Weltgerichtsfresko“ von 1420) besonders hervorzuheben. Unter den zahlreichen schönen Bürgerhäusern der Stadt ragt das von vielen als schönstes spätgotisches Bürgerhaus Österreichs bezeichnete „Kornmesserhaus“ (1499–1505) am Hauptplatz heraus.

## LEOBEN, 2 l

Die heute zweitgrößte Stadt der Steiermark liegt wie eine große Wasserburg auf einer von der Mur umflossenen Landzunge. Aus der Siedlung des 12. Jahrhunderts entwickelte sich, stark gefördert durch Mauteinnahmen und Stapelgebühren für alle Eisenwaren aus Vordernberg sowie bedeutende Eisenverarbeitungsbetriebe (Hammerwerke, Waffenschmiede) vor Ort, eine reiche Stadt. Wie Bruck war Leoben im 16. Jahrhundert vorwiegend protestantisch und bekam die Gewalt der Gegenreformation bitter zu spüren. Deren wichtigster Träger war der Jesuitenorden mit einem eigenen Kolleg, der auch die neue Stadtpfarrkirche erbaute (1660–1665). Guntzinger kam also gerade zum Höhepunkt der Gegenreformation durch ein von Protestanten (für ihn, den katholischen Priester, waren sie Ketzer) stark geprägtes Gebiet. Dass ihn die Jesuiten gerade 20 Jahre vorher besonders beeinflusst hatten, steht wohl außer Frage. Vielleicht ist dies der Grund, warum er darüber kein Wort verliert, denn die Dinge waren ja wieder so, wie sie sein sollten.

Leoben, Sitz der montanistischen Hochschule, ist mit seinem historischen Stadtkern, der alten Pfarrkirche (12. Jh.), der Stiftskirche (13. Jh.) mit ihrer frühromanischen Krypta sowie der Bischofskapelle (13. Jh.) mit ihren sehenswerten Fresken auf jeden Fall einen Besuch wert – dessen Abschluss wir im Stadtteil Göss gebührend feiern können. Im ehemaligen Benediktinerinnenstift von Göss (ältestes Stift der Steiermark, gegr. 1020, aufgelöst 1782), wird heute ein köstliches Bier gebraut.

### KNITTELFELD, 4 I

Von Leoben bis hierher fast ausschließlich ein grober Weg im engen Tal, bis zu dem herrlichen Schloss Kaisersberg, wo sich das Tal etwas weitet.

Der Industrieort (Zentrum der Sensenerzeugung) wurde 1224 planmäßig angelegt und erhielt schon 1302 das Stadtrecht. Die stark befestigte Stadt wehrte erfolgreich die Angriffe der Türken ab, litt aber, wie Bruck und Leoben, sehr unter der Gegenreformation. Die drei Orte waren Zentren des Protestantismus. Die Rekatholisierung wurde oft mit militärischer Gewalt erzwungen, besonders Widerspenstige wurden vertrieben. An diese Zeit erinnert die „Lutherstiege", eine Holzstiege in der Stadtmauer. 1480 ursprünglich für die Herren von Ainbach gebaut, damit diese direkt in die Stadt gelangen konnten, half sie später den Protestanten, die Stadt heimlich zu betreten. Die spätgotische Pfarrkirche Johannes der Täufer (15. Jh.) wurde 1945 durch einen Bombenangriff fast zur Gänze zerstört, der Neuaufbau erfolgte 1956, nur der Torbogen der alten Kirche blieb erhalten.

*Frauenburg mit der Jakobskirche*

**PÖLS, 3 l**

ziemlich feiner Weg. Auf dem Feld stand ein doppeltes, neu errichtetes Kreuz. Wer nach Judenburg will, muss sich nach Pöls links halten.

Auf den ersten Blick klein und unscheinbar, entpuppt sich Pöls als Juwel, besonders wegen seiner Pfarrkirche Mariä Himmelfahrt. Der Ort liegt an der uralten Salzstraße von Hallstatt nach Osten bzw. Südosten und wird schon 860 als Gut des Bistums Salzburg urkundlich erwähnt. Vermutlich stand hier bereits zu dieser Zeit eine kleine Kirche. Die 1147 gebaute romanische Pfeilerbasilika (mit gotischem Chor) wurde nach dem Türkeneinfall von 1480 zur Wehrkirche umgebaut und auch in den folgenden Jahrhunderten mehrfach verändert. So stammen z. B. alle Altäre sowie die Kanzel aus dem 18. Jahrhundert, während der zweigeschoßige Karner (Friedhofskapelle) unverändert romanisch blieb. Kirche, Friedhof und gotischer Pfarrhof ergeben zusammen ein beeindruckendes, harmonisches und stimmungsvolles Ensemble.

*Friesach*

## UNZMARKT/FRAUENBERG 21

Die Gemeinde besteht heute aus zwei Ortschaften, von denen Frauenburg, abseits der Hauptstraße gelegen, die wichtigere ist. In der Frauenburg, die hoch auf einem Hügel über dem Murtal thront, stoßen wir auf die nächste Jakobskirche. Der Burgherr und Minnesänger Ulrich von Liechtenstein ließ sie 1252 auf einer älteren, romanischen (Wehr-?)Kirche errichten. Nicht zum ersten Mal stoße ich auf Jakobus als Patron einer Burgkirche. Dies ist damit zu erklären, dass er, bevor er zum populären Pilgerheiligen wurde (etwa ab dem 14. Jh.), zuerst Patron der Ritter war. Für diese war es nämlich eine Frage der Ehre, ihre christliche Gesinnung mit der Teilnahme an einem Kreuzzug oder einer Pilgerreise nach Rom, Jerusalem oder eben Santiago unter Beweis zu stellen. Viele dieser Burgkapellen oder -kirchen sind auch als Ersatz für eine gelobte, aber nicht vollzogene Pilgerreise oder als Dank für die gesunde Rückkehr von einer solchen gestiftet worden.

**SCHEIFLING, 1 l**

**NEUMARKT, 2 l**

Ein feiner Ort, bald danach endet bei einem Gebirgstal, durch das ein Bächlein fließt, die Steiermark.

Der Ort entstand an einer wichtigen Verkehrsverbindung vom Donauraum ans Mittelmeer aus einem schon seit 860 zu Salzburg gehörenden Gut. Dem Bau der Burg Forchtenstein im 12. Jahrhundert folgte um 1200 die Gründung des „Neuen Marktes", die Pfarrkirche St. Katharina wurde um 1250 errichtet. Gegen Ende des 15. Jahrhunderts wurde sie zum Teil neu gebaut, sodass wir heute eine spätgotische, im Kern romanische Kirche vor uns haben. Der Einfall der Türken (1480) und Ungarn (1486) sowie die Bauernkriege (1525) gingen auch an Neumarkt nicht vorüber, und gerade die Niederschlagung der letzteren hatte zur Folge, dass in der Mitte des 16. Jahrhunderts viele Neumarkter Bürger zum protestantischen Glauben übertraten. Das Ende der Glaubensfreiheit um 1600 bedeutete jedoch, dass alle protestantischen Bürger des Marktes ausgewiesen wurden,

Zweimal brannte der Ort ab (1668 und 1813), seine Bewohner können sich also wahrlich nicht über eine ereignislose Geschichte beklagen.

**FRIESACH, 2 l**

Liegt schon in Kärnten. Der Wein hier kommt aus Italien. Wegen Zoll und Aufschlag teuer – aber gut.

Die älteste Stadt und zugleich eine der schönsten Städte Österreichs wurde 1124 vom Erzbischof von Salzburg gegründet und gehörte bis 1803 zu diesem, war also über Jahrhunderte Grenzstadt. Das Schloss Petersberg (11./12. Jh.) war Residenz der Salzburger Bischöfe. Hier ließen sie eine eigene Währung, den „Friesacher Pfennig", schlagen, hier trafen sie sich mit Fürsten und Königen. Der Reichtum der bedeutenden Handels- (Zolleinnahmen!) und Handwerksstadt zeigt sich heute noch an den zahlreichen Kirchen und Klöstern, wie z. B. der Bartholomäuskirche (12. Jh.), der Dominikanerkirche (13. Jh.), der Deutschordenskirche (13. Jh.) und der Peterskirche (10. Jh.).

**MÖLBLING, 2 l**

## ST. VEIT AN DER GLAN, 2 I

Eine schöne, aber nicht große Stadt. Die älteste und auch Hauptstadt von Kärnten, obwohl Klagenfurt wegen der dort residierenden Landstände bekannter ist.

Schon 1190 wird die Residenz der Kärntner Herzöge zur Stadt erhoben und bleibt bis 1518 Hauptstadt von Kärnten. Das Münzrecht sowie die Privilegien des Stapelrechts und des Straßenzwangs für alle Eisenerzeugnisse (solche *mussten* durch die Stadt transportiert werden = Wegzoll) machen St. Veit zu einer der reichsten Städte Kärntens. Die lange Blütezeit endet mit der Aufhebung dieser Privilegien 1781, erst der Anschluss an die Südbahn (1868/69) bringt einen neuerlichen Aufschwung. Der ausnehmend schöne mittelalterliche Stadtplatz mit dem gotischen Rathaus (15. Jh.) und den Bürgerhäusern sowie die Pfarrkirche (frühes 13. Jh., spätgotisch umgebaut) mit dem romanischen Karner (um 900) legen nahe, der Stadt mehr Zeit zu widmen als Guntzinger.

## FELDKIRCHEN, 3 I

Warum Guntzinger in seinem Bericht das winzige Nest Mölbling (wirklich nur ein paar Häuser) nennt, aber den schon zu seiner Zeit wichtigen Markt Feldkirchen (bis 1759 Besitz des Bistums Bamberg) auch nur namentlich erwähnt, ist mir ein Rätsel. Eine mögliche Erklärung dafür ist – wieder einmal – seine tiefe Abneigung gegen die Protestanten. Die evangelische Pfarrkirche in der heutigen Bezirkshauptstadt ist ein deutlicher Hinweis auf deren Präsenz in der Stadt.

## STEINDORF, 1 I

Bei diesem Ort kommt man an den Ossiacher See, der dick zugefroren ist. So dick, dass wir auch mit dem beladenen Wagen drüberfahren konnten. Wer noch nie auf diese Art gereist war, wurde vom Geräusch des krachenden Eises ganz schön in Schrecken versetzt. Die Eisbrücke erlaubte uns, binnen zwei Stunden am Kloster Ossiach linker Hand vorbeizufahren. Und auf fester Erde waren wir dann nach einer halben Meile in Villach.

Nachdem Steindorf am Ostufer des Sees liegt und der See an die elf Kilometer lang ist, war unser Prälat (in der Kutsche) eine Zeit lang wie der berühmte „Reiter auf dem Bodensee“ unterwegs – und das im März! Wie kalt muss da erst der Winter gewesen sein.

*Steindorf am Ossiacher See*

*Die Jakobskirche von Villach*

**VILLACH, 2 l**

Hier ließ ich im Rathaus die Fede (Anm.: Passierschein, eine Art Pass) unterschreiben, die im Stadtgericht angefertigt worden war. Sie kostete weniger als erwartet.

Aus der römischen Straßenstation am strategisch wichtigen Drauübergang entwickelte sich die im Mittelalter wichtigste Stadt Kärntens, seit 1007 ebenfalls im Besitz des Bistums Bamberg. 1759 kaufte Kaiserin Maria Theresia die Stadt wegen ihrer Lage am Handelsweg von Venedig nach Wien bzw. Innsbruck den Bamberger Bischöfen ab. Was mir als Jakobswegforscher auffällt, ist die Tatsache, dass mit Villach und seiner Jakobskirche (Vorgängerbau 12. Jh., jetziger Bau 14./15. Jh., 1526–1594 evangelische Pfarrkirche!) drei Städte auf ein und demselben wichtigen Nord-Süd-Handelsweg jeweils den Pilgerapostel zum Patron haben. Gleichzeitig liegt jene auch auf einem europäischen Jakobsweg, also einer Ost-West-Verbindung. Es sind dies Bamberg,

*Arnoldstein, Klosterportal*

*Grenzstein in Pontebba*

Innsbruck und eben Villach. Für mich kein Zufall, im Gegenteil, ich werde in meiner Vermutung bestärkt, dass die Verbreitung des Jakobskultes in Mitteleuropa gezielt und planmäßig vonstattenging.

**ARNOLDSTEIN, 2 l**
ist ein Kloster. Auf einem großen Felsbrocken beim Eingang steht geschrieben: *Abbas Arnoldensis* und im gleichen Fels ist ein Kruzifix gehauen.
Von hieraus geht es weiter nach Thörl.

Zur Sicherung des Weges nach Italien wurden 1106 Burg und (Benediktiner-) Kloster Arnoldstein gegründet, der Ort mit der gotischen Pfarrkirche St. Lambert (1316) entstand am Fuß des Burghügels. Das Kloster wurde 1782 aufgelöst und fast genau 100 Jahre später (1883) durch einen Brand fast völlig zerstört. Erst in den letzten Jahren begann man, die Ruine zu einem Kultur- und Veranstaltungszentrum auszubauen.

### THÖRL

Seit nunmehr fast 100 Jahren ist das kleine Dorf Grenzort. Seine Pfarrkirche St. Andreas (1503, ein spätgotischer Bau auf den Resten des romanischen Vorgängerbaus) steht etwas abseits auf einem Feld und birgt einige Schätze in sich: die Fresken (1480) des Thomas von Villach und den barocken Hochaltar aus dem 17. Jahrhundert.

## ZWEITER ABSCHNITT: ITALIEN

### PORTELLA, 1 l

Wie in seinem österreichischen Pendant Thörl zählt auch hier die Pfarrkirche (St. Peter und Paul, 1445) mit ihren Fresken zu den schönsten Gebäuden des Ortes. Besonders auffällig ist das riesige Abbild des hl. Christophorus (fast acht Meter) an der Außenwand der Kirche. Man sieht ihn sehr oft an alten Kirchen und damit hat es folgende Bewandtnis: Der neben Jakobus zweite große Wegheilige des Christentums soll, wenn man ihn am Tage, an dem man stirbt, erblickt hat, einen auf seinen Schultern schnurstracks durch das Fegefeuer tragen. Also malte man ihn so groß wie möglich an die Außenwand der Pfarrkirche. So sah man ihn jeden Morgen, wenn man zur Arbeit ging – und konnte den Tag getrost in Angriff nehmen.

### TREVIGIO, 1 l Klein Tarvis

### MALBORGHETTO, 1 l

der Deutsche nennt's *Malvergeht.*

Vor der Pfarrkirche Santissima Maria Visitazione (13. Jh.) herrscht festliche Stimmung. Eine Hochzeitsgesellschaft verlässt gerade die Kirche und wird von einem achtköpfigen Männerchor mit alten friulanischen Liedern empfangen. Welch ein glückliches Zusammentreffen! Ich komme mit dem Chorleiter ins Gespräch, und er erzählt mir, dass sie sich auf altes Liedgut in friulanischer (rätoromanischer), italienischer und deutscher Sprache spezialisiert haben. Als ich ihm von meiner Spurensuche erzähle, ist er ganz begeistert.

Spontan bietet er sich an, mit dem Oktett bei der Präsentation des Buches den musikalischen Rahmen zu gestalten. Das ist ein Wort …

**PONTEBBA, 1 l**

ist ein vornehmer Pass, diesseits der Brücke ist es kaiserliches, jenseits ist es venezianisches Land. Auf der deutschen Seite wurde ich bei Herrn Zoffolini um wenig Geld gut untergebracht. Jedoch der venezianische *Custos sanitatis* (Anm.: eine Art Gesundheitsinspektor), der wegen der Ansteckungsgefahr aus Österreich mehr als äußerst besorgt war, wollte mich trotz meines Passierscheins nit durchlassen und mich mindestens drei Wochen in Quarantäne behalten. Doch als ich die Heiligen Jakob und Joseph in einem innigen Gebet um Fürbitte anrief, schickte Gott den Pfarrer der welschen Seite, Herrn Lucas Missenius, der mich gleich am nächsten Tag vollkommen unerwartet besuchen kam. Mit seiner Fürsprache bekam ich den gewünschten Passierschein vom Sanitätscustos sogleich und ohne Einwände ausgehändigt.
Bis hierher bin ich acht Tage unterwegs gewesen. Von Neustadt sind es insgesamt 44 deutsche Meilen (Anm.: ca. 7,5 km). In weiterer Folge werde ich nicht mehr in deutschen sondern in welschen Meilen rechnen, von denen fünf eine deutsche Meile ergeben.

Der Stein, der die Grenze zwischen Österreich und der Republik Venedig markierte, hat sich bis heute nicht von der Stelle gerührt. Nur die Grenze hat sich verschoben – vielleicht verschwindet sie eines Tages ganz. Auf „österreichischer Seite“ steht die kleine Kirche San Giovanni, auf „venezianischer Seite“ die um einiges größere Chiesa Santa Maria Maggiore (urspr. 12. Jh., der jetzige Bau Anfang 16. Jh.). Ihr spätgotischer Flügelaltar (1517) gilt als das Meisterwerk des Heinrich von Villach.

**CHIUSA, 5 wM**

Hier musste ich meinen Passierschein vorweisen, dann in ganz Italien nicht mehr.

**VENZONE, 13 wM**

Eine positive Überraschung erwartet mich in dem kleinen Ort, der schon seit geraumer Zeit durch eine Umfahrungsstraße vom Verkehr durch das Kanaltal

*Renaissancehaus in Malborghetto*

*Die Hospizkirche von San Daniele*

entlastet wird und seit dem Bau der Autobahn einen Dornröschenschlaf hält. Wie bei Dornröschen im Märchen wurde auch die Schönheit von Venzone dadurch konserviert. Innerhalb der Stadtmauer entdecke ich einen bestens erhaltenen mittelalterlichen Stadtkern. Vor allem aber der prächtige Andreasdom (13. Jh.) mit der St.-Michaels-Krypta (ebenfalls 13. Jh.) zieht mich in seinen Bann. Er wurde zwar durch das große Erdbeben von 1976 stark beschädigt, sein Wiederaufbau kann heute jedoch als abgeschlossen betrachtet werden.

## SAN DANIELE, 12 wM

In der Hauptstadt des berühmten Schinkens fallen mir gleich die zweisprachigen Straßenschilder auf: friulanisch und italienisch. Gut so. Nicht nur zwei Sprachen, auch zwei Gotteshäuser gibt es im Ort: die große Michaelskirche am Platz und die Kirche San Antonio (14. Jh.), die bis zu dessen Auflösung 1870 zum angrenzenden Hospiz gehörte.

*Die mächtige doppelte Ringmauer (13. Jh.) von Venzone*

**VILLANOVA, 2 wM**

**DIGNANO, 2 wM**

Der Ortspfarrer, Herr Augustinus Pillarius, erwies mir, ohne dass ich darum gebeten hätte, beste Gastfreundschaft.

Der Ort ist nichtssagend, aber hier befinde ich mich zum ersten Mal möglicherweise auch physisch auf Guntzingers Spuren, denn die lange Brücke, die das hier sehr breite Bett des Tagliamento überspannt, gab es schon vor 350 Jahren. Am Westufer geht es nach Süden. Die Straße, heute unbedeutend, damals die Poststraße von Wien nach Venedig, führt mich ins Hinterland von Venetien. Sie lässt mich, abseits der Verkehrs- und Touristenströme, von einem Stadtjuwel ins nächste gelangen!

*Die Brücke über den Tagliamento*

## VALVASONE, 5 wM

Es beginnt mit Valvasone, auf der Karte kaum zu finden. Ein mittelalterliches Städtchen, gepflasterte Gassen, eine Burg, eine gotische Pfarrkirche Peter und Paul (14. Jh.) mit einer Orgel aus dem 16. Jahrhundert, ein Servitenkloster aus dem 14. Jahrhundert, reizende Cafés.

## SAN VITO, 6 wM

Eine trefflich feine Stadt, hier traf ich auch den Briefboten von Udine. **N** Und weil der Ort als unsicher verschrien ist, vor wenigen Tagen waren vier Straßenräuber getötet worden, handelte ich mit dem besagten Boten ein Pferd bis Fossetta aus. Bis dorthin blieb also unsere Gruppe dicht beinander, obwohl ich dem einen oder anderen nicht über den Weg traute. Doch die meisten waren redliche Leute.

*Piazza del Popolo mit Dom in San Vito al Tagliamento*

Etwa 10 Kilometer weiter südlich von Dignano liegt San Vito mit dem Duomo San Vito (13. Jh.), den Stadttoren (ebenfalls 13. Jh.) und der Hospizkirche Santa Maria *dei Batuti* („der Geschlagenen") mit dem anschließenden ehemaligen Hospiz (beide 14. Jh.). Hier war der Marienverehrer Guntzinger ein Jahr zu früh dran, denn am 11. Feber 1655 hatte Maria Giacomuzzi in San Vito eine Marienerscheinung. Seither ist die Madonna di Rosa ein beliebter regionaler Wallfahrtsort.

**VILLOTTA, 5 wM**

**MOTTA, 9 wM**

Hier ging es im Wirtshaus hoch her, Soldaten, *Cape-Träger* (Anm.: fahrendes Volk) und andere *Reisige* (Anm.: Reisende) verursachten ein gar verdächtiges Getümmel.

Motta ist ein bezauberndes Städtchen mit einem schönen alten Kern. Der Seitenarm des Livenza-Flusses (dieser mündet bei Caorle in die Adria), der durch den Ort fließt, verleiht Motta noch zusätzlich eine ruhige, anheimelnde Atmosphäre.

### FOSSETTA, 15 wM

Wir kamen in einem Wirtshaus an einem Meeresarm unter, wo schon ein Schiff auf den mehrmals erwähnten Boten wartete, mit dem wir dann bald nach Venedig aufbrachen. Unterwegs wurden wir von einem gerüsteten Schiff der *Zaffen* (Anm.: vermutlich die Küstenwache) gestellt, die alles durchsuchten. Als sie bei einem Fahrenden ein Rohr mit aufgeschraubtem Zündschloss fanden (was nur an Land und auch nit in den Ortschaften erlaubt ist), nahmen sie es ihm weg und schlugen ihn wie auch den Schiffer blutig. Von Fossetta ging es also nach Venedig.

Fast auf halbem Weg nach Venedig, bei Fossetta di Piave, überquert die Poststraße den hier schon breiten und mächtigen Piave-Fluss, der zu Guntzingers Zeit offensichtlich mit Schiffen befahren wurde und den er für einen Meeresarm hält. Der Hauptarm mündet bei Eraclea in die Adria, während ein Nebenarm (oder Schiffskanal) direkt in die Lagune von Venedig führt und so die direkteste und wohl auch sicherste Verbindung in die Lagunenstadt darstellte.

### VENEDIG, 15 wM

Von Pontebba bis hierher sind es 90 deutsche Meilen.
Am 13. März um die Vesperzeit fuhren wir glücklich ein. Ich hielt mich zwar nit länger als vier Tage auf, sah aber manch herrliches Gotteshaus. Neben San Marco und vielen anderen halte ich die Magnifizenz, Köstlichkeit und Zierde der Georgskirche der Benediktiner für unbeschreiblich. Der Orden zeigte sich mir und anderen Fremden gegenüber liebenswürdig und großzügig, ich bekam ganz diskret sogar die Erlaubnis, hier Messe zu lesen. Neben anderen unzähligen Objekten gefiel mir ein kleines Kruzifix ganz besonders, das ganz natur- und liniengetreu das Bild des Gekreuzigten, herausgehauen aus einer auf Hochglanz polierten marmornen Altarsäule, zeigte, die ihrerseits in den unterschiedlichsten Farben schillerte. Hiermit war meine Neugierde mehr als befriedigt.

Die Besiedelung der Laguneninsel begann im 6. Jahrhundert. Sie war ein Teil des Byzantinischen Reichs und wurde von den gewählten Dogen (von lat. *dux*) regiert. 828 kamen die Reliquien des hl. Apostels Markus aus Alexandrien nach Venedig. Etwa zu dieser Zeit begann die Republik von San Marco ihre Macht durch die Gründung von Handelsstützpunkten an allen Küsten der Levante auszudehnen und wurde so zur großen Rivalin von Genua. Ihr Sieg über die genuesische Flotte bei Chioggia (1380) festigte ihre Vorherrschaft im östlichen Mittelmeer, die sie jedoch bis zum Ende des 17. Jahrhunderts Stück für Stück an das Osmanische Reich verlieren sollte. Seit dem Wiener Kongress (1815) war Venetien Teil des zu Österreich gehörenden Königreichs Lombardei-Venezien, bis es 1866 nach einer Volksabstimmung mit dem Königreich Italien vereinigt wurde.

Es gibt wohl kaum eine Stadt, über deren Schönheit so viele Bücher geschrieben worden sind und die das auch verdient. Da ich dieser Schönheit in wenigen Zeilen nicht gerecht werden kann, begnüge ich mich mit dem Wunsch, Venedig möge noch lange nicht untergehen, und schließe mich einfach Napoleon an, für den „der Markusplatz der schönste Salon Europas" war, „würdig, nur den Himmel als Dach über sich zu haben". (1805 musste Österreich das Königreich Italien an Napoleon abtreten.)

**PADUA, 25 wM**

Spät in der Nacht des 17. März bestieg ich mit anderen redlichen Leuten ein Schiff nach Padua, wo wir am 18. in der Früh einlangten.

✱ Hier befindet sich die Begräbnisstätte des glorwürdigsten Beichtvaters, des hl. Antonius, der hier *il santo* genannt wird, in einem großen, vortrefflichen Gotteshaus. Bei seinen Reliquien, auf einem mit weißem Marmor überhöhten Seitenaltar, war es mir vergönnt, am Jakobitag eine Messe zu lesen. Tiefer Friede und Trost erfüllten mich danach. Viele Votivtafeln, manche aus Silber gefertigt, lohnen außerdem den Besuch der Kirche.

In der Stadt mietete ich aus Gründen der Sicherheit mit anderen fünf Reisenden eine Landkutsche bis Mailand, mein Anteil am Fuhrlohn betrug fünf venezianische Kronen. Noch am gleichen Tag legten wir etwa vier deutsche Meilen zurück. Unterwegs begegneten wir vielen armen Kindern, die unsere Kutsche wie eine Spule Garn immer und immer wieder umkreisten.

Der Legende nach wurde die Stadt nach dem Fall Trojas vom Bruder des Königs Priamos gegründet. Auf jeden Fall gab es schon vor der Herrschaft der

*Markt vor dem Palazzo della Ragione in Padua*

Römer, die sie zur bedeutenden Stadt machten, eine Ansiedlung. Die zweitälteste Universitätsstadt Italiens (gegründet 1222) ist heute jedoch vor allem als Begräbnis- und Pilgerstätte des Wanderpredigers Antonius von Padua (geb. 1195 in Portugal) bekannt. Sein Grab befindet sich hinter dem Altar der Antoniuskapelle (16. Jh.) in der Basilika di San Antonio, die im 13. Jahrhundert über seinen Reliquien errichtet wurde. Weitere nennenswerte Gotteshäuser sind der Dom, erbaut nach Plänen von Michelangelo (mit den sehenswerten Fresken von Monabuoi in der Taufkapelle), sowie die Basilika Santa Giustina, wo frühchristliche Märtyrer begraben sind.

**VICENZA, 18 wM**

Wieder ein Wirtshaus, in dem es hoch hergeht, Unruhe allerorts. Einer von uns, der dem Kellner als vermeintlichem Landsmann zu sehr vertraute, **N** bekam die doppelte Zeche aufgebrummt. Trau schau wem.

*Renaissancepaläste an der Piazza dei Signori von Vicenza*

Der in Padua geborene große Architekt Palladio (1508–1580) hat dieser Stadt mit zahlreichen seiner Werke seinen Stempel aufgedrückt. Die Basilika (1546) gilt als sein erstes wichtiges Werk, der Palazzo Chiericati (1551) als eines seiner Hauptwerke. Teile des Doms Santa Maria Annunziata (Nordportal und Kuppel), durch die Bombardements von 1944 stark in Mitleidenschaft gezogen, aber seither wieder vollkommen restauriert, wurden ebenfalls von Palladio entworfen.

Etwa eine Gehstunde vom Zentrum entfernt erhebt sich auf dem Monte Berico die Basilika Madonna del Monte (17. Jh.), die am Ort von zwei Marienerscheinungen errichtet wurde.

Die sanft-hügelige Umgebung der Stadt mit ihrem milden Klima war lange Zeit bei den reichen Venezianern als Sommerfrische beliebt, wovon die zahlreichen prächtigen Villen Zeugnis ablegen.

Die alte Poststraße von Vicenza nach Verona blieb bis heute die wichtigste und nach wie vor stark frequentierte Verkehrsverbindung zwischen den beiden Städten. So bin ich nicht überrascht, als ich an einer Hausmauer in dem winzigen Straßendorf Montebello eine Gedenktafel entdecke, die an die Durchreise des Papstes Pius VI. am 12. Mai 1792 erinnert. Vielleicht war er sogar auf dem Weg zum wenige Kilometer entfernten, an der Hauptstraße gelegenen Benediktinerkloster San Pietro in Villanova (12. Jh.). Das Kloster wurde 1771 geschlossen, die schöne romanische Kirche dient heute als Pfarrkirche.

### MONTEBELLO, 10 wM

### TORRI DI CONFINE, 3 wM

### VILLANOVA, 4 wM

### VERONA, 13 wM

Von Venedig her 73 welsche Meilen. Ist eine einwohnerreiche, herrliche große Stadt. Beim Betreten mussten die anderen Zoll zahlen, ich passierte *franco* (Anm.: gratis). Wir kamen am Begräbniszug eines vornehmen Mannes vorbei, der mit unbedecktem Gesicht und schön gekleidet, umgeben von 100 Lichtern, zu Grabe geleitet wurde.

Von Padua bis hierher hatten wir einen ausgesucht schönen, ebenen Weg, der durch Getreidefelder und Weingärten führte. Bis Brescia war der Weg aber rau und steinig.

Die aus einem römischen *castrum* hervorgegangene Stadt – die berühmte Arena, die Piazza delle Erbe (vorher das römische *forum*) und das *teatro romano* erinnern daran – beherbergt außer Plätzen und Palästen auch sehenswerte Gotteshäuser: die Kathedrale Santa Maria Matricolare romanischen Ursprungs, die gotische Kirche Sant'Anastasia und die für viele schönste Kirche Veronas, die Basilika di San Zeno. Der erste Bischof (4. Jh.) ist der Patron der Stadt und war ein begeisterter Angler. Er soll der Legende nach einen Bauern, der von seinen Ochsen in die Etsch gezogen worden war, mit einem Kreuzzeichen vor dem Ertrinken gerettet haben.

### PESCHIERA, 15 wM

Am 21. März kamen wir nach Peschiera. Hier steht eine gewaltige Festung der Venezianer. Die Stadt liegt in einer Niederung am Gardasee, deshalb wird ihr Klima für ungesund gehalten.

Die lebendige Stadt, vom Tourismus geprägte Stadt liegt in der Mündung des Mincio-Flusses. Die Altstadt entstand innerhalb einer venezianischen Festung, die später von den Österreichern ausgebaut wurde, und ist vollständig von Wasser umgeben.

**DESENZANO, 8 wM**
Ein schlechtes Städtchen, das dem Anschein nach aber schon bessere Zeiten gesehen hat.

Der größte Ort am Gardasee entwickelte sich aus der Villa eines reichen römischen Beamten aus Mailand, deren großer Mosaikfußboden erhalten geblieben ist und besichtigt werden kann. Oberhalb des malerischen alten Hafens erhebt sich das *Castello* aus dem 15./16. Jahrhundert, von dem nur mehr die äußere Hülle (Mauern und Türme) steht. In der Pfarrkirche Maria Maddalena (1603) können wir ein Bild von Tiepolo („Das Abendmahl", 1706) bewundern.

**LUNADA, 8 wM**
Ein sehr lustig gelegener, schöner Marktflecken. Hier blieben wir über Nacht, wir wurden gut behandelt.

**BRESCIA, 15 wM**
Eine sehr schöne, große, lustbare und reiche Stadt mit vielen ansehnlichen Gebäuden. Ein besonders ansehnliches Gebäude ist die Kirche zur Madonna dei Miracoli, genannt auch *delle gratie Santa Maria gratiorum*. Im Inneren befindet sich die Kapelle mit dem Gnadenbild und gleich außerhalb der Sakristei ein schöner Springbrunnen. Nicht weit davon entfernt kamen wir in einem vortrefflichen Wirtshaus unter, wo wir abermals auf das Beste behandelt wurden.

Die aus einer keltischen Siedlung hervorgegangene römische Stadt gehörte vom 15. bis zum Ende des 18. Jahrhunderts zu Venedig und später (genau 44 Jahre lang) sogar zu Österreich. Der „Alte Dom" Santa Maria Assunta, genannt die *Rotonda*, ist ein Rundbau aus dem 11. Jahrhundert mit antiken Mosaiken sowie Fresken von Morello im Inneren. Er wurde durch den barocken *Duomo Novo* (Baubeginn 1640) ersetzt. Weitere sehenswerte romanische (San Salvatore, San Pietro, Santa Maria Solario) und gotische (Santa Maria del Car-

*San Pietro a Villanova*

mine) Kirchen machen die auf den ersten Blick unattraktive Industrie- und zweitwichtigste Stadt der Lombardei für einen Besuch durchaus interessant.

**RONCANELLI, 3 wM**

**TORBOLE, 2 wM**

**LOGRATO, 3 wM**

**ORZIVECCHI, 7 wM**

**ORZINUOVI, 2 wM**

Beide Orzi sind venezianische Städte, Orzinuovi wird von einer Festung beherrscht.

*Palazzo del Comune am Domplatz von Crema*

**SONCINO, 2 wM**

Noch vor Soncino muss der Fluss Oglio überquert werden. Hier fängt teilweise schon spanisches Gebiet an. Viel Gebüsch und Unterholz zu beiden Seiten des Weges machen das Reisen hier unsicher. So sind auch wir ein paar Banditen zu Pferd begegnet, von denen einer das beste Pferd ritt, das er unserem Kutscher bei einem früheren Überfall – neben seinem Geld – abgenommen hatte. Unser Pietro wurde ganz aufgeregt, erbleichte, blieb aber still. **N** Auch unsere Pferde gaben durch Wiehern zu verstehen, dass sie das Pferd des Räubers erkannt hatten. Wir konnten Pietro aber davon abhalten, den Räubern nachzusetzen. Hierzulande nimmt die Freibeuterei überhand, der Arm der Gerechtigkeit ist hier nicht so stark wie in Deutschland.

Und wieder eine Überraschung. Nicht eine gesichts- und geschichtslose Ansiedlung erwartet mich nach der Überquerung der Oglio-Brücke (Abfluss des Gardasees), sondern ein kleines, sympathisches Städtchen mit einer so gut erhaltenen Stadtmauer, dass die in sie eingebauten Wohnungen seit dem Mittelalter ohne Unterbrechung bewohnt werden. Im alten Stadtkern entdecke ich die *Casa degli Stampatori* aus dem Jahr 1480, dem ehemaligen Sitz des jüdischen Verlagshauses der Stadt, heute Pressemuseum. Bewacht und beschützt wurde Soncino von der Festung Rocca Sforzesca (15. Jh.), einer der besterhaltenen Burgen der Lombardei. Soncino gehörte zum Herzogtum Mailand, das sich seit 1525 in spanischem Besitz befand.

### ROMINENGO, 5 wM

### CREMA, 5 wM

Das Stadtbild von Crema wird eindeutig vom großen Domplatz mit seinen prächtigen Palästen (16. Jh.) und dem Dom Santa Maria Assunta (13./14. Jh., lombardische Gotik) beherrscht. Etwas außerhalb des Zentrums steht die Marienwallfahrtskirche Santa Maria della Croce (1490).

Zu ihrer Blütezeit rivalisierte die Stadt am Fluss Serio mit der nur 45 Kilometer weiter nördlich liegenden Stadt Bergamo um die regionale Vorherrschaft.

### MONTPRIANO, 2 wM

nur ein Wirtshaus

### LODI, 8 wM

Eine feine und vornehme Stadt unter spanischer Herrschaft. Wir mussten dem Gouverneur eine Liste mit den Namen der Reisenden aushändigen.

Das Lodi von heute ist Resultat einer weiteren Rivalität zwischen zwei Städten. Diesmal aber mit ernsteren Konsequenzen, da diese in einen Krieg zwischen den beiden wichtigsten Städten der Lombardei, Mailand und *Lodi vecchio, Laus Pompeia*, gipfelte – und mit der Zerstörung des Unterlegenen 1152 endete. Sechs Jahre später wurde mit tatkräftiger Unterstützung von Kaiser Friedrich Barbarossa *Lodi nuovo* gegründet. Das Zentrum der Stadt bildet die arkadengesäumte Piazza della Vittoria (15.–17. Jh.) und die Piazza del Mercato auf der Rückseite des Doms. Am Dom San Bassiano wurde lange gearbeitet, die Krypta (1158) ist sein ältester Teil, das Portal (1268) sein jüngster. Ein schönes Beispiel der lombardischen Renaissance ist die Kirche Santa Maria

Incoronata (1488) gleich westlich des Doms mit den Malereien im achteckigen Innenraum (großteils 16. Jh.).

### MELEGNANO/MARIGNANO, 10 wM

Hier fand 1515 die berühmte Schlacht von Marignan statt, bei der die Truppen des französischen Königs François I. das Schweizer Söldnerheer des Herzogs Massimiliano Sforza von Mailand besiegten und so Mailand französisch wurde. Das – sehenswerte – Schloss der Visconti wurde von den Medicis umgebaut, seit der Schlacht war einer der ihren Marquis de Marignan. Die Kirche Johannes der Täufer geht auf das 4. Jahrhundert zurück, in ihr entdecken wir ein Fresko des italienischen Renaissance-Malers Bergognone (1506).

### MAILAND, 10 wM

Von Verona bis hierher 100 welsche Meilen.

Andere nehmen ihren Weg von Brescia aus über Pontoia (10 wM), Martinenga (5 wM), Cassian (13 wM) nach Milano (18 wM). Wieder andere über Bergamo, was anscheinend der kürzeste Weg ist. Vielleicht aber nit so bequem wie unserer, denn dieser konnte nit besser gewesen sein und die Landschaft nit schöner. Mailand wird seinem Namen wie auch dem Spruch *praeclarum, nobile, magnum* vollaus gerecht, es liegt im Zentrum der Lombardei. Ich bekundete die Absicht, das Grabmal des Kardinal-Erzbischofs Carl Borromäus zu besuchen und dort ein Gebet zu verrichten. ✱ Sein heiliger Leib ruht in einer weiten Gruft unter dem Hochaltar, wo der heilige Mann in einer von ihm selbst verfassten Grabschrift den Besucher bittet, für ihn zu beten. Sein Symbol ist eine Krone, unter der geschrieben steht: *humilitas* (Anm.: Demut). In der besagten Gruft konnte ich dann sein Antlitz sehen.

Am 25. März, dem Tag von Mariä Verkündigung, wurde die Stadt schon frühmorgens in vielen Gassen und Plätzen mit den schönsten Altären geschmückt und von überall her kam viel Volk herbeigeströmt. Aus Gründen der Sicherheit (die Abfahrt der Kutsche musste in aller Früh erfolgen) fuhren wir aber noch vor dem Gottesdienst nach Pavia ab, um dort noch zeitig anzukommen.

Das aus einer keltischen Ansiedlung hervorgegangene römische *Mediolanum* gehörte zum langobardischen Königreich, bis es Ende des 8. Jahrhunderts von Karl dem Großen ins Fränkische Reich integriert wurde. Zur Zeit Guntzingers stand Mailand unter spanischer Herrschaft, die immerhin fast 200

Jahre lang andauern sollte (bis 1715), bevor es im 18. Jahrhundert unter österreichischer Herrschaft (bis 1796) eine Blütezeit erleben sollte. Das *Teatro della Scala* (1776) gibt heute noch beredtes Zeugnis davon ab. Die österreichische Herrschaft dauerte nach dem napoleonischen Intermezzo (1796–1815) bis 1859 an und war begleitet von einer harten Repression der immer stärker werdenden Unabhängigkeitsbestrebungen.

Die älteste Kirche der lombardischen Hauptstadt ist die Basilika Sant'Ambrogio. Sie wurde im 4. Jahrhundert vom Bischof von Mailand, dem hl. Ambrosius, gegründet. Die Reliquien dieses großen Kirchenvaters des Frühchristentums (ihm haben wir auch die Bekehrung des hl. Augustinus zu verdanken) und die zweier Märtyrer werden in der Krypta aufbewahrt. Trotz der Erweiterungsbauten des 9. und 10. Jahrhunderts ist der antike Charakter der Kirche des Stadtpatrons erhalten geblieben.

Die Basilica San Lorenzo Maggiore wurde ebenfalls im 4. Jahrhundert errichtet, aber zu Beginn des 12. Jahrhunderts fast komplett umgebaut und im 16. Jahrhundert restauriert. Doch die achteckige Form und die Mosaiken des ursprünglichen Baus blieben.

Der Mailänder Dom gilt als drittgrößte Kathedrale Europas, es wurde auch lange genug an ihm gebaut: Baubeginn war 1386, Ende erst 1813. Der Bau des „Gedichts in Marmor" (Mark Twain) ist dem mächtigen Fürsten Gian Galeazzo Visconti zu verdanken, der seinem Geschlecht, das im 13. und 14. Jahrhundert die Stadt beherrschte, ein Denkmal setzen wollte. Die Krypta beherbergt außerdem die Reliquien des hl. Karl Borromäus, Erzbischof von Mailand im 16. Jahrhundert, den viele als Heiligen der Gegenreformation bezeichnen. Zwei Kirchen des 15. Jahrhunderts tragen die Handschrift des großen Mailänder Architekten Bramante: Santa Maria delle Grazie (mit einem wunderbaren Kreuzgang) und San Satiro.

### PINASCO, 10 wM

Mitreisende wiesen mich in der Nähe dieses Dorfes, links des Weges, ungefähr eine Viertelstunde, auf La Certosa hin, die prächtige und gewaltige Karthause von Pavia.

### DIE KLAUSE LA CERTOSA

Das Ensemble des Karthäuserklosters, bestehend aus Kirche, Mausoleum, Klostergebäude und Kreuzgang, wurde Ende des 14. Jahrhunderts gegründet

*Brücke über den Ticino bei Pavia*

und zählt zu den bedeutendsten Werken der lombardischen Renaissance. Im Inneren der Kirche San Michele vereinen sich gotische, Renaissance- und Barockelemente auf äußerst harmonische Weise.

**PAVIA, 8 wM**

Laut unserem Fuhrmann waren es von Mailand bis hierher 20 Meilen. Pavia ist eine bekannte Stadt am Ufer des Ticino, den eine lange und breite Brücke aus Stein, zur Gänze überdacht, überspannt.

**N** Der Bischofsvikar weigerte sich, mir die Erlaubnis zum Lesen der Messe zu erteilen, außerdem beanstandete er, dass meine Beglaubigungen weder in Venedig, noch in Brescia oder Mailand von den dortigen Ordinarien unterschrieben worden waren. Dies zu tun hatte ich aber einerseits wegen der Eile des Aufbruchs unterlassen, aber auch, weil es bei uns zu Hause nicht üblich ist. Derlei Misstrauen war mir bisher auch nit entgegengebracht worden. Da es schon gegen Mittag ging und mir nit einfiel, wie ich schnell zu dieser Erlaubnis käme, mir außerdem bei Zuwiderhandeln die Exkommunikation drohte, gab ich mich um der Vergebung und des Festtages willen mit dem Besuch der Messe zufrieden und ließ den Rest Gott befohlen sein.

Keine deutsche Meile nach Pavia hieß es den Po überqueren und später noch zwei weitere Gewässer. Den Fährlohn bezahlte der Kutscher.

Pavia, die Hauptstadt des langobardischen Königreichs (6.–8. Jh.), ist heute eine reizende mittelalterliche Stadt mit einer der ältesten Universitäten Italiens (1361), eine Insel inmitten einer Industrielandschaft.

Die Kathedrale stellt eine eigenartige Mischung von Architekturstilen von vier Jahrhunderten dar (die Fassade entstand 1933!), doch am dem Bau zugrunde liegenden Plan haben Renaissancekünstler wie Bramante und Leonardo da Vinci mitgewirkt. Weitaus sehenswerter ist da die romanische Basilica San Michele, die auf das 7. Jahrhundert zurückgeht, doch 1160 neu errichtet wurde. Hier wurden drei Kaiser zum langobardischen König gekrönt: Karl der Große, Heinrich II. und Friedrich Barbarossa.

Vor der berühmten Schlacht von Pavia (1525), bei der der französische König François I. seine italienischen Besitztümer an Spanien verlieren sollte, wurde ihm in Pavia von einer Bäuerin eine Minestrone serviert, die sie dem hohen Gast zu Ehren mit gegrilltem Weißbrot, Käse und Ei „aufbesserte" – die berühmte *Zuppa Pavese* war geboren.

Ich verlasse dieses sympathische Kleinod auf dem gleichen Weg wie Guntzinger auf der langen überdachten Holzbrücke über den Fluss Ticino. Südlich von Pavia beginnen erst richtig die „Mühen der Poebene". Zudem regnet es schon seit dem Morgen, es ist ein trüber Novembertag, trostloser könnte die Landschaft wohl nicht sein. Die Städte sind Kleinode, das Land entweder grässlich verbaut oder verkommen.

**VOGHERA, 15 oder 13 wM**

Auf dem Weg durchquerten wir mehrere Ortschaften, in Voghera fanden wir ein Nachtlager.

In Voghera ist Markttag und trotz des miserablen Wetters herrscht auf der Piazza ein reges, fröhliches Treiben, von dem sich auch meine Stimmung Gott sei Dank anstecken lässt.

*Markt vor dem Dom von Voghera*

**TORTONA, 10 wM**

Die Stadt gehört zu Mailand. Sie wurde aber vor etwa 10 Jahren übergeben und musste mit Gewalt zurückerobert werden. Die dabei angerichteten Schäden und andere Hinweise auf den Verfall der alten Häuser waren nicht zu übersehen. Hier hieß es Abschied nehmen von Herrn Nicolaus Maria Bussetus, seines Zeichens königlicher Mayor, in Spanien Feldoberst, der seit Mailand mein Begleiter und großer Wohltäter gewesen und hier zu Hause war. Ein Hauptmann, sein Diener und ich fuhren noch weiter. Zum Schutz vor Straßenräubern gab uns der Mayor einen Trupp Soldaten mit.

Einer der wenigen Lichtblicke ist Tortona mit dem neoklassischen Dom San Quirico (Ende 16. Jh.), seiner großzügigen Piazza und seiner Kirche San Michele (ursprünglich 13. Jh., umgebaut Anfang des 17. Jh.).

Ein Glas Wein, ein Schinkensandwich und ein Kaffee auf dem Platz erledigen den Rest meiner schlechten Laune.

**SERRAVALLE, 12 wM**

Bis zum Städtlein fuhren wir auf ebenem Gelände, dann jedoch begann das Gebirge, der Weg wurde steiniger und es ging stetig bergauf-bergab. Nach ungefähr einer deutschen Meile erblickten wir die mächtige Genueser Festung Gavi.

Die alte Poststraße ist praktisch noch zur Gänze erhalten, nur wurde sie im 20. Jahrhundert asphaltiert. Eng und kurvenreich – und wunderschön! – schlängelt sie sich über die ligurischen Berge und den Passo della Bocchetta (727 m). Dadurch, dass sowohl die Autobahn Mailand–Genua als auch die Strada Nazionale ein Stück weiter östlich verlaufen, wurde die alte Straße, Guntzingers und mein Weg, vom Verkehr vollkommen entlastet.

**VOLTAGGIO, 8 wM**

Von hier kamen wir auf sandigem Untergrund, immer wieder Bäche durchquerend und an kleinen Ortschaften vorüber, nach Genua.

Wir gelangen durch unberührte Gebirgslandschaft und zauberhafte Bergdörfer wie Voltaggio, vorbei an der mächtigen Genueser Festung von Gavi (17. Jh.), vom Verkehr unbehelligt bis in die Vororte von Genua.

**GENUA, 20 wM**

Von Mailand hierher 83 welsche Meilen, was in Summe von Pontebba nach Genua 346 welsche Meilen ergibt, also 69 deutsche Meilen. Mit den 44 deutschen Meilen von Wiener Neustadt nach Pontebba sind es bisher insgesamt 113 zurückgelegte deutsche Meilen.

Der Name der Stadt kommt aus dem Lateinischen und bedeutet Knie, auf Latein wird er auch *Ianua* geschrieben, also Tor.

Ehe man in die Stadt kommt, durchquert man die Vorstadt San Pietro di arena, eine Ansammlung von neu erbauten stattlichen Palästen mit fürstlichen Gärten, Wasserspielen und Lusthäusern, deren genauere Beschreibung ich anderen überlasse.

Was die Vortrefflichkeit und Magnifizenz der Gotteshäuser ✷ anbelangt, beschränke ich mich auf die Domkirche zum heiligen Lorenz und ihre ansehnliche Fassade. Im Inneren sehen wir die ganz in weißem Marmor ausgeführte Kapelle vom hl. Johannes dem Täufer, die die Asche seines Leibes und einen Knochen aus seinem Arm beherbergt. Solch eine große ✷ und bedeutende Reliquie wird zu bestimmten Zeiten unter großem Glockengeläut ausge-

*Festung von Gavi*

stellt. Darauf versammelt sich das Volk in großer Zahl und drängt sich voller Eifer, begierig, den Schatz zu sehen und zu küssen. Die Asche ist zwar hinter einem kristallenen Fenster in Gold und Edelstein gefasst, doch der Knochen ist deutlich zu sehen.

Die Geschichte zu erzählen, wie dieses Heiligtum vor vielen Jahren aus dem Orient als reiches Raubgut nach Genua kam, würde hier zu weit führen. Da ich aber den längsten Aufenthalt meiner ganzen Pilgerreise hier in Genua hatte, will ich dem gottliebenden Leser in Kürze erzählen, welch Ehrengepränge diese in religiösen Angelegenheiten so aufrechte Stadt für den Reliquienschatz, Gott und seine Heiligen am Sonntag der Oster-Oktav veranstaltet.

Um die dritte Tagesstund versammeln sich der hohe und der niedere Stand der Geistlichkeit wie auch der Herzog und der Adel mitsamt Gefolge im Dom. Diesen verlassen in schöner Ordnung nicht nur die geistlichen Herren, sondern auch die Bruderschaften (von denen es eine große Zahl gibt) der Edlen und Unedlen, der Großen und Kleinen, alle in ihrem besten Gewand, psalmierend und betend, begleitet von Gesängen und Instrumentenmusik. Sobald sie auf die Masse des draußen harrenden gemeinen Volkes treffen, führen die Vornehmsten des Doms im Geleit der großen Menge und der anderen Domherren und Kapellanen die Angehörigen des Fürstengeschlechts und des Hochadels unter hohen Baldachinen zum Hafen. Die Prozession zieht zur alten Mole und wieder zurück. An der Spitze der Mole angelangt stimmen Klerus und Sänger das *canticum zachariä, benedictus etc* an. Während des Hin- und Rückwegs wird aus allen Geschützen gefeuert, auch auf den vornehmsten der im Hafen ankernden Schiffe und Galeeren. All das passiert in feinster Ordnung, obwohl sich das Krachen, Knallen und Schallen von allen Seiten entsetzlich anhört. Dazu kommt noch der Gesang der Prozessionsteilnehmer, das Getön von Trompeten, Pauken, Schalmeien, Trommeln und Pfeifen auf den Schiffen, das kein Ende nehmen will. Alle Galeeren, Schiffe und Boote sind mit roten und blauen Tüchern und Seidenstoffen behangen, von den Masten und anderen erhöhten Stellen auf den Schiffen flattern auserwählt schöne Schiffsflaggen. Der sanfte Wind erzeugt ein so prächtiges Spiel der vielen Farben, dass in Wahrheit ein menschliches Gemüt inniglicherweise muss erfreut werden. Der Zweck dieser Prozession ist, die allerhöchste Majestät Gottes versöhnlich zu stimmen, auf dass sie gnädigst jegliches Meereswüten abwende. Es gibt noch eine noch weiter ins Meer ragende Mole oder Damm, über die zu schreiben nicht meine Absicht ist. Um der Liebe und des Trostes der Reisenden willen erzähle ich aber ein bisschen von der Laterne, die weit und breit ihresgleichen sucht. Sie befindet sich auf einem hohen, starken Turm, der weit außerhalb des Hafens auf einem Felsen gebaut wurde und der des Nachts den aus der Ferne ankommenden Schiffen den sicheren Weg zeigt. Über 454 Stufen gelangt man zur eigentlichen Laterne, deren Ecken mit starken eisernen Schlössern aneinander befestigt sind. Das Glas ist groß und breit, wohl einen Daumen dick. Ein wunderschönes Werk. In der Nacht werden so an die 40 Lampen angezündet. In der Höhe laufen um den Turm übereinander liegende Gänge, auf welchen die Kennzeichen der gemeldeten ankommenden Galeeren und Schiffe befestigt werden. So wie es auch geschah, als der *Principe d'Oria* aus Barcelona kommend mit zwei Galeeren einlief. Unsere deutsche Nation hat auf dem Turm ein großes Geschütz aufgestellt, ebenso im herzoglichen Palast, der zur Zeit unter dem Kommando des löblichen Regimentsobristen Johann Baptist von Syttichhausen steht. Mir als Landsmann hat er während meines Aufenthalts viel Gnade erwiesen. Über das herzogliche Zeughaus, *la Loggia di Banchi*, etwas zu erzählen steht

mir nicht zu und auch über die unsäglich teure Smaragdtafel bei San Lorenzo kann ich nichts sagen, weil ich sie selbst nicht gesehen habe.
Über die Kirche San Ambrosio kann ich jedoch berichten, dass es ihr an kostbarem Gezierde nicht mangelt. Vor allem die Franz-Xaver-Kapelle im Inneren wurde von den Jesuiten (die spirituell die ganze Zeit hindurch meine Wohltäter waren) wunderschön und mit teuerstem Marmor und anderem edlen Gestein ausgestattet, ebenso der Hochaltar und die ansehnliche Kuppel. Auch *La Nunciata* der Franziskaner ist nicht weniger gewaltig und herrlich. Dann noch *La Fabbrica del Tempio*, ein großer neuer Bau in der oberen Stadt. Von dieser kam ich im April zu einer anderen großen Kirche mit einem Turm aus schwarz-weißen Steinen, von der aus ich einen wunderbaren Blick auf die Riviera mit ihren in voller Blütenpracht stehenden Parkanlagen und Lustgärten hatte. Und aus der Kirche vernahm ich zu meiner Freude die von Frauen auf lateinisch gesungene Vesper.
Die Kirchenämter und Gottesdienste werden insbesonders im Dom zu San Lorenzo in dermaßen gravitätischer, zierlicher, vollkommener, ja heiliger Weise verrichtet, dass ihnen beizuwohnen jedem Christen ein herzlicher Trost ist. Weder im Chor noch am Altar geschehen ungehörige, oberflächliche oder schlampige Dinge, sondern im Gegenteil geht es rechtschaffen, voller Eifer und in gottesfürchtigem Ernst zu, ganz nach Art geistlicher politezza, in vollem Bewusstsein der göttlichen Amtspflicht. Das wöchentliche Heilige Amt wurde von den Domherren und den anderen Priestern in so anmutiger Lieblichkeit gefeiert, dass ich nicht sagen könnte, ob dabei innige Andacht oder aber Kunst und Fleiß den Vorrang genossen.
Weiter will ich mich nicht über religiöse Belange auslassen, auch die Beschreibung der Polizei erspare ich mir, ihre Uniform ist alles andere als prächtig. Die männlichen Bürger sind alle schwarz gekleidet, farbige Gewänder dürfen nur die Frauen tragen oder die Männer während einer Reise, ebenso wie das gemeine Volk und Fremde. **N** Diese sollten aber keine Messer oder andere Waffen bei sich tragen, denn werden sie damit aufgegriffen, droht ihnen Gefängnis oder manchem sogar die *Stroppa di corda* (Anm.: der Strick).
Die derzeit gültigen Silbermünzen haben eine schöne Prägung, nämlich die auserwählt schöne Frau mit Kind, die am Hochaltar des Doms zu sehen ist. Darunter steht der Spruch: *Et rege eos*. Die kupfernen Denare erreichen im Wert kaum unsere Heller, der Wert der Soldi entspricht dem unserer Kreuzer. 20 Soldi ergeben eine Lira oder ein Pfund, das sind etwa 18 Kreuzer bei uns. Für einen Ongar (bei uns etwa ein Dukat) bekommt man 9 Lire und 6 Soldi.

Am besten kommt man aber mit den Doblen (Anm.: Dublonen) zurecht, die hier sehr gerne gesehen sind und für die man etwa 5 Pfund und 30 Kreuzer bekommt. Auch die spanischen Reales sind eine gute Währung, man verliert kaum beim Umtausch.
Insgesamt sieben Wochen hielt ich mich in Genua auf, bis endlich am 10. Mai, dem Kreuzessonntag, mein Schiff nach Alicante in Spanien gerüstet, beladen und bereit war, in See zu stechen. Die Kaufleute und anderen Passagiere wurden, ausgestattet mit einer frischen Beglaubigung, an Bord geführt, die Trossen gelöst und die Segel gesetzt, auf dass die Reise in Gottes Namen beginne.

Die einst mächtige Hafen- und Handelsstadt Genua, Langzeitrivalin von Venedig, erlebte ihre Blütezeit zwischen dem 11. und dem 15. Jahrhundert, beruhend auf dem Handel mit dem Orient und seiner beherrschenden Rolle über die gesamte ligurische Küste und Korsika. Sie brachte den unter ihren vielen berühmten Seefahrern vielleicht berühmtesten hervor, Christoph Kolumbus. Sie ist heute noch eine bedeutende Hafenstadt, laut, lebendig, schmutzig. Zwanzig Prozent des italienischen Außenhandels gehen über Genua.

Zwei Kirchen in der Stadt lohnen den Besuch, vor allem die Kathedrale San Lorenzo, die nach der Legende vom Heiligen selbst im 3. Jahrhundert gegründet wurde. Der romanisch-gotische Bau, den wir heute sehen, wurde 1181 begonnen. Ein Rätsel ist mir, dass Guntzinger die Reliquie von Johannes dem Täufer erwähnt, nicht aber den *Sacro Catino*, eine orientalische Glasschale aus dem 9. Jahrhundert, von der gesagt wird, sie sei beim letzten Abendmahl benützt worden. Manche sehen in ihr sogar den Heiligen Gral.

Die zweite Kirche ist Santa Maria di Castello, bei der die Säulen eines früheren römischen Heerlagers in das Hauptschiff integriert wurden. In der Kapelle links vom Hauptaltar ist ein Kruzifix zu sehen, von dem es heißt, dass der Bart von Christus jedes Mal wächst, wenn die Stadt eine Krise durchmacht. (Da müsste der Bart angesichts der aktuellen Krise in Italien aber schon sehr lange sein ...)

**SAVONA**

Der Wind war kräftig, für uns allerdings nit tauglich. Deshalb mussten wir uns schon in Porto Vadi, einer Genueser Festung unweit der Stadt Savona, 30 welsche Meilen von Genua entfernt, an Land begeben, um die Nacht in einem Wirtshaus zu verbringen. Dort verhielten sich aber einige von uns so laut, dass der Governator uns zu sich zitieren ließ, um unsere Pässe zu sehen

*Santuario di Nostra Signora della Misericordia in Savona*

und bis spät in die Nacht unsere Zeugenaussagen zu hören. Besonders weil er schon gehört hatte, dass einige von uns sich am Tage etwas ungestüm Eingang ins innere Schloss verschaffen wollten und uns damit alle verdächtig gemacht hatten. **N**

Am 11. warteten wir vergeblich auf tauglichen Wind. Am 12. gingen wir etwa eine deutsche Meile landeinwärts zu einer Marienkirche, dem *Santuario* ✷, die anlässlich einer Marienerscheinung erbaut worden war.

Am 18. März 1536 erschien die Mutter der Barmherzigkeit dem Bauern Antonio früh am Morgen bei einem Bächlein: Gott sei über den gottlosen Wandel der Stadt Savona so erzürnt, dass er dieselbe ins Verderben zu stürzen vorhabe. Er, Antonio, solle in die Stadt gehen, dieses berichten und zur Buße mahnen. Der weitere Verlauf der Geschichte ist bekannt und überall nachzulesen. Am Ort der Marienerscheinung steht heute ein vornehmes und mit vielen Votivtafeln verziertes Gotteshaus. Fast alle aus unserer Gruppe haben gebeichtet und kommuniziert.

Auch ich besuche den Wallfahrtsort, der tatsächlich sieben Kilometer landeinwärts liegt. Erstaunlich, wie exakt Guntzingers Entfernungsangaben sind. Vorplatz und Wallfahrtskirche wirken riesig auf mich, besonders da außer mir nur zwei alte Frauen den Wallfahrtsort besuchen. Ich frage mich – und es wird nicht das letzte Mal sein –, wie Guntzinger von diesem doch sehr speziellen Ort erfahren hat, der mir bis zur Lektüre seines Berichts völlig unbekannt war.

### SAN REMO

Am 13. Mai erhob sich endlich ein guter Wind, mit dessen Hilfe wir nach Aussage Kundiger in der Folge mindestens 100 welsche Meilen zurücklegen konnten. Am Städtchen Noli vorbei in Richtung San Remo. Dort wachsen die edelsten welschen Früchte in so großer Zahl, dass am Markt in Genua acht schönste, frischeste, faustgroße Zitronen um nur einen Kreuzer zu bekommen sind. Dann nach Monaco, zur Grenze zwischen Genua und Italien auf der einen und Frankreich auf der anderen Seite. Ein ungünstiger Wind in der Nacht trieb uns aber fast genauso weit wieder zurück, bis Alassio, wo wir den Festgottesdienst zu Christi Himmelfahrt abwarteten und uns dafür an Land bringen ließen.

Heute ist San Remo berühmt für seine Blumenzüchter (Wiener Neujahrskonzert!) und sein Liederfestival, wo die Karrieren vieler großer italienischer *Cantautori* (Liedermacher) ihren Anfang genommen haben.

### DIE ÜBERFAHRT

Am 15. und 16. hatten wir abermals trefflichen Wind, der uns der katalanischen Küste etwa 60 deutsche Meilen näher brachte. Während der Fahrt sah die Wache vom Mastkorb aus ein Schiff vom französischen Festland auf uns zusegeln, das bald als Piratenschiff identifiziert wurde. Um diesem – schwereren – Schiff zu entfliehen, zogen die unsrigen gleich ein zusätzliches Segel auf, das üblicherweise nit Verwendung findet, aber eigens für solche Notfälle gedacht ist. Und schon nach einer halben Stunde hatten wir die Piraten aus den Augen verloren.

Um Mitternacht des 16. Mai, also zwischen Samstag und Sonntag, und bei tiefster Dunkelheit, erblickten wir über dem hinteren Mast und über der *Poppe* (Anm.: Heck) ein großes kugelförmiges Feuer, das zwei Stunden lang hell leuchtete, bevor es wieder erlosch. Die Schiffsleute nannten es Elmsfeuer. Zu Beginn hatte es mich gewundert, dass sie es wagten, so ein großes Licht anzubringen, wo man doch in den vorangegangenen Nächten aus Angst vor den französischen Korsaren oder anderen Seeräubern nicht einmal eine Laterne hatte anzünden dürfen. Doch dann riefen sie uns aus unseren Kajüten und schrien: „Sant Elmo, Sant Elmo!" Sie erklärten, es sei der Hinweis auf die Anwesenheit ihres Patrons, und dass sich dies höchstens einmal alle 100 Jahre ereigne. Und es sei ein gutes Zeichen, dass sich die Flamme nicht weiter ins Schiff herabgesenkt hätte. Denn dann würde dies ein schweres Unglück bedeuten. Ich berichte hier nur, was ich gesehen und höchstpersönlich erlebt habe und lasse es dahingestellt, ob es ein übernatürliches Zeichen Gottes oder eines seiner Heiligen oder aber eine natürliche meteorische Entzündung gewesen ist. Obwohl eine solche meines Erachtens zwischen dem vorderen und mittleren Mastbaum, die beide unvergleichlich höher und dicker sind, viel eher hätte stattfinden müssen als ganz hinten, wo das Schiff am schmalsten und am niedrigsten ist. Wer aber den weiteren Verlauf der Ereignisse verfolgt, wird wohl eher dazu neigen, der alten Seemannstradition Recht zu geben.

Denn am Sonntag dem 17., des Abends, erhob sich ein so starker Gegenwind, dass wir gezwungen waren, Schiff und Segel anders auszurichten. Es blieb aber nicht bei dem einen Gegenwind. Bald brachen aus allen vier Himmelsrichtungen starke Windböen abwechselnd und mit solcher Gewalt über uns herein, dass es die Segel hin- und herriss. Aus allen Richtungen stürzten auch starke Wellen auf das Schiff, dass wir es nur mehr krachen und knallen hörten. Die guten Schiffsleute hatten die ganze Nacht keinen ruhigen Augenblick, ihre gefährliche Arbeit gönnte ihnen nicht einmal eine Atempause. Das war ein unaufhörliches Laufen von einer Notlage zur anderen, Seile festbinden und losmachen, Segel raffen und nachlassen, ein stetig eiliges Auf- und Absteigen. Die grausamen brausenden und tobenden Winde von oben und die das Schiff wütend bedrängenden Meereswellen von unten wollten kein Ende nehmen. Der Bug wurde immer wieder tief ins Wasser getaucht, die Aufbauten so beschädigt, die Zimmerleute mussten in stockdunkler Nacht versuchen, das Allernotwendigste zu reparieren. Dann wurde der Sturm aber so heftig, dass er den Zwerg- oder Segelbaum, der am vorderen Mastbaum befestigt ist, in einem Augenblick entzwei- und mitsamt dem Segel ins Meer hinausriss. Doch dann bemerkten wir, dass etwa die Hälfte des Mastes, der ja doch runde vier Spannen im Durchmesser maß, noch am Tauwerk und Segel hing und wir konnten ihn wieder an Deck ziehen. Unter den Passagieren, es waren Kaufleute, Pilger und andere Reisende, herrschte mittlerweile nichts anderes als Angst und Not. Rechnete man doch jeden Augenblick mit dem

Untergang des Schiffes. Die Schwachen saßen oder lagen in ihren Kajüten, die Stärkeren knieten, die anderen tröstend, indem sie ihnen zusprachen oder vorbeteten. Man fasste nicht nur tausenderlei gute Vorsätze, sondern legte allerlei feierliche Gelübde ab, sowohl ganz allgemeine als auch spezifische. Noch wollte nichts helfen. Alle wurden immer verzagter und es war nur mehr Seufzen, Weinen und Heulen zu hören. Einer nach dem anderen beichtete, bis auf einen Geistlichen, der bereits beim Antritt der Reise in Genua seine Generalbeichte abgelegt hatte. Ein anderer, der anscheinend schon viel Erfahrung mit Schiffsreisen hatte und ein recht mutiger Mann war, ging trotz der Gefahr mit allerlei tröstenden Worten ein und aus, um dem jammernden Häuflein Mut zuzusprechen. Bis die Not so groß war, dass sogar ihn der Mut verließ und ihn der Gedanke an seinen bevorstehenden Tod zu Kreuze kriechen ließ. Als nun sogar dieser Mann die Beichte ablegte, verließ alle die Hoffnung auf ein Überleben. Sogar der Priester, der schon in Genua gebeichtet hatte, bat noch einmal um die Absolution, warf sich mit dem Gesicht zu Boden und rief mit hellem Weinen Gott um Barmherzigkeit an.
In solch höchster Not kam ein Teil der Passagiere, wie schon vorher mehrmals, abermals zu mir, in der Hoffnung, ich wüsste doch ein geistliches Mittel, den wohl zu Recht über uns zürnenden Gott zu versöhnen. Weil aber ein jeder, alles, was man beten oder an Gutem ersinnen konnte, schon in die Runde eingebracht hatte, fiel mir nur mehr die Litanei des hl. Joseph ein, des Nährvaters Christi, der ja auch ein Patron der Reisenden ist. Ihm zu höchstschuldigen Ehren, neben Gott und der jungfräulichen Mutter, habe ich sie aufgeschrieben (wissend, dass ich mich damit dem Vorwurf der eitlen Ruhmessucht aussetze). Weil ich sie vor kurzem anlässlich einer Reise schon gebetet hatte, konnte ich sie noch auswendig und sprach sie, so laut und deutlich, wie ich nur konnte, vor:

*Kyrie eleison &c*
*Pater de caelis Deus &c*
*Sancte Joseph, a mator castitatis &c*
*Sancte Joseph Patrone, defensor, advocate noster dulcissime &c*
*Die Versammelten antworteten, zugleich eifrig und kläglich:*
*Miserere nobis, ora pro nobis, ora &c*

Kaum war die Litanei zu Ende, wurden alle auf dem Schiff Zeuge, wie die heftigen, stetig wechselnden Winde nachließen und einem kräftigen sanften und gleichmäßigen Wind Platz machten, der uns innerhalb von zwei Tagen und Nächten, also Montag und Dienstag, zwar wieder zurück, doch in einen

sicheren Hafen brachte, nämlich in die feste Stadt Calvi auf der Insel Korsica, die zur Republik Genua gehört. So hat uns also Gott Beistand geleistet.
In Calvi war es schwer, das Holz und anderes Material für die Reparatur des Schiffes zu bekommen. Deshalb lagen wir hier über die Pfingstfesttage hinaus insgesamt neun Tage lang still. Vor welch großem Elend uns Gott darüber hinaus noch bewahrt hat, werde ich später erzählen, wenn von Alicante die Rede ist.
Unser *Stückmeister* (Anm.: Proviantmeister), den sie Capo nennen, fing im Hafen überaus schöne Fische in allerlei Farben – rot, blau, grünlich. Kein Maler könnte je ihre glänzenden Farben so schön wiedergeben. Mit dem Netz fingen die Schiffsleute manch großen Fisch und auch große Krebse, von denen einer wohl leicht seine zwei Pfund schwer war. Languste nannten sie ihn, gar gut zu essen.
Wohlan, am 30. Mai, Samstag vor dem Dreifaltigkeitsfest, fuhren wir von Calvi fort, drei Tage und Nächte hatten wir immerdar guten Wind (die Schiffsleute nennen ihn *Maestrale, Mistral*, oder auch *Grego Levante*) in Richtung Spanien, also für unser Vorhaben gerade richtig. Besonders am letzten des Monats und am 1. Juni war er so stark, dass wir nach Aussage der erfahrenen Seeleute in der Stunde ungefähr drei deutsche Meilen zurücklegten. Wir *ingolfirten* also, das heißt, wir erreichten hohe See am Sonntag der Allerheiligsten Dreifaltigkeit, und auch am Montag wurde das Schiff in einem steten, glücklichen Lauf den Tag und auch die Nacht vorangetrieben.
Am folgenden Tag, als wir rechts an Mallorca und Menorca vorbeifuhren und schon die Insel Ibiza in Sicht kam, steigerte sich der gute Wind zu einer *Fortun* (Anm.: Sturmwind), für den die neugemachte *Trinchetta* (Anm.: Segelbaum) zu schwach war: Da sich nämlich das dicke, feste und starke Segel nit zerreißen ließ, musste eben der Segelmast daran glauben. Wir hatten gerade unser Mittagessen eingenommen und waren froher Stimmung, als dieser mit einem Knall zersprang, vom Mast herunter und am Bug mitsamt dem Segel ins Meer fiel. Dem Schiffsrumpf wurde dadurch ein gewaltiger Schlag versetzt, dass es schien, als würde das Schiff mit dem Bug voran ins Meer stürzen. Da sahen wir, wie ein kräftiger Schiffsbursch meisterhaft und unverzagt zugleich ins Meer sprang, um das Segel zu retten. Und als er dies mit viel Mühe geschafft hatte, ein anderes, kleineres Segel aufspannte. Das größere war, weil nass und auch wegen des zerbrochenen Baumes, nit mehr zu gebrauchen. Während all dies geschah, war das Schiff nur sehr schwer zu steuern, weil das mittlere, größere Segel wegen des fehlenden Vorschubs des ersten, zerrissenen Segels oft un-

kontrolliert schlug und dadurch das Steuerruder hin- und hergerissen wurde. Doch Gott half uns mittels der erfahrenen Steuermänner und Seeleute väterlich auch aus dieser Not. (Nur kurze Zeit vor diesem unerwarteten Schrecken hatte mir ein Kaufmann aus Genua in Erinnerung an den schrecklichen Sturm ein Büchlein mit Gebeten des hl. Joseph überreicht.) Was der Schiffsmannschaft aber größere Sorgen bereitete, war der Umstand, dass dieses Missgeschick gerade vor Ibiza passierte. Denn an der zerklüfteten Küste der Insel pflegten sich türkische und andere Meeresräuber zu verstecken und dort den vorbeifahrenden Christenschiffen aufzulauern. Wie wir später in Alicante erfahren sollten, war dies in diesen Tagen tatsächlich einem Schiff widerfahren. Im Namen Jesu und mit der Fürsprache des hl. Joseph gingen wir auch diesmal unbeschadet durch gleich zwei große Gefahren.

Im Zusammenhang mit dem Dreifaltigkeitssonntag kann ich noch eines berichten, und noch etwas, was sich am darauffolgenden Montag begab.

An dem Tag ließ der gute Wind, wie schon erwähnt, das Schiff ruhig und schnurgerade laufen und keiner wurde vom *Meergrausen* (Anm.: Seekrankheit) geplagt, das sonst durch das Auf und Ab und Hin und Her des Schiffes ausgelöst wurde. Alle am Schiff waren wohlauf, fröhlich und guter Dinge. Sogar ich, dem das *Meergewüt* sonst sehr zu schaffen machte.

Da zeigte sich am Vormittag zur Ergötzung aller, etwa einen Musketenschuss entfernt, ein großer Wal, der mehrmals einen starken Wasserguss fast ein Haus hoch (so dünkte es mir) mit dem Geräusch eines kleinen Platzregens in die Luft blies. Es war gar lustig anzusehen und zu -hören. Zu Mittag aber, als die Sonne an einem wolkenlosen Himmel am höchsten stand, sahen wir rund um ihre Scheibe einen feuerglänzenden, weiten großen Kranz, durch dessen Mitte wiederum, wie auch durch die Sonne, ein weiterer glänzender Ring stieß. Das Schauspiel am Himmel, an dem keine einzige Wolke zu sehen war, währte eine Stunde und war für jeden auf dem Schiff klar zu sehen. Wir hatten also am Hochheiligen Trinitatisfest eine schöne, himmlische Predigt zwar nit zu hören aber zu sehen bekommen.

Wahrhaftig: Die Himmel berichten vom Ruhm Gottes (Psalm 18).

In dieser Erscheinung bedeutete die Sonne – *principium sine principio* – Gott den Vater, der keinen Ursprung hat. Der hell scheinende Umkreis – *lumen de lumine* – Gott den Sohn, das Licht, das aus dem Licht geboren wird, ein wahrer Gott vom wahren Gott (Symbol. Apost.), und der dritte, die beiden anderen durchdringende Glanz, *communicationem sancti Spiritus* (2 Kor. 13), war Gott der Heilige Geist, der aus der ewigen göttlichen Liebe des Vaters zum

*Die Küste bei Xabea*

Sohn und dessen Gegenliebe entspringt: *Et hictres unum sunt*, eine einzige, in Personen dreifaltige Gottheit (1 Joan. 5).

Am Vormittag des darauffolgenden Montags erblickten wir einen Schwarm hinter dem Schiff herschwimmender Delphine, welche, sich immer mit Luftsprüngen aus dem Wasser erhebend, behende das auch nicht langsame Schiff einholten. Und gleich spielenden Hunden erfreute sich der große Delphinschwarm, uns allerlei Kurzweil zu bieten, indem sie schnell wie Pfeile oder Vögel neben und auch manchmal unter dem Schiff an uns vorbeischossen. Kurz darauf zeigte sich ein Meer-Schwein, auf italienisch *Molo*, mit einem sehr großen Kopf. Es wurde erschossen, konnte aber wegen der hohen Geschwindigkeit des Schiffes nicht eingeholt werden. Später in Alicante sah ich, dass ein *Molo* am Markt für fünf Quartos oder Kreuzer per Pfund verkauft wurde. Ich sah auch einen weiteren wundersamen Fisch, den sie *Lucerna* nennen, wenn ich mich recht erinnere. Seine Augen stehen für die Länge eines mittelgroßen Fingers aus dem Kopf hervor.

Der bisher so beständige gute Wind nahm nun Urlaub, doch mit anderen, schwächeren Winden und allen gestrafften Segeln kamen wir bis zum Heiligen Fronleichnamstag (an welchem wir in der Früh Hispanien erblickten) weiter voran. Doch dann verlor sich gegen Mittag jeglicher Wind. und das Schiff musste *in calma* stehend verbleiben. Wir Passagiere ließen uns auf der *Barchetta* an Land bringen und kamen um die Mittagszeit in ein feines Städtlein.

# DRITTER ABSCHNITT: SPANIEN

### XABEA

Gegen Abend taten sich allerlei *Maskeren* hervor, sie hielten in den Händen Klappern, aber auch Trommeln und Schalmeien. Zuerst führten sie in der Hauptkirche vor dem Hochaltar einen Tanz auf, dann zogen sie durch die Gassen, wo sie, mit den immer gleichen Gebärden, ohne Unterlass tanzend und springend, ein Freudenfest veranstalteten. Etliche unter ihnen waren auch als Drachen und sonstige hässliche Bestien verkleidet. Bei einbrechender Dunkelheit begann dann endlich die Prozession, bei der das Allerheiligste von den Priestern, begleitet von den Herren der Bruderschaften und Zünfte, getragen wurde. An den verschiedenen Stationen wurden andächtige Psalmen und Hymnen gesungen und nicht wie anderswo gebräuchlich die vier Evangelien. Und dazwischen wurde immer wieder gepfiffen, gesprungen und getanzt. Nach also verrichtetem Umgang nahmen wir an dieser *Solemnität* des *Englisch-Apostolischen Abendmahls* unsere erste Nachtmahlzeit in Spanien mit Freuden ein.

Am folgenden Freitag fingen einige von uns Fische, die so aussahen wie große Heringe, aber Flügel hatten wie Fledermäuse. Wir kochten sie, aber nach dem Essen wurde uns allen sehr übel. Weil auch am Nachmittag immer noch kein Wind aufkam und es überhaupt ungewiss war, wann wir tauglichen Wind bekämen, beschloss ein großer Teil der Reisegesellschaft, die Reise nach Alicante zu Lande fortzusetzen. Auf den Feldern standen überall Bockshörndl- und Mandelbäume, wie fast in der ganzen Provinz Valencia. Die Mandeln waren gerade reif und richtig zart für den Verzehr, und nirgendwo wurde uns verwehrt, sie nach Herzenslust und soviel wir wollten zu genießen. So nahmen die Unsrigen ohne Scheu, sogar im Beisein der Bauern und ohne deren Widerspruch, soviel sie nur wollten, sogar Vorrat davon nahmen sie mit.

Erst die Rückeroberung des Ortes gegen Ende des 13. Jahrhunderts erlaubte seine definitive Besiedelung. Dies erklärt, warum im Ortskern, oder was von ihm noch übrig ist, gotische Bauelemente vorherrschen: einzelne Häuser, Tor- und Fensterbögen, vor allem aber die Anna-Kapelle des Hospitals (16. Jh.) und die einer Burg gleichende Pfarrkirche San Bartolomé (14.–16. Jh.). Das von Guntzinger als „feines Städtlein“ betitelte Örtchen müssen wir heute aber suchen, denn es wird von einer durch schamlose „Verhüttelung“ flächenmäßig riesenhaft angewachsenen Touristenhochburg praktisch zugedeckt. Ich ahne schon, was – bis Alicante – auf mich wartet.

**TEULADA, 1 leg (oder spanische Meile)**

Bis hierher war der Weg nicht nur grob, sondern eigentlich gar kein richtiger Weg. Es war der 5. Juni, und da schon der Weizenschnitt begonnen hatte, ebenso das Dreschen des Getreides durch umherlaufende Pferde und Maulesel auf dem geschnittenen Getreide, konnten wir über das freie Feld gehen.

Wenige Tage vor meiner Ankunft wurde hier das große Fest zu Ehren des Ortspatrons, des hl. Vincent de Ferrer (1350–1419), gefeiert. Die Straßen sind festlich mit bunten Girlanden geschmückt und an vielen Häusern hängt sein Bild. Die kleine Kapelle der Einsiedelei am Ortsausgang, die seinen Namen trägt, erstrahlt in makellosem Weiß, wie es nur eine Rundum-Erneuerung zustande bringt. Der Heilige lebte und wirkte in der Region im 15. Jahrhundert, seine Schwester Konstanza lebte in Teulada. Der gleiche Vincent, der hier als Heiliger verehrt wird, zeichnet für das Massaker im Jahr 1391 an den in ihrer Synagoge in Toledo zum Gebet versammelten Juden verantwortlich ...

Auch hier hat die gotische Pfarrkirche Sta. Catalina (Ende 16. Jh.) den Charakter einer Festung.

Die Entfernung von mehreren Kilometern vom Meer hat den Ort gerettet, die engen und steilen Gässchen sind noch so, wie sie Guntzinger angetroffen haben mag, die Autos sind Gott sei Dank weitgehend ausgesperrt.

**CALPE, 1 leg**

Wir kamen durch einen Bach.

Vom alten Ortskern blieb – bis auf Reste der alten Stadtmauer – fast nichts mehr erhalten, was sehr schade ist. Denn hier fand man noch Zeugnisse eines friedlichen Zusammenlebens von Christen und Moslems, die sich jahrhundertelang (14.–17. Jh.) gegen einen gemeinsamen Feind, die Piraten, verteidigen mussten. Der Bericht von Guntzinger ist da ja deutlich genug.

Heute sind über einen Umkreis von mehreren Kilometern alle Hügel gleichmäßig und lückenlos mit weißgetünchten Touristenvillen bedeckt. Vom Ortskern hinunter zum Meer erstreckt sich ein dichtes Netz von Straßen, auf denen – es ist April! – ein einer Großstadt würdiger Verkehr herrscht. Wie mag es da bloß in der Hochsaison zugehen?

PS: Seit 1982 findet in Calpe jedes Jahr Ende Februar ein deutscher Karneval statt ...

**ALTEA, 1 leg**

Ein schön auf einer Anhöhe liegender Ort. Nach der Messe las der Pfarrer, begleitet von vielen Glockenschlägen, die Leidensgeschichte. Uns wurde erklärt, dies sei bei drohenden Unwettern in der Gegend so üblich. Nach dem Gottesdienst bewirtete uns der Pfarrer in seinem Haus mit köstlichem Wein.

Ähnliches wie in Teulada gilt für das zwar sehr touristische, aber immer noch entzückende, gut erhaltene „alte" Altea hoch auf dem Hügel. Das „neue" Altea in Meeresnähe erfüllt hingegen die schlimmsten Erwartungen, wenn man Authentizität sucht.

Einen interessanten Bezug zur Habsburgermonarchie – es wird nicht der letzte sein – entdeckte ich beim Durchblättern der Ortschronik. Unser Prälat konnte nichts davon wissen, denn es geschah ziemlich genau 50 Jahre nach seiner Durchreise, 1705. Erzherzog Karl von Österreich, aus Gibraltar kommend, ging mit seiner Flotte bei Altea vor Anker, um im Rio Guadalest Frischwasser aufzunehmen. Die Alteaner erlaubten, dass auch die Truppen an Land gingen. Soldaten aus dem Bezirk stießen zu ihnen, schließlich aus dem ganzen Königreich Valencia, und so gelang es dem Erzherzog, Denia und Valencia zu erobern. (Im Spanischen Erbfolgekrieg beanspruchte Karl den spanischen Thron, den dann aber doch sein französischer Gegenspieler Philippe von Anjou eroberte.)

Nach diesem eher zufälligen Sieg soll Karl der Stadt das Recht zugebilligt haben, in seinem Wappen den Doppeladler der Habsburgermonarchie zu führen.

**VILLAJOYOSA, 2 leg**

Ein guter Ort, ich kam dort am Abend des 6. Juni an. Die Hitze war so groß, dass es einem die Hand dermaßen aufgebrannt hat, dass man befürchten musste, sie mehrere Tage nit mehr gebrauchen zu können. Unterwegs bekamen wir köstliche reife Marillen, die man hier *Bercoques* (Anm.: da hat er schlecht gehört, sie heißen auf Spanisch *Albaricoques*) nennt. Von hier war der Weg anfangs ungeschlacht, wurde dann besser, aber bald wieder böser und ungleich. An diesem Samstag ereilte uns nicht nur die Nacht sondern auch Regen. Da wir keine Herberge mehr erreichten, verkrochen wir uns

*Brücke bei Calpe*

*Altea*

müde, hungrig und durstig, so gut es halt ging, im gedroschenen Stroh am Wegrand.
Aber das Land tut sich ringsum allmählich auf, es fangen Fahrwege an, die Wanderung führt uns durch fruchtbares Getreideland.

Die Stadt macht ihrem Namen – „die freudige Stadt" – alle Ehre. Der kleine, langgestreckte Ort ist zwar ebenfalls ganz auf den Tourismus eingestellt, strahlt aber eine behagliche, ruhige Atmosphäre aus, wie ich sie eigentlich nur vom Landesinneren her kenne, an der Küste jedoch kaum erwartet hätte. Die Geschichte der Stadt gleicht der der anderen Orte in der Region: Eroberung durch die Mauren, islamische Herrschaft, Rückeroberung Ende des 13., Anfang des 14. Jahrhunderts durch die Christen; bis ins 18. Jahrhundert andauernde Bedrohung durch Piraten, was in der Architektur – Türme, Wehrkirchen – seinen Niederschlag findet. Und im 20. Jahrhundert der Massentourismus …

*Der Hafen von Alicante*

**ALICANTE, 5 leg**

erreiche ich am 7. Juni. Ein oder zwei feine Dörfer habe ich noch durchquert. Von Xabea bis hierher sind es 10 spanische Meilen, die unseren deutschen oder Schweizer Meilen an Länge nicht nachstehen.

In dieser Stadt sah ich am Sonntag *infra octavam Corpus Christi* wiederum einen Umgang mit Feuerwerk und als Riesen oder Zwerge verkleidete Personen in Männer- oder Frauenkleidern. Die Riesen waren drei Mann hoch und teilweise, in Erinnerung an die Geschichte ihres Landes, als Mohren geschminkt. Wie in Xabea zeigten sie ihre große Liebe zum Allerheiligsten Sakrament, indem sie mit viel Lärm und allerlei heidnischen Gebärden ein christliches Gepränge erzeugten. Wie weiland David mit den Archen (Anm.: Überführung der Bundeslade nach Jerusalem).

Alicante ist aber eine vornehme Stadt im Königreich Valencia mit einem namhaften Hafen. Ein Reisegefährte ging am Montag Abends zum Hafen, um unser Schiff einlaufen zu sehen. Doch unversehens wurde das Tor ge-

schlossen und er musste wiederum eine bittere Nacht im Freien verbringen.
**N** Immerhin fand er als Unterlage Süßholz *(liquiritiae)*, das, wie bei uns die Rebzweige, zu Büscheln zusammengebunden war. Die ganze Nacht hindurch hörte er fast im Minutenabstand Glockenschläge, ohne Zweifel eine Maßnahme zur Bewachung des Hafens.

Unweit der Stadt steht die schöne Kirche zur hl. Veronika mit dem Heiligen Schweißtuch Christi, das einst dem König Agabar geschickt worden sein soll. Dass uns Gott während des Martyriums des Meeressturms auf so wundersame Weise zur Seite gestanden war, zeigte sich jetzt in Alicante erst richtig: Bei unserer Ankunft in Alicante trafen wir etliche Schiffsleute, die mit den unseren bekannt oder teilweise sogar verwandt waren. Mehrere Tage lang hatten sie wegen unseres langen Ausbleibens die größten Ängste ausgestanden, weil sie von unserer Abreise aus Genua erfahren hatten und wir eigentlich schon lange in Spanien hätten angekommen sein müssen. Da sie aber ohne jegliche Information über unseren Verbleib waren, mussten sie mutmaßen, dass uns irgend ein Unheil widerfahren war. Sie hatten wie wir denselben Kurs übers Meer genommen und waren in der Nähe der Insel Ibiza den sie bedrohenden Seeräubern nur entkommen, indem sie sich aufs Land retteten und das Schiff mit all seinen Waren im Stich ließen. Einem von ihnen war besonders bang zu Mute gewesen, denn auf unserem Schiff befand sich sein leiblicher Bruder Alessandro, ein rechtschaffener, aufrichtiger und redlicher Biedermann. Dem und uns allen erzählten er und seine Reisegenossen, was alles an Freud und Leid anderen widerfahren war. Zwei andere große, wohl bewaffnete und starke Genueser Schiffe, ebenso drei katalanische Boote, waren eines nach dem anderen in der Nähe des schon mehrfach erwähnten Ibiza denselben Piraten (teils Mohren, teils Türken) mit Leib und Gut in die Hände gefallen. Wir rechneten zurück und erkannten, dass wir genau zur selben Zeit in der Obhut Gottes in Calvi saßen. Und dass das erlittene kleine Unglück des Schadens am Schiff und des Zeitverlusts für uns eigentlich zum größten Glück geraten war.

Der allmächtige, in seinen verborgenen Urteilen wunderbar gnädige und barmherzige Gott sei auf ewige Zeiten gelobt, der in seiner unaussprechlichen Güte unser bußfertiges Häuflein auf die getreue Fürbitte der werten Maria Muttergottes, des heiligen Joseph und anderer lieber Heiligen vor dem Gnadenthron seiner göttlichen Erbarmnis mit Hilfe eines Übermaßes an göttlicher Vorsehung den schrecklichsten heidnischen Gefahren, ohne dass wir davon Ahnung hatten, entzogen hatte. Die Namen der Zeugen dieses Wunders, meiner Reisegefährten, füge ich hiermit hinzu. Es waren die

vornehmen Genueser Herren Kapitän Sig. Lorenzo Aronio, der Schreiber Sr. Carlo Mela, der Barbier Pietro Giovanni Turiglio und die Kaufherren Sig. Giovanni Simon und Sr. Oratio Fascia. Dieser ein junger *Merlan*, der alleine schon Waren im Werte von vielen 1000 Kronen mitführte.
In Alicante endete schließlich unsere vier Wochen währende Schiffsreise. Ich selbst blieb noch weitere vier Tage als wohlgehaltener Gast des Niederländers Petro Scoto in der Stadt. Dem Bäcker im Haus gegenüber lieferte man täglich haufenweise Rosmarinstauden zum Befeuern des Backofens. Wir verkauften unser Bettzeug, das unter der Seereise schon sehr gelitten hatte, zum selben Preis, zu dem wir es in Genua gekauft hatten. Erstens, weil hier die Preise sehr hoch waren und weil es zweitens im Landesinneren wegen der großen Hitze schwer zu verkaufen gewesen wäre. Das gemeine Volk trägt hier in der Gegend seltsames Schuhwerk, dessen Sohlen und Obergeschirr aus lauter groben, fest gestrickten Schnüren bestehen. Deshalb spottet man, dass in Valencia die Seiler die Schuhe machen.
Normalerweise dauert die Schiffsreise von Genua nach Alicante bei mittelmäßigem, aber beständigem Wind sechs Tage und Nächte. Wenn man also die Zeit mit der auf Erfahrungswerten beruhenden Windstärke in Beziehung setzt, kommt man auf eine zurückgelegte – direkte – Strecke von in etwa 180 deutschen Meilen. An sich führt der direkte Weg nach Santiago über Villena, Toledo, Medina del Campo &c, ich nahm aber einen längeren Weg, weil ich das Heilige Kreuz in Caravaca besuchen wollte. Bis Murcia konnte ich mich einer Reisegruppe anschließen.

Ohne die zweisprachigen Straßenschilder (spanisch und valencianisch, eine dem Katalanischen ähnliche Sprache) könnte es genauso gut eine italienische, französische oder griechische Hafenstadt am Mittelmeer sein. Das Hafengelände mit seinen Containerlandschaften und die vor Anker liegenden Passagier- oder Frachtschiffe bestimmen neben dem hektischen Straßenverkehr das Stadtbild von Alicante. Schon Griechen und Römer schätzten den Hafen ob seiner geschützten Lage und seines besonderen Lichts. Die Griechen nannten ihn *Acra Leuka*, weiße Zitadelle, die Römer *Lucentum*, Stadt des Lichts. Von den zwei Moscheen der maurischen Herrscher ist nichts mehr zu sehen, sie dienten beide nämlich als Fundamente für die zwei bedeutenderen Kirchen der Stadt: Die Nikolauskirche (Kathedrale seit 1959) wurde im 17. Jahrhundert errichtet und die Marienkirche mit ihrer barocken Fassade (18. Jh.) geht auf das 14. Jahrhundert zurück.

*Pilgerstatuen in Elche*

## ELCHE/ELX, 4 k leg

Wo wir weder für Geld noch für gute Worte ein Bett bekamen.

Ich bin überwältigt vom größten Palmenhain der nördlichen Hemisphäre, dessen Anlage schon von den Phöniziern geschaffen wurde. Auf Schritt und Tritt spüre ich hier die so prägende arabische bzw. nordafrikanische Vergangenheit Spaniens (die arabischen Bäder, die Wehrtürme in der alten Stadtmauer, Teile des *Palacio de Altamira*).

Der Hain ist der ideale Platz für meine verspätete Mittagsjause und ich bin heilfroh, dass ich den Hunger bis in den frühen Nachmittag hinein ausgehalten habe. Oder passe ich mich schon den spanischen Gepflogenheiten an?

Neben dem Palmenhain zeichnet Elx (die Römer nannten die Kolonie *Julia Ilici Augusta*) noch das einzige erhalten gebliebene mittelalterliche Mysterienspiel aus der zweiten Hälfte des 15. Jahrhunderts aus. Seit dem Ende des

*Die Jakobskirche von Albaterra*

*Die Jakobskirche von Orihuela*

15. Jahrhunderts wird das Mysterienspiel, in dem der Tod, die Auferstehung und die Krönung der Jungfrau Maria dargestellt wird, jedes Jahr am 14. und 15. August aufgeführt, mit öffentlichen Generalproben am 11., 12. und 13. August.

**ALBATERRA, 2 leg**
heißt weiße Erde, und der großen Hitze halber gibt es hier schön schwarze Leute.

Ein kleines, staubiges und schon jetzt im April heißes Nest auf meinem Weg ins Landesinnere. Aus dem ursprünglich arabischen Namen, der eine gänzlich andere Bedeutung hatte, ist im Laufe der Zeit Albaterra, weiße Erde, geworden. Der Name passt gut, im Hochsommer ist wahrscheinlich sogar die Luft vor Hitze weiß.

Zu Guntzingers Zeiten war die Pfarrkirche des Ortes die 1602 erbaute Kirche Virgen de la Aurora, seit 1727 ist es die neu errichtete Jakobskirche.

Wie in allen Orten der Region wurde die islamische Herrschaft im 13. Jahrhundert beendet, doch die arabisch-stämmige Bevölkerung blieb natürlich im Land, großteils waren es ja für die Wirtschaft wichtige Bauern und Handwerker. Die massiven Deportationen von hunderttausenden Moslems nach Afrika, die im Jahr 1609 stattfanden (weil sie nicht zum Christentum übergetreten waren, wurden sie als potenzielle Bedrohung angesehen), reduzierten die Bevölkerung auch von Albaterra beträchtlich: 320 *Morisco*-Familien – so wurden die großteils maurischen Moslems genannt –, insgesamt 1440 Einwohner des Ortes, wurden auf Schiffe verfrachtet und nach Nordafrika gebracht. Die „schönen, schwarzen Leut" von Guntzinger sind nichts anderes als die Nachkommen der nicht deportierten oder später wieder neu angesiedelten *Moriscos*.

In der jüngeren Vergangenheit erlangte Albaterra traurige Berühmtheit, weil die Franco-Diktatur auf seinem Gebiet ein Konzentrationslager für bis zu 17.000 republikanische Gefangene betrieb.

**ORIHUELA, 3 k leg**

Hier gibt es einen Bischof und schöne Kirchen, vor allem die Hauptkirche und die Jakobskirche. Außerhalb der Stadt liegt ein hübsches Franziskanerkloster, wo ich zum Fest des hl. Antonius von Padua einen Gottesdienst halten konnte. Die Mitreisenden warnten mich **N**, für den Fall, dass ich eine größere Geldsumme bei mir habe, solle ich sie dem Fuhrmann in Verwahrung geben, solange, bis wir die *Guardias* (Anm.: Wachen) hinter uns hätten. Denn diese pflegten die Ausländer nach Geld zu durchsuchen und könnten mir alles wegnehmen.

Der Grund ist, dass gleich außerhalb der Stadt das Königreich Valencia aufhöre und Murcia beginne und es in Hispanien nit erlaubt sei, viel Geld von einem Land in das andere mitzunehmen. Auch wenn ich gar nit so viel Geld mitführe, dürfte ich weder dem einen (Anm.: Valencia) noch dem anderen (Anm.: Murcia) allzu viel trauen.

Ein lebendiger, freundlicher Ort am Fuße des Burghügels. Ich atme auf, seit Alicante hat der Touristenstrom wie erhofft erheblich nachgelassen. Ich bin ja kein Tourist – es sind immer nur die anderen.

Seit 1959 muss sich Orihuela den Titel „Sitz einer Domkirche" mit Alicante teilen. Die Kathedrale El Salvador, ihr Bau wurde sofort nach der Rückeroberung im 13. Jahrhundert begonnen, ist seit dem 16. Jahrhundert Domkirche. Das Colegio de Santo Domingo (16. Jh.) war bis 1824 auch Universität und ist es seit 1999 wieder. Für den Jakobspilger ist natürlich der Besuch der gotischen Jakobskirche (14./15. Jh.) fast Pflicht.

**MURCIA, 4 leg**

Die Hauptstadt des gleichnamigen Landes ist recht groß und liegt schön. Aber im Jahr 1652 und dann noch einmal im Jahr darauf sind durch eine von verdorbenem Wasser ausgelöste Infektion viele Menschen dahingerafft worden.

Hier beginnt auch schon der Geltungsbereich der spanischen Kupfermünzen, der Maradevis und der Ochavos.

Ein Ochavo ist zwei Maradevis wert, zwei Ochavos wiederum sind ein Quarto oder Kreuzer, und acht Quartos sind ein Real in Münzen, während zwölf Quartos einen Silberreal, einen Real de Plata ergeben. Vier Silberreales sind ein Real de Cuatro oder auch ein halber Spanischer Thaler. Acht Reales de Plata, also zwei Reales de Cuatro, sind ein Pattacon oder Spanischer Thaler oder auch Real de Ocho, was in etwa einem Reichsthaler bei uns entspricht. Ein Dobla wird um vier solche Reales de Ocho gewechselt. Doch beim Wechseln beschwert man einen gern mit grober Münz (Anm.: Kleingeld).

Ein Dompriester, Herr Genesius Azorius, war mir sehr hilfreich, ich konnte um einen Spanischen Thaler mit ihm bis nach Caravaca reiten. Der Tageshitze halber brachen wir erst um Mitternacht auf und ritten zuerst über schönes ebenes Land, dem dann unfruchtbare Täler und Hügel folgten.

Problemlos dringe ich durch die neue Stadt, die sich wie ein Gürtel um den alten Stadtkern legt, ins Zentrum vor und genieße den Bummel durch die kleinen Gassen, großzügigen Plätze und Parks der altehrwürdigen Königs- und Provinzhauptstadt. Ich fühle mich wohl hier.

Weiter südlich kam Guntzinger nicht. Je weiter im Süden, desto länger dauerte die arabische Herrschaft, und besonders deutlich sind ihre Spuren hier in Murcia. Nicht nur, dass die Stadt *Mursiya* eine Gründung des Emirs von Cordoba ist (sie erfolgte im Jahr 825, also im Jahr der „Entdeckung" des Jakobsgrabes hoch oben im Norden!), ihre Bewohner zehren noch heute von der hoch entwickelten Ingenieurskunst der arabischen Herrscher. Dank eines ausgeklügelten, komplizierten Bewässerungssystems verwandelten sie nämlich die die Stadt umschließende sumpfige Ebene in einen fruchtbaren Garten, der Murcia heute noch mit Obst und Gemüse versorgt. Die Rück-

*Murcia, Santiago Matamoros*

eroberung über 400 Jahre später (1266) zeigt sich auch an der vollkommenen Abwesenheit des romanischen Baustils und am Gemisch der Stilrichtungen, die von der Gotik bis zum Barock reichen. Die Kathedrale (Baubeginn 1388) und der Bischofspalast (18. Jh.) sind schöne Beispiele dafür.

**MULA, 6 leg**

Am Sonntag dem 14. Juni erreichten wir gerade zum Gottesdienst Mula, wo wir der großen Hitze halber und auch um den verlorenen Nachtschlaf aufzuholen, uns bis zur sechsten Stunde ausruhten.

Es ist später Nachmittag, das Fremdenverkehrsbüro hat nach Auskunft einiger Burschen gerade vor wenigen Minuten geschlossen. Also muss ich bis morgen warten. Bevor ich mir außerhalb der Stadt einen Schlafplatz suche, nütze ich die tolle Abendstimmung für einen Bummel durch die schöne, alte Stadt und bewältige auf den steilen Gässchen, die hinauf zum Platz und dann

*Mula*

noch weiter zum Dominikanerkloster und zur Burg führen, ziemlich einige Höhenmeter. Als Schlafplatz finde ich später ein Plateau, von dem aus ich noch einen wunderbaren Blick auf die beleuchtete mittelalterliche Stadt habe.

Herausragendes Gebäude in dieser Stadt der *Castillos* (Burgen, Paläste) ist das *Castillo de los Velez* (Baubeginn 1525). Bezeichnend für den Geist der *Reconquista* ist – wie in so vielen Ortschaften im Süden Spaniens – die Tatsache, dass die kleine Kirche, die heute der Patronin der Stadt Nuestra Señora del Carmen geweiht ist, an der Stelle gebaut wurde, an der sich vorher die Moschee befand. Außerdem war sie ursprünglich dem Anführer der himmlischen Heerscharen, dem Erzengel Michael, geweiht.

## BULLAS, 3 leg

Ich bin heute anscheinend der einzige Besucher des Ortes – und vielleicht nicht nur heute. Denn die Blicke, die mich auf meinem Bummel durch die

Gässchen treffen, zeigen mir, dass Besucher eigentlich nicht zum gewohnten Straßenbild gehören. Eher wohl die Schulkinder, die sich lärmend und spielend auf der *Plaza Mayor* versammeln und, mühsam von ihren Lehrern im Zaum gehalten, darauf warten, in die *Casa de Cultura* eingelassen zu werden. Heute steht demnach Heimatkunde auf dem Lehrplan.

Kontraste, vor allem im Süden Spaniens allgegenwärtig: die Reste der arabischen Befestigungsanlage *El Castellar* (12. Jh.), die barocke Pfarrkirche Nuestra Señora del Rosario, und zum Drüberstreuen der Santiago-Ritterorden (der in der *Reconquista* eine zentrale Rolle spielte), in dessen Besitz sich der Ort bis 1444 befand.

### CEHEGÍN, 3 leg

Im Wirtshaus richtete es man uns bestens, nach der erlittenen Hitze ließen wir uns die frischen Kirschen und den Rotwein besonders schmecken. Von hier aus ging es über einen Bach und dann weiter auf lustigem Boden, da dieser dicht bedeckt war mit den dicken Blüten der Granatapfelbäume, die dort die Straßen säumen.

Cehegín ist größer und touristischer als die Orte vorher. Eine französische Familie verspeist gerade an einem der drei Tische, die der Wirt am Gehsteig aufgestellt hat, ihr Mittagessen. Eigentlich zelebrieren sie es, muss man bei Franzosen sagen. Das erinnert mich daran, dass es langsam auch für mich Zeit für mein Picknick im Freien wird, das ich übrigens genauso zelebriere, wenn es die Witterung erlaubt.

Im gut erhaltenen Stadtkern spürt man noch die lange Zeit der arabischen Herrschaft (immerhin 500 Jahre!), auch wenn die vielen prächtigen Paläste (16.–18. Jh.) deutlich zeigen, dass letzten Endes die Christen gesiegt haben. Besonders sehenswert sind die Reste der spätgotisch-römischen Siedlung Begasti (bis zur arabischen Invasion 711 Bischofssitz der Westgoten) und die Kirche Sta. Maria Magdalena (16. Jh.), die zu den schönsten der Diözese zählt. Cehegín ist auch Wallfahrtsort. Rund um den niederen Frauentag, vom 8. bis zum 14. September (die Patronin des Ortes ist die Virgen de las Maravillas, die Jungfrau der wunderbaren Erscheinungen), wird ausgiebig gefeiert. Die Wallfahrtskirche befindet sich etwas außerhalb des Ortes. Zuletzt noch ein historisches Ereignis, das eng mit der *Reconquista* verbunden ist. Nach der Rückeroberung (1260) waren die Tempelritter die Herren von Cehegín, nach ihrem Ende auf dem Scheiterhaufen (1314), hauptsächlich in Frankreich, übernahm der Santiago-Ritterorden den Ort. Viele Templer, denen die Flucht aus Frankreich gelungen war, wurden übrigens vom Santiago-Orden mit offenen Armen aufgenommen, hatten sich die meisten von ihnen doch schon im Kampf gegen die Sarazenen ausgezeichnet.

Am meisten berührt mich in Cehegín das noch erhaltene gotische Eingangstor der ehemaligen jüdischen Synagoge, das ich in einem versteckten Winkel des Ortes entdecke. Wie überall in Spanien wurde nach 1492 auch die blühende jüdische Gemeinschaft von Cehegín zerstört, denn wer nicht zum christlichen Glauben übertrat, musste das Land verlassen.

**CARAVACA, 1 leg**

Eine nicht sehr große Stadt im Königreich Murcia, in den Bergen gelegen. Hier sahen wir die Ritter des Santiago-Ordens, die auf ihrem Habit ein rotes, einem kurzem Schwert ähnelndes Kreuz führen. Der Vikar erteilte uns die Lizenz, bei dem Heiligen Kreuz in der Schlosskapelle das Messopfer zu verrichten. Die Kapelle liegt hoch oben und ist über einen steilen Weg zu erreichen. Ein Ort, der sicher oft den Unwettern ausgesetzt ist.

Hier lagen zur Zeit der heidnischen Herrschaft viele Christen gefangen, unter denen sich auch ein Priester befand. Diesem hatte der Mohrenkönig eines Tages, es war der dritte Mai (der Tag der Kreuzerscheinung, an dem heute die großen Feierlichkeiten stattfinden), auferlegt, die Messe zu halten. Alles dafür benötigte Zubehör war vorhanden, bis auf ein Kreuz. In dieser Not tat sich das Gewölbe auf und es erschienen zwei Engel in himmlischem Glanz mit einem aus unbekannter Materie bestehenden Kreuz und stellten es auf den Altar. Da entstand unter den Christen zwar helle Freude, unter den Heiden aber Verwunderung, die sich ob dieses Wunders mitsamt ihrem König zum christlichen Glauben bekehrten. Das wundersame Kreuz ist von bräunlicher Farbe, eine Spanne lang und der Querbalken einen Zwergfinger breit. Man legte es uns Knieenden auf den Kopf und ließ es uns mit den gekauften Kreuzlein gerne berühren, die die gleiche Form haben, aber sich in Material und Größe unterscheiden. Für gottesfürchtige Christen sind sie ein hilfreiches Trostmittel, wenn man sie sowohl zu Land als auch zu Wasser bei allerlei Gefahr, drohendem Unwetter, Blitzschlag &c berührt.

Die Priesterschaft erwies sich mir gegenüber wie schon in Alicante in vielen Dingen als äußerst wohltätig. In Hispanien grüßt man einander mit den Worten: *Alabado sea el Santisimo Sacramento*, und man erwidert dankend: *Para siempre*. Gelobet sei das Allerheiligste Sakrament, und die Antwort: zu allen

*Bullas*

*Cehegín*

Zeiten. Desgleichen spricht man auch am Morgen und am Abend, wenn das Licht gebracht wird.

Nun berichte ich vom Weg nach Madrid, wohin ich am anderen Tag alleine aufbrach.

Hier bin ich also, in der Stadt, die Guntzinger so weit nach Süden reisen ließ. Der religiöse Tourismus blüht immer noch, zu seiner Zeit vielleicht sogar mehr als heute, denn zwischen dem 16. und 18. Jahrhundert pilgerten die Menschen von überall her zu dem Stück vom Kreuz Christi, das in einem doppelarmigen, reichverzierten Kreuz aufbewahrt wird. Mir war jedenfalls Caravaca bis heute kein Begriff. Sollte es aber eigentlich sein, denn 1998 hat Papst Johannes Paul II. es mit einem Privileg versehen, das außer ihm nur noch Jerusalem, Santiago, Rom und Santo Toribio (da kommt unser Prälat noch hin) besitzen. Es wird ein mit besonderen Ablässen versehenes „Heiliges Jahr“ gefeiert, im Falle Caravacas ist dies alle sieben Jahre, das letzte war

2010. Die Nachricht vom Wunder vom *Vera Cruz* („Wahres Kreuz"), das sich am dritten Mai 1232 ereignete, wurde vor allem von den Jesuiten und den Franziskanern in ganz Europa und nach 1492 in ganz Lateinamerika verbreitet, wo es bei der Missionstätigkeit eine zentrale Rolle spielte.

Caravaca lag bis zu seiner Rückeroberung genau an der Grenze zwischen dem maurischen Königreich Granada und dem christlichen Königreich Kastilien, die Festung aus dem 12. Jahrhundert wurde von einem arabischen Fürsten befehligt. Im Laufe der Jahrhunderte wurde sie als Schauplatz des Wunders in die berühmte Pilgerstätte umgebaut, wie wir sie heute sehen. Nur elf Jahre nach dem Wunder war es dann so weit: Caravaca gehörte zu Kastilien. Wenig später, 1266, übernahmen die Templer die Herrschaft über die Grenzstadt, deren Blütezeit mit dem Fall Granadas und der Entdeckung Amerikas aber erst richtig beginnen sollte, nicht zuletzt dank des *Vera Cruz*.

Ich habe etwas abseits des Touristen- und Pilgerstroms (wo liegt da eigentlich der Unterschied?) eine kleine Bar entdeckt, wo ich mir ein wohlverdientes Bier gönne. Ich bin überhaupt nicht überrascht, im Gegenteil, es passt so gut zur Geschichte vom „Wahren Kreuz", dass die junge Frau, die mich bedient, aus Bolivien stammt. Die Armut und die Suche nach Arbeit hat sie nach Spanien gebracht. Ihre zwei Kinder hat sie bei der Großmutter gelassen, sie vermisst sie schrecklich. Sie ist einsam und hat Heimweh, deshalb klingt aus der Tonanlage der Bar ausschließlich Musik aus Lateinamerika. Ob das vielleicht hilft? Ich wünsche es ihr von Herzen und habe dabei auch ein bisschen Heimweh nach Mexiko, wo ich als Entwicklungshelfer wichtige und glückliche Jahre verbracht habe. Wieder einmal denke ich mir, dass es ohne die *Reconquista* wahrscheinlich auch keine *Conquista* (die Eroberung Lateinamerikas) gegeben hätte …

**CALASPARRA, 4 k leg**

Hier hatte ich Mühe, Brot aufzutreiben, von Fleisch ganz zu schweigen, aber ich erheischte doch ein paar Eier und Wein. Eine Viertelmeile außerhalb kommt man zum Fluss Segura und bezahlt für die Überfahrt zwei Quartos. Die Straße nach Hellín ist auf einer Meile ziemlich gut, bis zur vierten Meile einschließlich aber ist der Weg rau, grob, uneben, eigentlich gar kein richtiger Weg. Der Boden ist trocken, es gibt kein Wasser, Wirtshaus oder sonst was. In der fünften Meile öffnet sich das Land etwas, hier traf ich auf einige Erntearbeiter, die mir, der ich vor Hitze, Durst und Müdigkeit keine Kraft mehr hatte, aus dem Fluss Munda (der wegen seines klaren, guten Wassers so genannt wird), das badwarme Wasser zu trinken gaben. Sie hatten auch ein wenig Rotwein, den sie gerne mit mir teilten, und gaben mir auch etwas hartes Brot, das sie im Wein aufgeweicht hatten – welch ein Genuss und welch eine Erleichterung! Denn in Calasparra hatte ich mich weder mit Brot noch mit Wein eingedeckt, da ich nicht mit der Beschaffenheit der heutigen Reise gerechnet hatte. Später traf ich Eseltreiber mit einer Ladung Holz, die mir unterwegs Holzäpfel anboten, damit ich etwas Flüssigkeit in den Mund bekäme, sie hingegen rupften Weizenähren zum Kiefeln ab. So kam ich in ihrer Gesellschaft über feine Getreidefelder am Abend in Hellín an.

Etwas außerhalb der früheren Grenzstadt Calasparra mache ich im Schatten einer kleinen Kapelle meine Mittagsrast und genieße eine köstliche *horchata de chufa* (Erfrischungsgetränk auf der Basis von gemahlenen Mandeln), die im Ort frisch hergestellt wird. Calasparra kam nach der Rückeroberung (1289) in den Besitz des Johanniterordens, der bis in die Mitte des 19. Jahrhunderts hier eine wichtige Niederlassung (Kommende) betrieb. Ihre Gebäude, die *Encomienda*, beherbergen heute ein Museum.

Der Ort selbst ist genau das Gegenteil des betriebsamen Caravaca. Er döst in der doch schon ansehnlichen Aprilhitze gemütlich vor sich hin. Soweit ich es beurteilen kann, bin ich hier der einzige Fremde. Angesichts der jetzt schon herrschenden Temperaturen kann ich gut nachvollziehen, wie es Guntzinger damals im Sommer auf seiner Wanderung nach Hellín gegangen ist, wo er allem Anschein nach zum ersten Mal zu Fuß und auch alleine unterwegs war. Bisher hatte er sich immer Reisegruppen zu Pferd oder in der Kutsche anschließen können, offensichtlich damals die übliche Art zu reisen. Der Weg nach Hellín ist auch heute noch eine winzige Straße durch eine einsame, menschenleere, aber schöne Landschaft.

**HELLIN, 6 leg**

Ein Städtlein oder vielleicht ein herrlicher Marktflecken, wo mir die ehrwürdige Priesterschaft höchste Treu und Lieb erwies, ein gutes Bett und allerhand Wohltaten.

In der *Casa de Cultura* werde ich herzlich empfangen und stoße auf großes Interesse für mein Projekt. In der Gemeindebibliothek bekomme ich jede Menge Informationsmaterial. Anschließend nehme ich mir Zeit für einen Erkundungsgang durch die heißen, leeren Gassen und Straßen des Ortes. Er ist an den



*Blick auf Calasparra*

*Siesta in Tobarra*

Abhängen des Hügels entstanden, auf dessen Spitze noch die arabische Festung thront (10.–12. Jh.), die 1266 von den Christen erobert wurde. Das Viertel auf dem *Cerro del Castillo* (Burghügel) trägt den deutlichen Stempel der arabischen Besiedlung und heißt entsprechend auch *Barrio arabe del Castillo*. Auf die bedeutende jüdische Präsenz – bis ins 18. Jahrhundert – in Hellín weist das *Barrio judío* hin, ebenso die Namen einiger Straßen. Zum ersten Mal stoße ich hier auf den Namen des Geschlechts der Markgrafen von Villena, die in der *Reconquista* eine wichtige Rolle spielten und in der Region sehr mächtig waren.

**TOBARRA, 1 leg**

Am folgenden Morgen kam ich nach Tobarra. Ein feines Städtlein, wo ich gleich den berittenen Boten aus Murcia antraf, dem ich für einen Ritt von fünf Meilen (Anm.: etwa eine Tagesetappe) soviel wie einen Reichstaler bezahlte. Sonst hätte ich wegen der großen Hitze entweder bleiben müssen oder wäre unterwegs an Hitzschlag gestorben.

*Chinchilla*

Ein kleiner, schläfriger Ort, weitab von jeglicher Betriebsamkeit. Vom „feinen Städtlein“ von Guntzinger ist heute nichts zu bemerken. Ich mache ein Photo von vier alten Männern auf der Bank vor einem Haus, es bringt recht gut die in Tobarra vorherrschende Stimmung zum Ausdruck.

**CHINCHILLA DE MONTE ARAGON, 5 leg**

Abends erreichten wir das schlechte Städtlein, auf einem Hügel gelegen. Wir hatten aber mitten am Weg vorher La Venta Nueva de Monte Aragon (Anm.: wahrscheinlich wäre er lieber dort abgestiegen). In diesem Städtchen musste ich auf der Suche nach Brot und Wein lange herumlaufen und die Herberge befand sich weit außerhalb. Drei Tage vor der Sonnenwende ergab das für mich eine gar späte Nachtruhe.

Wie sich doch die subjektiven Wahrnehmungen unterscheiden können! Das „schlechte Städtlein“ von Guntzinger entpuppt sich als beeindruckende befes-

*Der Stadtschlüssel von Chinchilla*

*Die Jakobskirche von Minaya*

tigte Stadt auf einem Hügel, die heute noch nur durch einen Felsentunnel (mit Tor verschließbar!) betreten werden kann. Ihre Kontroll- und Schutzfunktion zur Zeit der *Reconquista* ist augenscheinlich, auch für die arabischen Besatzer. Die *baños arabes* – heute eine der wichtigsten Sehenswürdigkeiten des Ortes – stammen aus dieser Zeit. 1242 wurde die Stadt zurückerobert, behielt aber ihre Bedeutung bis zum Ende des 15. Jahrhunderts, wo sie von der heutigen Provinzhauptstadt Albacete überflügelt wurde. Wieder stoße ich auf den Markgrafen Juan Pacheco de Villena. Er ließ in Chinchilla ein mächtiges Schloss errichten.

### ALBACETE, 2 leg

Hier fanden sich gute, liebe Leut.

Auf meiner Reise die erste größere Stadt seit Murcia. Die Provinzhauptstadt war über Jahrhunderte nur ein kleiner Weiler, als *Al Basit*, die Ebene, von den Arabern gegründet. Erst gegen Ende des 14. Jahrhunderts macht es sich von

*Die gespiegelte Kathedrale von Albacete*

Chinchilla unabhängig und 100 Jahre später bekommt es von den *Reyes Catolicos* das Recht, einen freien Wochenmarkt abzuhalten. (Was gleichbedeutend mit wirtschaftlichem Aufschwung ist.)

Alle nennenswerten Gebäude der Stadt, angefangen bei der Kathedrale San Juan Bautista, stammen aus dem 16. Jahrhundert. Möglicherweise treffe ich hier zum ersten Mal auf eine Herberge, in der Guntzinger übernachtet hat. Die Posada del Rosario (16. Jh.) im Zentrum der Altstadt steht noch, sie wurde restauriert und beherbergt nun das Tourismusbüro. Posada ist heute noch der in Spanien übliche Begriff für Herberge (neben Albergue, Parador und Venta). Unmittelbare Spuren von ihm werde ich wohl nicht finden, dafür war er nicht berühmt genug, um in die Chroniken Eingang zu finden.

**LA GINETA, 3 leg**

In diesem Ort treffe ich auf die Landstraße von Alicante nach Madrid und damit auf eine durchgehende Kutschen-Verbindung. Doch die Mattigkeit und die weiter andauernde große Hitze bewegen mich, hier drei Ruhetage einzulegen. Mit einem Fuhrmann aus Valencia kann ich dann für eine Dublone bis Madrid fahren. Das Pfund Fleisch bekomme ich hier um elf Quart, ein Ei um zwei.

Guntzinger erwähnt hier die Landstraße von Alicante nach Madrid. Er vergisst hinzuzufügen, dass diese Straße zu seiner Zeit *Camino Real* genannt wurde, also zum Netz der wichtigen Fernverbindungen im damaligen Spanien gehörte. Was er nicht wissen konnte und was mich besonders fasziniert, ist die Tatsache, dass dieser *Camino Real* schon im 17. Jahrhundert mehr als zwei Jahrtausende auf dem Buckel hatte und noch heute, zu Beginn des 21. Jahrhunderts, die vor allem für den Schwerverkehr wichtige Verbindung von der Mittelmeerküste nach Madrid darstellt! Die Phönizier bauten sie, ausgehend von ihrem Hafen Cartagena (etwa 100 km südlich von Alicante), um mit dem Landesinneren zu kommunizieren, die Römer bauten sie aus, die Westgoten und Araber übernahmen sie, bis ins 20. Jahrhundert war sie ein *Camino Real*, und heute wird sie zur vierspurigen Schnellstraße (inkl. Ortsumfahrungen) ausgebaut, wobei in den Orten selbst, großteils verschlafene Nester, der *Camino Real* immer noch als Straßennamen zu finden ist. Welch faszinierendes Beispiel der Kontinuität über Jahrtausende und gleichzeitig Beispiel für die Bedeutung der Wege für die Entwicklung der Menschheit!

Nur kurz verfolge ich die Idee, abseits der Fernstraße Wege zu finden, die jemand, der Guntzingers Reise nachvollziehen will, zu Fuß benützen kann. Doch das dichte Netz von unzähligen, nicht gekennzeichneten Wirtschaftswegen, von denen kaum einer in Richtung Madrid führt, und von Wegkreuzungen, von denen jede zum Irrtum einlädt, lässt mich sehr schnell von dieser Idee Abstand nehmen.

Albacete war das Tor zur *La Mancha* (vom Arabischen *manxa* – trockene Erde), dem Land von Don Quijote. Der Süden Spaniens liegt eindeutig hinter uns, wo sich die arabischen Herrscher am längsten hielten, wo praktisch jeder Ort heute noch die Geschichten aus jener bewegten, blutigen Epoche erzählt, die wir *Reconquista* nennen, und wo viele Kirchen, sogar Kathedralen, auf den Resten der zerstörten Moscheen errichtet wurden. Was mich wundert, ist, dass dies Guntzinger keine Bemerkung wert ist, so als habe es die *Reconquista* nie gegeben. Wusste er es nicht oder hat es ihn, als katholischen Priester, einfach nicht interessiert, dass vor gar nicht allzu langer Zeit das Land, dessen christliche Bräuche er so begeistert beschreibt, über Jahrhunderte islamisch war? Ich vermute Zweiteres. Für ihn herrschte zur Zeit seiner Reise der gottgewollte Normalzustand, warum also etwas erwähnen, was nicht gottgewollt und Gott sei Dank ein für alle Mal vorbei war? Und noch etwas ganz anderes wundert mich. 1616, also gerade 18 Jahre vor seiner Reise, ist der große Dichter Cervantes gestorben, der schon zu Lebzeiten berühmt war. Wie schafft es der doch gebildete Guntzinger, die *La Mancha* zu durchqueren, ohne ihn einer Erwähnung zu würdigen?

Im kleinen Ort La Gineta – er gehörte lange zu Chinchilla und damit den Markgrafen von Villena – ist gerade Markttag und ich decke mich mit Obst, Gemüse, Wasser und Zigarettentabak ein. Im Gemeindeamt werden extra für mich Unterlagen über die Geschichte des Ortes photokopiert. Es ist der 8. April 2005, genau vor einem Jahr ist mein treuer Hundefreund und Begleiter Ajiz gestorben. Heute wird Papst Johannes Paul II. begraben, ab jetzt für mich also ein in zweifacher Hinsicht denkwürdiges Datum. In der Kirche wird gerade ein Sterbegottesdienst abgehalten – wie gut das doch zum heutigen Tag passt!

**LA RODA, 3 k leg**

Hier war kein Wein zu bekommen, die uns begleitenden Reiter verließen uns nach San Clemente und Belmonte (5 leg).

**MINAYA, 3 leg**

Hier sahen wir fruchtbares Land mit Olivenbäumen, Getreide- und Weinfeldern.

Wieder einmal ein herzlicher Empfang in der Gemeindebibliothek, bald liegt ein Stapel von Material über den Ort vor mir auf dem Tisch. Besonders berührend sind die alten Ausgaben des Gemeindeblattes, herausgegeben von einem engagierten Einzelkämpfer und Hobbyhistoriker, wie mir die Bibliothekarin erzählt. Der Ort entstand um 1335 am schon erwähnten *Camino Real*, die Pfarrkirche (16. Jh., Teile im 18. Jh. barockisiert) ist dem hl. Jakobus geweiht, Herrscher waren – wie könnte es anders sein? – bis in die Mitte des 18. Jahrhunderts die Grafen von Villena. (Vermutlich waren es sie, die als Vorbild für den reichen Grafen im Märchen vom gestiefelten Kater dienten, dessen Land nicht endet ...)

In der Ortschronik entdecke ich zum Schluss noch ein bemerkenswertes Detail mit Österreichbezug: Nur vier Jahre nach unserem Prälaten, am 24. September 1659, machte die Frau des spanischen Königs Philipp IV., die Kö-

*Die alte Posada von La Gineta*

nigin Maria-Anna von Austria, in Minaya Halt! Sie befand sich auf der Reise von der Küste nach Madrid – also tatsächlich ein *Camino Real*.

### EL PROVENCIO, 4 leg
Ein schlechtes Dorf

Der Name des Ortes (gegründet im 14. Jh.) kommt von *Venta del Pro* und weist auf eine wichtige Einrichtung jener Zeit hin, die zuerst im Raum Toledo, der alten spanischen Hauptstadt, aufgekommen ist. Ventas sind Raststätten, Herbergen, Gasthäuser, Pferdestationen und Handelsplätze (deshalb *Venta* – Verkauf) auf den *Caminos Reales*. Durch die neue Umfahrungsstraße wurde der Ort vollkommen – im Sinne des Wortes – stillgelegt.

### LAS PEDROÑERAS, 2 leg
Hier gibt es Windmühlen, später werden es noch mehr.

*Posada „La Fonda" in Villamayor de Santiago*

Die Entstehung des Dorfes mit dem schönen, alten Ortskern (17./18. Jh.) geht wahrscheinlich auf den *Camino Real* zurück, auch er wurde durch die Umfahrungsstraße in den Tiefschlaf versetzt. Ich mache eine einsame Mittagsrast auf den Stufen der Pfarrkirche Asunción (16. Jh.), genau gegenüber liegt das leere Grundstück, auf dem sich die Posada befand, in der möglicherweise Guntzinger übernachtete.

**EL PEDERNOSO, 1 leg**

Ist fast eine Stadt. Auch hier, wie in Caravaca, hat der Santiago-Ritterorden eine Niederlassung. Sie hielten am Festtag des hl. Johannes eine Prozession ab mit Gesang, Posaunen und Schalmeien. Auf den Feldern ringsum werden Getreide, Olivenbäume und Wein angebaut.

Der heute unscheinbare Ort war im Mittelalter ein wichtiger Verkehrsknotenpunkt mit gleich mehreren Posadas. Deshalb schreibt Guntzinger auch vom Ort, „einer Stadt gleich". Übriggeblieben ist nur mehr das Hotel Posada neben dem Rathaus. Dass er hier Geistliche des Santiago-Ritterordens antrifft, ist nicht weiter verwunderlich, denn wir sind im Kern- und Stammgebiet des mächtigen Ritterordens und werden fast bis Madrid immer wieder auf seine Spuren stoßen.

### LOS HINOJOSOS DE LA ORDEN DE SANTIAGO, 2 leg

So klein er auch ist, der Ort besteht eigentlich aus zwei rivalisierenden Teilen mit je einer eigenen Kirche, San Bernabé (16./17. Jh.) und San Bartolomé (romanischen Ursprungs). Die Dorfstraße ist die Trennungslinie. Das Rathaus wurde auf der Ruine einer Einsiedelei errichtet.

Für die Nacht finde ich einen der *La Mancha* und Cervantes wohl am besten entsprechenden Platz: Eine Windmühle auf einem Hügel gewährt mir Schutz vor dem heftigen Wind und erlaubt mir einen störungsfreien Schlaf.

### VILLAMAYOR DE SANTIAGO, 3 leg

Hier beginnt auserwählt schöner Getreideboden, der sich bis Madrid erstreckt.

Die Stadt ist das Zentrum des Staates im Staat, dessen Macht bis ins 19. Jahrhundert dauerte. Hier residierte der Großmeister des Ordens, Vasco Rodriguez Coronado, vom 14. bis zum 17. Jahrhundert befand sich hier die Kommende des Ordens, der *Palacio de los Comendadores*. Wunderschöne Häuser bilden hier das Zentrum der Stadt, rund um die *Plaza Mayor* und die Kirche de la Asunción (15.–17. Jh.).

Beim Streifzug durch die Gassen entdecke ich hinter der Kirche eine uralte Posada und erlebe eine berührende Begegnung mit dem jetzigen Besitzer des Hauses, Jorge. Er erzählt mir, dass die Posada seit dem 16. Jahrhundert bestand und noch unter seinem Vater in Betrieb war, also bis zum Ende des 20. Jahrhunderts! Noch näher werde ich dem Prälaten auf meiner Spurensuche wohl kaum kommen.

Jorge ist ganz angetan von meinem Projekt, führt mich durch die Räume der Posada und zeigt mir die alten Stallungen. Da er auch den Schlüssel zur Kirche hat, gibt es gleich auch eine Kirchenführung. Dann macht er sich auf den Weg zum Mittagessen im Restaurant auf der *Plaza Mayor* und möchte, dass ich ihn begleite. Ich bin aber so vom Forschungs- und Reisefieber ergriffen, dass es mich weiterzieht, und lehne daher dankend ab. Im Nachhinein tut mir mein Nein sehr leid, denn ich hatte den Eindruck, dass Jorge einsam war und gerne mehr Zeit mit mir verbracht hätte. Manchmal bin ich schon deppert ...

**CABEZAMESADA, 3 leg**

Nach diesem Dorf umgeben uns bald von allen Seiten dicke, schwarze, finstere Wolken, die sich bald in einem doppelt schrecklichen Unwetter mit Blitz und Donner entladen. Der starke Regen, der daraufhin einsetzt, zwingt uns, uns in der Venta Santa Cruz (2 leg) unterzustellen.

Der Ort wurde während der *Reconquista* gegründet und 1385 vom Großmeister des Santiago-Ordens, Don Alonso de Cardena, zum *Villazgo* erhoben (Zwischenstufe zwischen Dorf und Stadt). Mir fällt auf, dass nicht nur an der Pfarrkirche (gotisch, 16. Jh.), sondern auch an Privathäusern das Santiago-Kreuz zu sehen ist. Das ist ein Kreuz, das am unteren Ende spitz zuläuft, während die anderen drei Enden verbreitert sind, sodass es einem Schwert verblüffend ähnlich sieht. Das Dorf liegt abseits der jetzigen Hauptstraße, ich begegne keinem Menschen, fast scheint es, als wäre es von der Geschichte vergessen worden.

**VILLATOBAS, 1 leg – oder ist's Canas?**

Auch hier erfolgte die Wiederbesiedlung im 14. Jahrhundert durch den Santiago-Orden, in dessen Besitz sich das Dorf bis zur Mitte des 16. Jahrhunderts befand.

Etwa 60 Jahre vor Guntzingers Reise fand auf Geheiß des Königs eine große Aktion zur Reparatur der Wege in der Region statt, weil dieser sie häufig benützte und sich vermutlich über ihren schlechten Zustand beschwert hatte. Auch Guntzinger dürfte auf seiner Reise noch davon profitiert haben, denn die Wege und Straßen haben sich länger gehalten als heute, da es ja viel weniger Verkehr, vor allem keinen Schwerverkehr gab.

In der Gemeindebibliothek entdecke ich zu meiner großen Überraschung, dass in diesem verschlafenen Nest, das wirklich niemand kennt, ein Mann geboren wurde, den ebenfalls keiner kennt, der aber doch in der Geschichte Spaniens und speziell der katholischen Kirche einen besonderen Platz einnehmen müsste: Padre Arenas, der Christoph Columbus auf seiner

*Wo einst Don Quijote ritt*

Entdeckungsreise begleitete – der Priester, der die erste Messe auf dem amerikanischen Kontinent las, stammte also aus Villatobas!

> **OCAÑA, 3 k leg**
> Eine feine Stadt in der Ebene, wo ich mit Bett, Speis und Trank sehr zufrieden war. Der Wein ist besonders gut. Von hier aus ist das Land zwar uneben und mancherorts zu beiden Seiten der Straße bergig, aber sonst ansehnlich und reich an Getreide, das größtenteils schon geschnitten ist.
> Durch das schon erwähnte schwere Unwetter wurde viel von dem Getreide auf die Straßen und in die Gräben geschwemmt und ist so verdorben worden.

Nach den kleinen, menschenleeren, fast verlassen wirkenden Dörfern der letzten Tage ist diese lebendige, interessante – und wunderschöne! – Stadt eine willkommene Abwechslung. Sie kam am Ende des 11. Jahrhunderts von

*Römisches Wasserreservoir und Waschplatz in Ocaña*

arabischer in christliche Herrschaft, denn sie war Teil der Mitgift von Zaida, der Tochter des Königs der *Taifa* von Sevilla, die König Alfons VI. nach dem Tod seiner vierten Frau heiratete (*Taifas* waren Teilreiche im islamischen Spanien). Später gelangte die Stadt in den Besitz des Santiago-Ordens, wurde Sitz seiner politischen Verwaltung und blieb es bis zum Ende des 15. Jahrhunderts. Die vielen Jakobsmuscheln an den öffentlichen und auch privaten Gebäuden weisen auf die Bedeutung des Ritterordens für die *Reconquista* hin.

Besonders beeindruckten mich der gotische Innenhof (15.–16. Jh.) des *Palacio Torrijos*, heute Gerichtsgebäude, und die *Plaza Mayor* mit ihren auf 70 Säulen ruhenden Arkadengängen, die zu den schönsten Spaniens zählt. Etwas außerhalb stoße ich auf den einzigartigen riesigen Wasch- und Wasserplatz, von dem ein Teil noch aus der Römerzeit stammt und der gegen Ende des 16. Jahrhunderts restauriert und ausgebaut wurde. Bis zu 300 Frauen konnten dort gleichzeitig Wäsche waschen!

**ARANJUEZ, 2 leg**

Etwa zwei Meilen nach Ocana kommt man zu einem kleinen runden See, den sie in einem in der Nähe liegenden Dorf (vielleicht spöttisch) *la mar de Antigola* nennen. Auf einer Insel im See liegt ein gar zierlich gebautes Lusthaus und unweit davon kommt man erst zu dem eigentlichen, kürzlich neu errichteten königlichen Palast und Schloss, das inmitten von Wasserläufen und herrlichen Lustgärten liegt. Auf den ersten Blick ist es dem Wiener Prater ganz ähnlich. Dort überquerten wir samt Wagen und Pferden den Fluss Tajo und hörten in diesem Moment den wunderlieblichen Klang der Schläge der Kirchturmsuhr. Der Fluss Tajo fließt in Aranjuez vorbei. Diesen über alle Maßen ansehnlichen, stattlichen und lustbaren Ort mit seinen Gärten, Kunst- und Wasserwerken beschreibt ausführlich Herr Martinus Zeillerus in seinem Buch *Itinera Hisp., cap 2, num 14.* Von hier kommt man im Schatten großer Bäume und auf schönem ebenen Boden zu einer langen, schnurgeraden Brücke über den Fluss Jarama. Nur ein Häuslein mit einer *Guardia* von Soldaten steht dort, sie hatten ziemlich kühles Wasser für uns. Am anderen Ufer blieben wir drei Stunden im Schatten der Brücke, bis die größte Mittagshitze vorbei war.

Unter Philipp II. wurde im 16. Jahrhundert der Stausee *Mar de Ontígola* angelegt, um die Brunnen und Gärten von Aranjuez mit Wasser zu versorgen. Seit dem 14. Jahrhundert war Aranjuez eine beliebte Sommerresidenz der spanischen Könige (die damalige Hauptstadt Toledo liegt nur 50 Kilometer entfernt). Sein aktuelles Aussehen bekam der Ort unter Philipp II. am Ende des 16. Jahrhunderts. Die neue Hauptstadt Madrid lag genauso weit entfernt, doch vor allem galt es – wie in Versailles oder Schönbrunn – Spaniens Macht und Größe, die sich auf dem Höhepunkt befanden, auch entsprechend nach außen zu zeigen. Die Architekten jenes Gesamtkunstwerks, das auch mich an die beiden Prunkschlösser erinnerte, waren jene, die später das berühmte Kloster El Escorial schufen.

Ich bin am Vorabend angekommen und habe die Nacht am Campingplatz von Aranjuez verbracht. Der Morgen ist angenehm frisch und ich habe Aranjuez ganz für mich alleine, weit und breit kein anderer Ausländer in Sicht. Am Markt kämpfe ich erfolgreich gegen die Versuchung, mir mit den dort angebotenen Köstlichkeiten den Bauch vollzuschlagen. An sich esse ich sehr gerne, vor allem, was in der jeweiligen Region produziert wird, aber wenn ich unterwegs bin so wie jetzt, also suchend, forschend, entdeckend, wird das Essen weniger wichtig, eine andere Lust überdeckt die am Essen.

*Aranjuez*

**PUENTE DE LA REINA, 1 leg**
Von Ocaña bis hierher sind es drei kleine Meilen, danach folgen aber drei umso größere.

**PINTO, 3 L leg**
Gleich nach dem Ort der erste Blick auf Madrid.

**VILLA VERDE, 2 leg**

Pinto und Villa Verde sind heute Vororte von Madrid. Sie wurden vor 40 Jahren in die *Comunidad de Madrid* eingemeindet, haben sich jedoch bis heute ihren eigenständigen Dorfcharakter mit *Plaza*, Kirche usw. bewahrt. In Villa Verde komme ich mit einem netten, älteren Herrn ins Gespräch, der mir Geschichten über vergangene Zeiten erzählt, als das Dorf noch ein Dorf war. In einer Zeitungsnotiz lese ich von ausländerfeindlichen Ausschreitungen in

Villa Verde gegen marokkanische Gastarbeiter. Vor 400 Jahren nannte man sie *Moriscos*. Es ist schon erstaunlich, wie uns die Vergangenheit immer wieder einholt, besser gesagt in uns schlummert und unter bestimmten Bedingungen manchmal als Bestie wieder erwacht. Soll mir keiner sagen, dass fast 800 Jahre *Reconquista* keine Spuren in einem Volk hinterlassen. Ein Freund aus Sevilla erzählte mir, was er vor wenigen Jahren in der Kathedrale von Cordoba erlebt hatte. Das heutige – einzigartig schöne – christliche Gotteshaus hatte ja vorher über Jahrhunderte als Moschee gedient, deshalb wunderte er sich weiter nicht, als er zwei junge Männer sah, die ihre Gebetsteppiche ausbreiteten und sich anschickten, ihre Gebete zu verrichten – zu dem Gott, den auch wir Christen verehren. Doch ehe sie sich's versahen, hatten sie die Wärter relativ unsanft an die frische Luft befördert.

**MADRID, 1 leg**

Am fünften Sonntag nach Pfingsten, am 28. Juni, kommen wir bei brennender Hitze über schöne und fruchtbare Getreidefelder in die Stadt.

Summe der Entfernungen der Reise von Alicante über Caravaca bis hierher: 83 *Leguas*.

Am folgenden Tag, dem Fest der Heiligen Peter und Paul, musste ich für die Genehmigung, eine Messe zu lesen, quasi von Pontius zu Pilatus laufen. Denn man nahm mir als Fremdem nit ab, dass ich Priester sei, obwohl das mich als solchen ausweisende Dokument auf meinen Namen ausgestellt war. Ohne das Empfehlungsschreiben des Beichtvaters Ihrer Majestät, der Königin, Herrn Eberhardi Neydhart, hätte ich wohl keinen Glauben gefunden. Ebenso war mir Hochwürden auch von Madrid weiter durch ganz Hispanien mit anderen Empfehlungsschreiben äußerst hilfreich. Viel Unterstützung verdanke ich auch dem wohlehrwürdigen Pater Carolus Sinich und dem Herrn Doktor Petrus Vattier aus dem Burgund. Sie halfen mir mehr, als ich jemals gehofft hatte.

Madrid ist die Residenzstadt des nach der Römischen Majestät unter allen Königen dieser Welt mächtigsten Königs und Herren, Philipp IV. Diese bevölkerungsreiche große Stadt wird von ihren Einwohnern selbst aber nur *Villa*, Dorf, genannt. Über sie berichte ich Folgendes wenige:

Von San Isidorus, einst Bauer aus der Umgebung von Madrid, werden im Gotteshaus seines Namens an der Evangelienseite des Hauptaltars die Reliquien seines Leichnams aufbewahrt. Während meines nur wenige Tage dauernden Aufenthalts in der königlichen Haupt- und Residenzstadt war das

Anmutigste, das ich zu Gesicht bekam, das Bildnis des *Santisimo Cristo del Perdón* (Anm.: des Verzeihens). Es ist ein Abbild des nackten und verwundeten Christus in Lebensgröße, mit einem Knie auf der Weltkugel knieend, mit von der Achsel hängendem Strick, mit ausgebreiteten Händen und Armen und mit erhobenem Angesicht. Und über ihm stehen die Worte: *Pater, ignosce illis* (Anm.: „Vater, sie wissen nicht").

Wem es an Geld nit mangelt, dem soll es in dieser königlichen Hauptstadt an der Lebensführung eines Adeligen nit mangeln. Für gemeine Burschen gibt's auch *Tavernas* und *Bodegones* mit Garküchen. Die Beschreibung dieser überlasse ich den Kavalieren, die auf diese Art zu reisen pflegen, und kehre zurück zu meiner Straße.

Am 5. Juli ergab sich die Gelegenheit, weiter in Richtung Santiago zu reisen, wo ich an seinem Festtag (Anm.: der 25. Juli) anzukommen trachtete, und zwar im Gespann eines Herren Maldonado. Dafür mietete ich mir für vier Taler einen Reitesel bis Valladolid, für hiesige Verhältnisse nit teuer. Da ich aber vorhatte, Sankt Laurentius im Escorial zu besuchen und deshalb erst einen halben Tag später zur Gruppe stoßen konnte, war es noch vonnöten, für eben dieses Tier eine Bürgschaft zu suchen.

Die ursprünglich von den Westgoten als Vorposten ihrer Hauptstadt Toledo errichtete Festung wurde von den Arabern *Majerit* genannt und entwickelte sich im Laufe der Zeit zu einer kleinen Stadt. Als Alfons VI. 1083 die Stadt zurückerobert, entdeckt er in der Nähe des Weizendepots (arabisch *almudín*) eine Statue der Jungfrau Maria. Nach Abschluss des Umbaus der Moschee in eine Kathedrale weiht er diese der Virgen de la Almudena, die seither Patronin der Stadt ist.

Madrid, jüngste (seit 1561) und höchstgelegene (646 m) Hauptstadt Europas, überrascht mich angenehm. Obwohl ich zum ersten Mal in die Millionenstadt komme, finde ich auf Anhieb mit dem Auto ins Zentrum (über den Bahnhof Antocha, seit dem furchtbaren Attentat vom 10.6.2004 traurig berühmt) und gleich nach der *Plaza Mayor* sofort den einzigen freien Parkplatz weit und breit! Als ich aus dem Auto steige, stelle ich fest, dass ich mich an der Südseite der Kathedrale befinde, genau unter der Statue der Virgen de la Almudena! Da muss mich mein Instinkt des Pilgers/Reisenden geleitet haben, ich bin sprachlos. Obwohl Guntzinger sie nicht erwähnt, gehe ich davon aus, dass er sie als glühender Marienverehrer und Kind der Gegenreform ebenfalls besucht hat. Wieder einmal bin ich ihm sehr nahe gekommen.

*Madrid, Plaza Mayor*

Den anschließenden Bummel durchs Zentrum genieße ich in vollen Zügen, besonders die Atmosphäre auf der riesigen *Plaza Mayor* hat es mir angetan. Madrid scheint eine lebenswerte und lebenslustige Stadt zu sein.

**ALA TORRE, 5 k leg**

Vorher kommt man noch durch ein oder zwei Dörfer, auch dort kann man sich eindecken.

**ARAVACA, 1 l leg**

Der Ort wurde vor 50 Jahren eingemeindet und von der Stadt vollkommen verschluckt. Ich entdecke eine kleine Kapelle am Straßenrand, die 1608 restauriert wurde und Nuestra Señora del Buen Camino geweiht ist (Unsere Liebe Frau vom Guten Weg). Das heißt, hier verlief der *Camino Real*, Guntzinger muss eine praktisch neue Kapelle gesehen haben. Auch ich bin auf dem „Guten Weg"!

*El Escorial*

**EL ESCORIAL, 1 l leg**

> Mit dem Zusatz *Real* ein königliches, über alle Maßen prächtig erbautes Gotteshaus und Kloster, mit allem erdenklichen Zubehör, unglaublich schön, köstlich und reich. In Summe ein selten edles Kleinod der auserwählten Kirchen Gottes auf Erden.
> Der schon erwähnte Martinus Zeillerus hat im *cap. 2 num 11* eine ausführliche Beschreibung von El Escorial.

Das weltberühmte Kloster, von manchen als das „achte Weltwunder" bezeichnet, ist dem hl. Lorenz geweiht, denn an dessen Festtag, dem 10. August 1557, besiegte Philipp II. in Frankreich die Armee des französischen Königs Henri II. Das riesige Kloster, zugleich Königspalast und Grabstätte der spanischen Könige, war also ein „kleines" Dankeschön des damals mächtigsten Mannes Europas an den Himmel für die Unterstützung in der Schlacht. In für die Größe des monumentalen Gebäudekomplexes erstaunlich kurzer Zeit (1563–1584) entstand nicht nur das Kloster, sondern ein ganzer Ort, schließlich mussten die 1500 (!) permanent beschäftigten Arbeiter und Handwerker mit ihren Familien sowie das zahlreiche sonstige Personal, von den Architekten und Baumeistern bis zum Gefolge des Königs, untergebracht werden. Werkstätten, Geschäfte, Gastbetriebe kamen dazu und so wuchs auf 1065 Metern Seehöhe der bezaubernde Ort heran, der sich heute bei der Madrilener Bürgerschaft als Sommerfrische großer Beliebtheit erfreut.

Wieder verweist Guntzinger auf den Reiseführer von Martin Zeiller, den er offensichtlich mithatte und auch benützte. Anders ist es nicht zu erklären, mit welcher Zielstrebigkeit und Sicherheit er unterwegs war, ohne jemals Zweifel an seiner Routenwahl zu äußern.

Ich bin allein auf dem Platz vor dem Kloster und fühle mich angesichts der gigantischen Ausmaße von Platz und Gebäude sehr klein. Schon beeindruckend, aber an meiner Vorliebe für das Kleine, Einfache, Unverfälschte (wie z. B. die Romanik der Zisterzienser) ändert sich nichts.

**GUADARRAMA, 2 leg**

Von El Escorial aus hatte ich den allerschönsten Weg, den ich jemals gesehen habe.

Hier kostete der Wein 34 Kreuzer das Maß, was etwas mehr ist als ein österreichischer *Achtering*. Hier traf ich auch auf die Reisegruppe und überquerte mit ihnen den rauen Bergpass, über etwa eine Meile. Unterhalb des Passes steht eine Venta und von dort ist es eine Meile zu einem Dorf und noch eine weitere zum nächsten. Die Straße ist zwar grob, aber zu beiden Seiten sehe ich wohlbesätes und wohlbebautes Land.

Der gleichnamige Pass, auch *Alto de Leones* (Löwenpass) genannt, ist mit seinen 1511 Metern Seehöhe der geographische Höhepunkt von Guntzingers Reise bisher. Dass er von der Schönheit des Weges schwärmt, kann ich gut verstehen. Erstens sind das kühle Klima der Sierra de Guadarrama, deren Gipfel 2400 Meter erreichen, und die an seine Heimat erinnernde Berglandschaft sicher Labsal für den unter brütender Sommerhitze der Meseta leidenden Reisenden. (Sie ist ihm im Nachwort seines Berichts sogar eine eigene Warnung wert.) Und zweitens ist der Weg, der *Camino Real*, der aus der wichtigen römischen Straßenverbindung von Toledo nach Segovia hervorgegangen ist, sogar heute noch in erstaunlich gutem Zustand. Natürlich ist es nicht die 1749 erbaute Straße von Madrid nach La Coruña, die ich und alle anderen Autofahrer benützen, aber vor dem Dorf Guadarrama ist noch ein ziemlich langer – und eben gut erhaltener – Abschnitt der alten Straße zu sehen.

In Guadarrama sitzt mir in der Gemeindebibliothek eine hübsche, junge Mutter mit ihren zwei Kindern gegenüber. Meine Augen erfreuen sich an diesem Anblick und ich brauche für die Durchsicht der Unterlagen über den Ort etwas länger als nötig ...

Auf dem Pass gibt es eine späte Mittagspause inklusive -schlaf im Gras. Herrlich! Der Ausblick ist wunderbar, nach Süden auf die Ebene von Madrid, nach Norden in Richtung Segovia. Der Prälat hat eine schöne Route gewählt!

**VILLACASTIN, 5 leg**
Ab hier wird der Weg ebener und besser.

Die kleine Stadt am Abhang der Sierra de Guadarrama auf 1100 Metern Seehöhe gehört schon zur Provinz Segovia. Gerade 27 Jahre vor Guntzingers Durchreise hatte die Stadt von einem Angebot des sich in schweren Geldnöten befindlichen Königs Philipp IV. Gebrauch gemacht, der verzweifelt versuchte, seine durch die verschwenderische Hofhaltung geleerten Staatskassen zu füllen. Durch eine großzügige Zahlung konnten sich Orte als direkte Vasallen des Königs einkaufen und so zur freien Stadt werden. Das war einerseits mit interessanten Privilegien verbunden, andererseits befreite es sie von der Steuerpflicht gegenüber der Provinzhauptstadt, in diesem Fall Segovia.

**LABAJOS, 1,5 leg**
Große Getreidefelder, kein Weingewächs.

Ein kleines, fast ausgestorbenes Dorf im alten *Camino Real*. Ich entdecke die Reste der ehemaligen Posada und Pferdestation und unterhalte mich eine Weile mit dem Wirt und Bürgermeister in Personalunion, der mit Vornamen – wie passend, auch er schmunzelt – Santiago heißt.

**MARTIN MUÑOZ DE LAS POSADAS, 3,5 leg**
Am Vormittag wurde hier eine Prozession mit dem Bildnis Unserer Frau abgehalten, am Nachmittag gab es Ochsenjagd. Gewöhnlicherweise ist der Genuss dieses Schauspiels für die Armen.

*Am Guadarrama-Pass*

*Villacastín*

Der kleine Ort abseits des Touristenstroms ist schon wegen seines beeindruckenden Zentrums den Abstecher wert, dessen Größe und harmonische Schönheit er einem Kardinal zu verdanken hat, der hier geboren wurde. Kardinal Espinosa war sehr mächtig und gerade im Amt, als sein König (Philipp II.) El Escorial erbauen ließ. Er sorgte dafür, dass viel Material und Arbeitskraft für den Bau seines Palastes abfiel, und setzte sogar durch, dass der Architekt des Klosters auch seinen Palast entwarf. Seinem Einfluss ist es zudem zu verdanken, dass der Ort einen freien Wochenmarkt sowie einen großen Jahresmarkt abhalten durfte – was die überraschend großen Dimensionen der *Plaza Mayor* erklärt. Zusammen mit der sehenswerten Pfarrkirche (romanisch-gotisch) ergibt dies ein Juwel, wo man es gar nicht vermuten würde. Aber diese Erfahrung mache ich immer wieder: Bei Gabelungen immer die kleinere Straße nehmen, und bei der nächsten wieder, denn meistens warten dort wunderbare Überraschungen.

Der Ort ist noch aus einem weiteren Grund ganz besonders. Wer den

*Martín Muñoz de las Posadas*

*Cid* gelesen hat, weiß warum. Martín Muñoz war Kampfgefährte des berühmten Helden und hielt auch in dessen Verbannung zu ihm. Nach der Eroberung von Toledo (1085) durch Alfons VI. musste das zurückeroberte Land südlich des Duero mit Christen neu besiedelt werden. Deshalb erhielten treue Ritter – nach der Versöhnung des Königs mit Rodrigo Diaz, dem *Cid,* zählten auch dessen Gefolgsleute dazu – große Gebiete zum Lehen. Martín Muñoz gründete im Zentrum seines Besitzes den Ort und gab ihm einfach seinen Namen. Der Beiname *de las Posadas* kam erst Jahrhunderte später dazu.

**RAPARIEGOS, 2 leg**

Hier stehen viele hohe und dicke Bäume, wie in einer Au, und dazwischen ein Turm sowie einige wenige Häuser.

In seinem Bericht spricht Guntzinger von vielen hohen und dicken Bäumen. Möglicherweise haben er und ich denselben Baum berührt. Die vielen Ulmen

*Rapariegos*

*Mudejar-Portal im Mojados*

– es waren solche zu seiner Zeit – sind der Axt zum Opfer gefallen, alle bis auf einen mächtigen Strunk, den man vor der Kirche (San Pedro, 14. Jh.) stehen gelassen hat. Ich habe keine Ahnung, ob er schon zur Zeit des Prälaten hier gestanden ist, auf alle Fälle umarme ich ihn, man weiß ja nie.

**MONTEGO DE LA VEGA, 1 leg**

Ein kleiner Ort, der heute San Cristobal e de la Vega heißt.

Ich muss lächeln. Hie bemerke ich deutlich, dass Guntzinger mit einer Gruppe auf der Durchreise war und sicher, wenn überhaupt, nicht gut Spanisch sprach. Wahrscheinlich hat er oft einfach seine Reisegefährten nach den Namen der Orte gefragt, durch die sie kamen. Jedenfalls setzt sich Montego de la Vega eigentlich aus den Namen zweier benachbarter Orte zusammen: Montego de Arévalo und San Cristobal de la Vega.

*Feuerwache in San Cristobal de la Vega*

**OLMEDO, 3 leg**

Bis hierher erinnerte mich das Land mit seinen wohl bestellten Feldern an Österreich.

Die ungewöhnlich zahlreichen Ulmen (auf Spanisch *olmo*) in der Gegend veranlassten die Gründer des Ortes (Ende des 11. Jh. im Zuge der schon erwähnten Neuansiedlungspolitik des Königs), sie in seinem Namen zu verewigen.

Olmedo war immer wieder zwischen den rivalisierenden Königreichen Kastilien und Aragon umstritten, mehrere Klöster und Kirchen, einige im *Mudejar*-Stil erbaut, belegen seine Bedeutung über Jahrhunderte. Offenbar nicht ohne Grund hieß es früher: *Quien Señor de Castilla quiere ser, a Olmedo de su parte ha de tener*. („Wer Herr von Kastilien sein will, sollte besser Olmedo auf seiner Seite haben.")

*Mudejares* waren Moslems, die im von den Christen zurückeroberten Land lebten. Sie entwickelten einen Baustil, der, auf der Romanik aufbauend,

*Marienprozession am 8. September in Valladolid*

diese um künstlerische Elemente aus ihrer arabischen Ornamentik bereicherte. Der *Mudejar*-Stil prägt vor allem die Architektur der im 11. und 12. Jahrhundert zurückgewonnenen Gebiete Kastilien und León. Ihm ist in Olmedo ein eigener Themenpark gewidmet, wo die 26 maßgeblichsten Bauten, im Maßstab 1:8 originalgetreu nachgebaut, bewundert werden können. Absolut sehenswert!

**MOJADOS, 3 leg**

Von hier aus gibt's manch andere Orte, dann kommt man zu einer schönen Steinbrücke über ein Wasser (Anm.: es ist der Rio Cega) und bald darauf wieder ein Fluss, der Duero. Auf der Strecke viele Sträucher und Bäume, besonders Pinien. Links von uns die Mauer eines Tiergartens oder einer *Volière* (Anm.: großer Flugkäfig für Vögel).

Es ist heute der 7. September, Vigil des Niederen Frauentags. Ich komme gerade rechtzeitig in den Ort, um den feierlichen Auszug der Marienstatue aus der Pfarrkirche Santa Maria de la Asunción (14./15. Jh. im *Mudejar*-Stil) zu erleben. Andere Bauten in diesem Stil sind die Kirche San Juan (13./14. Jh.) und der erzbischöfliche Palast.

**VALLADOLID, 4 leg**

Von Madrid 32 Leguas.

Die Stadt heißt auch *Valdoledum* und auf Altkastilisch *Vallisoletum*. Es gibt dort Viktualien im Überfluss und besten Wein. Jener köstliche Wein, der seinen Namen von Peter Simon hat, soll in Kastilien mit Reben aus Deutschland gepflanzt worden sein. Das Brot in dieser Stadt ist blütenweiß, schön, wohlschmeckend und auch wohlfeil, wie man es außer in Madrid nur an wenigen Orten findet. In den Bodegones bekommt man gekochte Speisen, was besonders einem Reisenden wohl bekommt. In einem Weinhaus sah ich eine lustige Erfindung, um den Wein in aller Schnelle zu kühlen: In einem mit Tüchern wohlverhüllten Schaff lag Schnee, durch welchen ein spiralförmig gedrehtes blechernes Rohr lief. An einem seiner Enden befand sich außerhalb des Kühlschaffs ein Trichter, in welchen der Wein gegossen wurde, um am anderen Ende nach Durchlaufen des Fasses ganz eiskalt hervorzukommen. Da muss ein erhitzter Reisender aufpassen, dass er nicht zu gierig sei und nicht zu viel davon trinke. (Anm.: Den Wein „Simon" gibt es in Spanien übrigens heute noch zu kaufen.)

Die alte Universitätsstadt war bis 1492 Hauptstadt Kastiliens. Vom 12. bis zum 17. Jahrhundert residierten die spanischen Könige gerne hier, manche heirateten sogar in Valladolid. Anna von Österreich, zukünftige Königin von Frankreich, wurde hier geboren, ebenso ihr Bruder Philipp IV. Die berühmtesten Architekten ihrer Zeit haben in der Stadt ihre Spuren hinterlassen. Den Werken eines von ihnen, Juan Herrera, sind wir schon in Aranjuez, El Escorial und Martin Muñoz de las Posadas begegnet, hier zeichnet er für die prächtige Kathedrale (Ende 16./Anfang 17. Jh.) verantwortlich. Er war in seinem Wirken so einflussreich, dass er für den Übergang von der Gotik zur Renaissance den Stil geprägt hat, der seinen Namen trägt. Unter den vielen sehenswerten Bauten ist das Colegio San Gregorio (15. Jh.), heute Museum, mit seinen Portalen und seinem Innenhof (*Patio*) besonders hervorzuheben.

Heute ist Sonntag, 8. September, Marienfeiertag. Wieder komme ich rechtzeitig, um die feierliche Rückkehr der Jungfrau Maria mit Pomp und Gepränge in die Kathedrale mitzuerleben. Der Prälat dürfte seine Freude da-

*Colegio San Gregorio in Valladolid*

mit gehabt haben, viel hat sich seit seiner Zeit wenigstens in dieser Hinsicht offenbar nicht geändert. Am Platz vor der Kathedrale wird sogar getanzt …

### VILLANUBLA, 2 k leg

Welch ein Glück! Maria ist die Patronin des kleinen Ortes in der Nähe des Flughafens, das heißt, heute am Marienfeiertag findet ein großes Fest statt! Die offiziellen Feierlichkeiten sind vorüber (Messe und Prozession), jetzt kommt der Teil mit Essen und Musik. Mit einer überwältigenden Selbstverständlichkeit werde ich eingeladen mitzufeiern. Die Frauen des Dorfes haben alle etwas mitgebracht, natürlich nicht irgendetwas. Die Tische biegen sich förmlich von dem, was die spanische Küche zu bieten hat: alle Arten von *Chorizo* (pikante Paprika-Knoblauchwurst), Tintenfisch, *Tripas* (Kutteln) in Tomatensauce, *Tortilla de Patatas* (Kartoffelomelett), verschiedene köstliche Pasteten, Shrimps-Salat usw., dazu Rosé aus der Region, Bier, Limonade und

Mineralwasser. Ich muss meine ganze Disziplin und Willenskraft aufbringen, um nicht, nachdem ich von allem etwas probiert habe (das muss schon sein), die Tour nicht noch einmal von vorne zu beginnen. Die Nähe zu Valladolid hat Villanubla von einem Bauerndorf zu einem Schlafdorf werden lassen, aber an seinen Traditionen, vor allem aber der der Gastfreundschaft, hält es scheinbar noch eisern fest. Gut so. Denn oft verlieren diese Orte, wo die Bewohner in der nahen Stadt arbeiten und nur mehr zum Schlafen heimkommen, weil der Ort zu wenig oder gar keine Arbeitsplätze mehr bietet, völlig ihren Charakter und werden zu anonymen, austauschbaren, gesichtslosen Siedlungen.

**MEDINA DE RIOSECO, 5 k leg, allgemein nur Rioseco geheißen.**

Im Hauptort der *Tierra de Campos*, der Kornkammer Kastiliens, steht zur Abwechslung wieder einmal eine Jakobskirche. Mir fällt auf, dass Guntzinger selten oder eigentlich nie von sich selbst als Jakobspilger spricht. Sein Ziel ist zwar Santiago, aber bisher war er keinen Meter auf einem Weg unterwegs, den wir heute als Jakobsweg bezeichnen würden. Er ist einfach ein Reisender (und als solcher sieht er sich offensichtlich auch), der sich eigentlich gar nicht besonders für Land, Leute, ihre Kultur und ihre Geschichte interessiert, sondern einerseits nur für die unmittelbar wichtigen Fragen wie Essen, Trinken, Schlafen, Wegbeschaffenheit, andererseits für Dinge, die seinen Priesterberuf betreffen. Das kommt mir irgendwie ganz aktuell vor, wenn ich an viele meiner Zeitgenossen denke und an die Art und Weise, wie sie reisen ...

**AGUILAR DE CAMPOS, 4 k leg**

Herr Christophorus, ein Geistlicher, stand mir treulich bei, da ansonsten in dem Ort wenig zu bekommen war.

Am Platz einer Siedlung rund um eine strategisch wichtige Festung (hier verlief lange die Grenze zwischen christlichem und arabischem Gebiet) gründete am Ende des 12. Jahrhunderts König Alfons VIII. den Ort Castromayor, der später den heutigen Namen bekam. Es ist heiß, der Ort gottverlassen, aber die sympathische Bar ist geöffnet und das kalte Bier köstlich. Beeindruckt bin ich auch von der Andreaskirche (14. Jh., gotisch-*mudejar*), vor der sich eine wunderschöne – wenn man das in diesem Zusammenhang sagen darf – gotische Prangersäule (Ende 15. Jh.), auf Spanisch *Rollo*, erhebt.

Das Symbol der Macht und der Strafgerichtsbarkeit zählt zu den besterhaltenen der Provinz. Patronin des Ortes ist Nuestra Señora de las Fuentes (Unsere Liebe Frau von den Brunnen), ihre Kapelle befindet sich etwas außerhalb am Platz des *Conventos*, eines ehemaligen Franziskanerklosters. Es heißt, dass sich hier ein Quellheiligtum befand, wie so oft bei Marienwallfahrten, mit dem eine schöne Legende verbunden ist. Ein Mädchen folgte einem wunderschönen Vogel, bis er landete und an dieser Stelle mit seinem Schnabel so lange in der Erde grub, bis Wasser herauskam – was in dieser staubtrockenen Region wirklich einem Wunder gleichkommt. Man grub dort weiter und stieß schließlich auf die verloren geglaubte Marienstatue, die heute in der Kirche verehrt wird.

**VALDERAS, 4 k leg**

Ein Ort, wo gut Speis und Trank wohl vorhanden sind. Auch hier in der Gegend sah ich, wie in ganz Kastilien, viele Getreideschneider aus Galicien, denen man – aus Bosheit, im Scherz oder spottend – in ganz Spanien *Gallegos, Gallegos* (Anm.: Gallegos sind die Bewohner von Galicien) zuschreit.

Es ist Sonntagabend, das Marienfest ist noch in vollem Gang, d. h. Rummelplatz auf der *Plaza Mayor*, Lärm, grässliche Musik. Da das Gemeindeamt heute sicher nicht geöffnet ist, versuche ich den Pfarrer des Ortes zu finden, der mir eventuell etwas über Valderas erzählen könnte. Und ich habe zweierlei Glück. Zum einen finde ich ihn, er kommt gerade von der Abendmesse, hat jetzt also Zeit, vor allem aber ist Padre Virgilio sehr an meiner „Spurensuche" interessiert und weiß einiges auch für mich Nützliches.

Von der alten Stadtmauer sind noch zwei Tore erhalten, von denen besonders die *Puerta de Santiago* zu erwähnen ist. Der Torbogen wird oben von einer Mauernische abgeschlossen, in der der Apostel als auf einem Schimmel reitender „Maurentöter", *Matamoros*, bei der Schlacht von Clavijo dargestellt wird, flankiert von den Wappen der Stadt und der mächtigen Familie Osorio. Heute weiß man, dass diese Schlacht, in der die Christen einen entscheidenden Sieg gegen die Mauren errangen, gar nicht stattgefunden hat, sondern ein genialer Propagandacoup war, der die Rolle des Apostels als aktivem Kämpfer in der *Reconquista* festlegte, und das noch sehr lange. Denn noch 700 Jahre später war der Schlachtruf der Soldaten von Hernán Cortés beim Sturm auf die Hauptstadt des aztekischen Reiches, Tenochtitlán: „*Santiago Matamoros!*" Genial war der Propagandacoup deshalb, weil die Tatsache, dass sogar ein Apostel aktiv in den Kampf eingriff, nur bedeuten konnte, dass man mit himmlischer Unterstützung für eine gerechte Sache kämpfte, was natürlich ungeheuer motivierend war.

Die unterirdischen Weinkeller von Valderas, die anscheinend die ganze Stadt durchziehen und in denen der Wein lagerte, mit dem der ganze Norden Spaniens beliefert wurde und der Guntzinger eine lobende Bemerkung entlockt, bekam ich leider nicht zu Gesicht. Dafür aber gab mir Padre Virgilio einen tollen Tipp für einen Übernachtungsplatz am Ufer des Flusses Cea etwas außerhalb der Stadt.

**CASTRILLINO, 2 l oder 3 k leg**

Nur wenige Häuser, aber hier die Überfuhr über ein stilles Gewässer (Anm.: der Rio Cea) mit der Barca de Castrillin. Sie kostet normalerweise 4 oder 5 Quartos, ich musste aber nichts bezahlen.

Auch hier erweist sich Padre Virgilio als sehr hilfreich, indem er meine vergebliche Suche nach dem Ort Castrillino mit der Information beendet, dass es diesen nicht gibt und auch nie gegeben hat. Es ist vielmehr ein riesiges Landgut (300 ha), dessen Besitzer im Mittelalter die Fähre über den Fluss betrieben haben, weil es bis weit in die Neuzeit keine Brücke gab. Andrés, der freundliche Verwalter, zeigt mir die frühere Anlegestelle der Fähre und erzählt mir, dass die Arbeiter des Landguts noch im 20. Jahrhundert hier lieber den Fluss mit dem Boot überquerten, weil sie so den Heimweg in ihr Dorf Villaquejida (am anderen Flussufer) um etliche Kilometer abkürzen konnten.

**RIBERA, 1 leg**

In der kleinen Behausung einer Weinschenke verbrachten wir die Zeit der größten Mittagshitze und bekamen auch genug zu essen. In der Umgebung gibt es viele *Cuevas* (Anm.: Höhlen) oder Gruben in Hügeln, wo der Wein kühl gehalten wird.

**ROPERUELOS DEL PARAMO, 2 leg**

Ein schlechter Ort, wo ich für eine Nacht auf einem mit Tuch überzogenen Strohsack 6 Quart bezahlte.

Bei Guntzinger ein „schlechter" Ort, bei meiner Durchreise ein fast ausgestorbener Ort – Bar, Café, Lebensmittelgeschäft, alles zu. Die Situation hat sich also im Laufe der letzten 350 Jahre kaum verbessert ... Dennoch ist der Ort immer noch eine eigene Gemeinde, mit Bürgermeister und allem, was dazugehört. Der Grund dafür ist, dass die Dorfschule die letzte noch funktionierende in der Gegend ist und auch von den Kindern der umliegenden Dörfer besucht wird. Das wäre eine nette Schlagzeile: Kinder retten ein ganzes Dorf!

### CEBRONES DEL RIO, 1 leg

Ein Bach und eine Brücke

In 22 Jahren schrumpfte seine Einwohnerzahl von 1200 auf 700, hier gibt es keine Schule mehr, dafür aber eine Apotheke und ein kleines Geschäft. Das Dorf stirbt langsam, ihm droht das Schicksal eines Schlafdorfes, denn die Stadt Bañeza ist nur acht Kilometer entfernt. Was dem Ort vielleicht neuen Schwung geben könnte (oder gar schon gegeben hat?), ist die sensationelle Entdeckung von guterhaltenen Fresken aus dem 11. Jahrhundert in der kleinen Kirche San Stefano – durch einen Zufall. Vor dem Abriss der Kirche für den geplanten Neubau wollte man den Flügelaltar entfernen, der die gesamte Ostseite der Kirche bedeckte, und fand unter einer zentimeterdicken Staubschicht die Fresken. Um diese zu erhalten, wurde der Neubau um 90 Grad gedreht, der frühere Altar mit den Fresken ist jetzt eine Art Seitenkapelle (östlich) und der neue Altar mit dem Flügelaltar ist jetzt nach Süden ausgerichtet.

### LA BAÑEZA, 1 leg

Ein sehr angenehmer, namhafter Flecken, in welchem am 11. Juli ein großer Markt abgehalten wurde. Außerhalb ein Bach und ein Steg.

Guntzinger erwähnt es nicht, wahrscheinlich ist er sich dessen gar nicht bewusst, aber in La Bañeza betritt er zum ersten Mal auf seiner Reise einen „richtigen" Jakobsweg, die *Via de la Plata* (auch *Camino Mozarabe* genannt). Dieser wurde sofort nach der Rückeroberung Sevillas (1248) ins Leben gerufen, um die befreiten Gebiete mit dem christlichen Stempel zu versehen. (Was eignet sich dafür besser als ein Jakobsweg?) Er mündet in Astorga in den *Camino Francés*, den Frankenweg. La Bañeza ist die letzte Etappe vor Astorga.

Die ersten Siedler waren ein asturischer Stamm (auch die Stadt Astorga, deren lateinischer Name *Asturica Augusta* war, weist darauf hin). Ihr Siedlungsraum reichte in der Frühzeit über die kantabrische Bergkette weit nach Süden. Ich erwähne dies deshalb, weil die Pfarrkirche San Salvador (mit ei-

*Der Fluss Cea bei Castrillino*

ner übrigens sehenswerten romanischen Apsis) aus dem 10. Jahrhundert die erste schriftlich dokumentierte Pilgerherberge des Jakobsweges war. Nachdem die *Via de la Plata* und auch der *Camino Francés* viel jünger sind und der Zweitere außerdem ein Stück weiter nördlich verläuft, müssen die Gäste dieser ersten Pilgerherberge Christen aus den befreiten Gebieten um León (Hauptstadt des Königreichs Asturien seit 910) gewesen sein, die auf Pilgerreise zum Apostelgrab waren, das im Jahr 825 „entdeckt" worden war. Aber wie gesagt, Guntzinger konnte das nicht wissen.

In La Bañeza stieß ich noch auf einen höchst interessanten Österreichbezug, aus der Zeit nach Guntzinger. Napoleon weilte auf seinem Spanienfeldzug im Dezember 1808 gerade in der Stadt, als er die Nachricht bekam, Kaiser Franz von Österreich habe ihm den Krieg erklärt. Daraufhin machte er sich sofort auf den Weg nach Frankreich. Der Unabhängigkeitskampf der Spanier dürfte dadurch wohl eine entscheidende Wendung genommen haben. Dafür war jetzt Tirol an der Reihe …

*Val de San Lorenzo*

**PALACIOS DE LA VALDUERNA**

Wo uns in einer Höhle zwei Knaben guten Wein ausschenkten. Später trafen wir unterwegs auch zwei Weiber, die badwarmen Wein aus einer Schweinehaut feilboten.

Der kleine Ort an der *Via de la Plata* mit den Ansitzen und Palästen des mächtigen Geschlechts der Bazán (15./16. Jh.), dem Dominikanerkloster und der Pfarrkirche Santa Maria hat seine jahrhundertealte Architektur wunderbar bewahrt und zählt in seiner Gesamtheit als erhaltenswertes Kulturgut.

**VAL DE SAN LORENZO, 3 leg**

Domingo, ein guter und redlicher Mann, beherbergte mich. Nach Hospedal del Ganzo ist es nicht weit.

Warum Guntzinger Astorga, die nächste logische Station unweit nördlich, auslässt, entzieht sich meiner Kenntnis. Ich nehme an, dass es einen kürzeren Weg gab, der die Stadt (und damit vielleicht eine Wegmaut?) südwestlich umging, denn der nächste von ihm erwähnte Ort liegt schon auf dem *Camino Francés*, der aber über Astorga führt. Mich wundert's trotzdem, denn in Astorga gab es gerade zu seiner Zeit mehrere Klöster und Pilgerherbergen. Auf jeden Fall ist auch Val de San Lorenzo ein hübscher Ort, weithin bekannt für seine Textilhandwerkstradition (Schafwolle). Der Ort geht auf die Römerzeit zurück, seine Neubesiedlung erfolgte im Zuge der *Reconquista* ab 1027.

**RABANAL DE CAMINO, 4 leg**

Danach Anstieg, am Ende La Cruz de Hierro (Anm.: Hier irrt er, das Kreuz kommt erst nach Foncebadón.)

**FONCEBADÓN, 1 leg**

Von hier aus etliche armselige Orte – La Venta, Acebo, Riego de Ambros.

Hier überschreitet Guntzinger die *Montes de León,* so hoch wie der Pass von Guadarrama (1500 m). Er spricht von „etlichen armseligen Orten", für mich ein eindeutiger Hinweis auf den massiven Rückgang, den die Jakobswegtradition ab dem 16. Jahrhundert, bedingt durch die Religionskriege (der Dreißigjährige Krieg!), die Pest und den allgemeinen Sittenverfall auf den Pilgerwegen (das Wiener Schimpfwort „Pülcher" kommt von Pilger) erlitten hat.

Spätestens jetzt müsste er anderen Pilgern begegnen, er erwähnt solche jedoch mit keinem Wort. Wenn es welche gäbe, müsste er sie treffen, denn er ist in Galicien ja zu Fuß unterwegs, das schreibt er ausdrücklich. Es dürfte Teil seines Gelübdes gewesen sein, am Schluss Fußpilger zu sein.

Die „etlichen armseligen Orte", in der Blütezeit des Jakobsweges zwischen dem 13. und 15. Jahrhundert entstanden, waren noch in den 1990er-Jahren vollkommen ausgestorben. Erst der Boom der letzten maximal fünfzehn Jahre hat zu ihrer Wiederbelebung geführt und die Überquerung der *Montes de León* mit dem *Cruz de Fierro* zählt heute zu den nicht nur geographischen Höhepunkten des *Camino Francés*. Dass Guntzinger diesen Abschnitt schnell hinter sich bringen wollte, zeigt sich auch daran, dass er das „Eiserne Kreuz", wo jeder Pilger nach einem uralten vorchristlichen Brauch einen Stein als symbolische Opfergabe (für eine gesunde Heimkehr) hinterlegt, erstens ohne jeglichen Kommentar erwähnt und zweitens am falschen Platz ortet. (Es befindet sich nach und nicht vor Foncebadón.)

Ich mache nach zehn Jahren für die Übernachtung wieder in der ganz besonderen Pilgerherberge *Una Luz en el Camino*, „Ein Licht am Weg", bei Thomas Halt. Damals gab es keinen Strom und kein Wasser, gegessen wurde bei Tages- oder Kerzenlicht, gewaschen hat man sich am Bach. Er hatte einfach eines der leeren Häuser im vollkommen ausgestorbenen Dorf Manjarín besetzt, notdürftig hergerichtet und als einzige „Templerherberge" am Jakobsweg geführt. Heute gibt es Strom (ich sehe sogar eine Satellitenschüssel), mehrere instandgesetzte Häuser sind mittlerweile von seiner beträchtlich angewachsenen esoterischen Gemeinde besetzt, doch der „einzige ordinierte Tempelritter", als welcher sich der ausgestiegene Madrilener bezeichnet, ist immer noch so gastfreundlich wie damals, als wir uns das erste Mal begegnet sind. Der Abend vergeht wie im Flug in angeregter Diskussion mit den „Hardcore-Esoterikern" Juan und Claudia (sie ist aus Mexiko), und zum Abschluss schenkt mir Juan ein Buch über die wahre Natur der Jungfrau Maria. Ich nehme das Geschenk dankbar an, lesen werde ich es eher nicht.

Paulino, seit einem Schlaganfall halbseitig gelähmt, dem ich hier vor zehn Jahren begegnet bin, lebt wieder (oder immer noch?) bei Thomas, in einem Bretterverschlag, angebaut an dem ausrangierten Wohnwagen, in dem er schläft. Stolz zeigt er mir die Schiffe, die er, bis zu einem Meter lang, mit nur einer Hand maßstabgetreu nachgebaut hat. Nur zu gerne würde ich wissen, wie viele zivilisationsmüde Aussteiger – ich kann sie schon verstehen – seit dem Einsetzen des Booms in den 90er-Jahren die Pilgerherbergen in ganz Europa bevölkern ...

In der Früh ist es bitterkalt, die ersten Pilger kommen schon von der Passhöhe herunter und werden von Thomas mit heißem Kaffee empfangen. Nach einem kargen Frühstück verabschiede ich mich von ihm – *hasta la proxima vez!* – und setze ebenfalls meine Reise fort. Bis Ponferrada, etwa 20 Kilometer weiter, zähle ich 70 Pilger!

### MOLINASECA, 3 leg

Ein guter, feiner Ort, wie auch das Land saftiger und die Leute schon milder als durch *Castilia la Vieja*.

Nicht ohne Grund spricht Guntzinger von „saftigem Land" und „schon milderen Leuten". Zwischen den *Montes de León* und dem Cebreiro (1300 m) liegt

*La Cruz de Fierro*

*La Puerta del Perdón in Villafranca del Bierzo*

der tatsächlich milde und fruchtbare *Bierzo*, in dem auch ein ausgesprochen guter Wein angebaut wird. (Damit nicht nur Guntzinger vom Wein spricht.)

**PONFERRADA, 1 leg**

Ehe man in den Ort gelangt, muss man durch einen Fluss (Anm.: der Rio Sil), da die Brücke zu weit abgelegen ist. Hier wurden gebratene Forellen oder *Fehren* feilgeboten. Ist ein gutes Städtlein, es liegt im Königreich León, wie auch die beiden folgenden Orte, die die Spanier nur *Villa* nennen.

Der Hauptort des *Bierzo* hat seinen Namen von einer eisernen Brücke, die schon am Ende des 11. Jahrhunderts eigens für die Jakobspilger gebaut wurde, um ihnen die Überquerung des Flusses Sil zu erleichtern. Und sicher ist es kein Zufall, dass der mächtigste der drei großen Ritterorden, der Orden der Tempelritter, seine nach seinem Hauptsitz in Paris größte Burganlage (13. Jh.) an diesem strategisch wichtigen Ort errichtete. Ohne Übertreibung kann ich sagen, dass es den Jakobsweg, und das nicht nur in Spanien, ohne die Templer, die Johanniter und die Benediktiner von Cluny gar nicht gäbe …

**CACABELOS, 2 leg**

Bis hierher große Hitze, die dann mit Obst und nach dem Obst mit Wein gemildert wurde.

In der hier ansässigen Weinkellerei kann ich das Urteil von Guntzinger überprüfen – und bestätigen. Der Wein ist ausgezeichnet, vor allem in Kombination mit einer *Empanada* (gefüllte Teigtasche), die mir dazu serviert wird.

**VILLAFRANCA DEL BIERZO, 1 leg**

Ein hübsches Städtlein mit guten Leuten, an einem Fluss gelegen (Anm.: der Rio Valcarce) und schon etwas höher in den Bergen. Die Priester des Ortes erwiesen sich mir und auch den anderen gegenüber äußerst großzügig.

Wir befinden uns knapp vor der Grenze zu Galicien. Die stark esoterisch angehauchte „Magie" des Jakobsweges (Manjarín mit Thomas war ein Vorgeschmack davon), die besonders in Galicien zelebriert wird, ist auch hier schon zu spüren. Der ehemalige Jesuit Jato vollzieht jeden Abend in seiner Pilgerherberge *El Ave Fenix*, der „Vogel Phönix", ein keltisches Beschwörungsritual mit einer Art Feuerzangenbowle. Einige Vorhersagen für die faszinierten Pilger gibt es auch dazu.

Eigenartig, dass Guntzinger nicht die doch sehr wichtige romanische Jakobskirche mit der *Puerta del Perdón* erwähnt, deren Durchschreiten allen Pilgern, die ihren Weg aus gesundheitlichen Gründen nicht mehr fortsetzen konnten, den vollkommenen Ablass gewährte, welcher sonst nur mit dem Erreichen der Kathedrale in Santiago zu bekommen war – dies schon seit dem 12. Jahrhundert, also auch zu Guntzingers Zeit. Ihm scheint die Erwähnung der Gastfreundschaft der Jesuiten wichtiger, obwohl er sich bewusst sein musste, dass sein Priesterstatus dabei eine sicher nicht unwichtige Rolle spielte, also ein „ Normalsterblicher" wahrscheinlich nicht in deren Genuss gekommen wäre.

**PEREJE, 1 leg**

Ein ganz besonderer Ort. Die uralte Kirche (8./9. Jh.) war im siebten Jahrhundert ein keltisches Gebäude, von dem manche vermuten, dass es von irischen Mönchen gebaut wurde. Der Gedanke ist nicht abwegig, wenn man bedenkt, dass Galicien (schon die Silbe *Gal* weist darauf hin, wie bei Gallien) von Kelten besiedelt war, und irische oder walisische Mönche im 6. Jahrhundert auf der Flucht vor den heidnischen und grausamen Angeln und Sachsen Britannien verlassen und an der Nordküste Galiciens ein Kloster gegründet hatten. Bis ins 8. Jahrhundert wurde dieses nach irischem Vorbild von einem Abtbischof geleitet.

Zu vielen Spekulationen – vor allem esoterischer Natur – gibt der Umstand Anlass, dass im Zentrum des Altars Maria Magdalena steht und auf dem Bild, das die Kreuzigung Christi zeigt, rechts von ihm Maria Magdalena mit einer Mondsichel und links von ihm seine Mutter mit der Sonne über dem Kopf dargestellt sind.

**TRABADELO, 1 leg**

Und gleich danach Portela de Valcarce, Vega de Valcarce (2 leg), Hospital (1 leg) und La Faba (1 leg). Manche nennen La Faba auch Mala Faba, hier beginnt das Königreich Galicien. Von Villafranca her ist es entlang dem lustigen Bächlein Valcarce fast eine Tagesreise. Der Name Mala Faba kommt vielleicht vom ungeschlachten Weg, der hier eigentlich erst richtig beginnt. Er windet sich in langen Schlingen am Hang den steinigen Berg hinauf bis zum Dörflein Laguna, um dann bis zum Kloster (Anm.: Cebreiro) wieder etwas angenehmer zu verlaufen.

**CEBREIRO, 1 leg**

Hier gibt es eine Kirche und ein Benediktinerkloster. Ein Pater erzählte mir, dass vor etwa 500 Jahren an einem Feiertag im Winter ein Bauer nach der Wandlung die Kirche betreten und den auf ihm liegenden Schnee etwas ungestüm abgebeutelt hätte. Der Priester am Altar dachte sich darauf unwillig, was dieser einfältige Mensch sich doch bei einem solchen Wetter plage und einen so groben und harten Weg auf sich nähme, nur um ein Stück Brot zu sehen. Doch kaum hatte er den Gedanken zu Ende gedacht, als sich vor seinen Augen das Brot leibhaftig in Fleisch und der Wein in Blut verwandelten. Beide – in kristallenen Ampullen in einem altfränkischen Kelch aufbewahrt – konnte ich aus nächster Nähe mit Erstaunen besichtigen.

Noch bevor ich das Dorf – seit dem 9. Jahrhundert wichtige Station auf dem Jakobsweg – erreiche, höre ich schon die penetrante Beschallung durch „keltische" Musik. Aus im ganzen Dorf angebrachten Lautsprecherboxen werden Besucher und Einwohner, keiner entkommt, damit beglückt. In den Gassen des an sich wunderschönen galicischen Bergdorfs reiht sich ein Souvenirstand an den anderen, über alles legt sich ein kitschiger Kommerzklangteppich. Das ist nicht mehr der bezaubernde Ort von 1995 – nichts wie weg! Das heutige Cebreiro erinnert mich an die Händler im Tempel von Jerusalem, die von Jesus verjagt werden. Ich verspüre große Lust, es ihm gleichzutun. Aber das würde nichts ändern, denn was kommerzielles Potenzial hat, wird irgendwann auch kommerziell ausgebeutet, und jetzt ist einfach der Jakobsweg dran. Jedes Jahr machen sich europaweit Hunderttausende von Sinn- und Glückssuchern auf den Weg nach Santiago, im Jahr 2010 wurden dort 270.000 Pilger registriert! Als solche werden ausschließlich Fuß- und Radpilger bezeichnet, auch Reiter zählen dazu. Diejenigen, die als Touristen kommen, das heißt per Auto, Bus, Bahn oder Flugzeug, und das sind viel mehr als 270.000, sind da nicht mit eingerechnet. Auch der Niedergang zu Guntzingers Zeit ist unter anderem auf die Verflachung und Kommerzialisierung der Tradition zurückzuführen. Auch dass er keine anderen Pilger erwähnt, ist für mich ein Hinweis darauf, dass er möglicherweise gar keine trifft. Denn das Jakobifest rückt näher, da müssten eigentlich viele Pilger unterwegs sein.

Wie auch immer, da es zudem in Strömen regnet, kostet es mich keine Überwindung, Cebreiro fluchtartig zu verlassen. Meine Mittagsrast mache ich im Vorraum der Kirche des nächsten Ortes, Hospital de Condesa. Auf dem Weg dorthin sehe ich eine Radpilgerin, die Cebreiro auf der falschen Straße den Berg hinunter verlässt. Regen, Nebel, Kälte und vielleicht auch die grässliche Beschallung haben sie offensichtlich verwirrt. Ich halte sie an und mache sie auf ihren Irrtum aufmerksam, der sie, bis sie es selber bemerkt hätte, viele Kilometer Umweg gekostet hätte. Die bezaubernde junge Frau bedankt sich überschwänglich, und ich schwebe noch eine ganze Weile ein schönes Stück über dem Erdboden.

Bei der Mittagsrast leisten mir zwei freundliche Hunde Gesellschaft. Sie rufen wehmütige Erinnerungen an meinen Hund Ajiz in mir wach.

**FONFRIA, 2 l oder 3 k leg**

Von Cebreiro kommt man bald nach Liñares und nach weiteren Weilern nach Fonfría.

Einer von uns zog um ein Nachtlager noch weiter nach Biduedo und As Pasantes, da in Fonfría kein Wein zu bekommen war, die Herberge stank und unsauber war und nur eine Tür, aber keine Fenster hatte, was hier in der Gegend aber nicht außergewöhnlich ist.

In der Nähe gab es von 1535 bis 1830 die Herberge Sancta Magdalena, wo die Pilger Licht, Salz, Wasser und ein Bett mit zwei Decken bekamen. Kranke hatten daneben noch Anspruch auf ein Ei, Brot und Speck.

Die Kirche von Biduedo, San Pedro, die zu den Johannitern gehörte, ist die kleinste am ganzen *Camino Francés*.

**TRIACASTELA, 1 leg**

Etliche schlechte Häuser.

Aus den „etlichen schlechten Häusern" bei Guntzinger (im 9. Jh. gab es aber dort sogar ein Kloster) wurde durch die neue Blüte des Jakobsweges wieder ein lebendiges Dorf. Ich komme der Bitte von Paulino nach und suche den Betreuer der hiesigen Herberge auf, um ihm schöne Grüße auszurichten. Offenbar war Paulino nicht nur bei Thomas in Manjarín länger zu Gast.

**MONTAN, 1 l oder 2 k leg**

**SARRIA, 2 leg**

Ein ziemlich großer Marktflecken, der Wein ist jedoch von geringer Qualität. Es ist ein Rosetto, der mich an den Schilcher erinnert. Man findet ihn auch in schlechten Häusern an der Straße. Doch es gibt gutes Brot, so gut, wie bis Portomarin nicht zu finden ist. Jeder *Pilgram* bezahlt 2 Quart für sein Brot, ich bekam fürs gleiche Geld dreimal so viel.

Nachdem das zentrale Pilgerbüro in Santiago festgelegt hat, dass nur jene offiziell als Pilger anerkannt werden und damit Anspruch auf das Dokument *Compostela* haben, die die letzten hundert Kilometer zu Fuß (bzw. mit Rad oder Pferd 200 km) zurückgelegt haben, explodiert die Zahl der Pilger ab Sarria förmlich. Denn es liegt 104 Kilometer von Santiago entfernt und ist mit dem Zug erreichbar. Geschäfte, die Wanderausrüstung verkaufen, machen einen Bombenumsatz, weil sich rätselhafterweise viele, meistens Spanier, erst hier mit der notwendigen Ausrüstung eindecken, also ohne jegliche Vorbereitung aufbrechen. Dies erklärt, warum der Absatz an Blasenpflastern in den Ortschaften nach Sarria Rekordhöhen erreicht …

**PORTOMARIN, 4 leg**

Beim Betreten des Ortes bekam ich rechter Hand an der Brücke bei einem Fischer etliche am Weg tauglich gebratene Fische und bei einem anderen gutes Weizenbrot. Damit soll man sich genügend eindecken, denn bis Melide ist es nur spärlich oder überhaupt nit zu bekommen.

Mein Prälat hat es anscheinend wirklich eilig. Wie ich es schon von ihm kenne, ist die Verpflegung wichtig (ist es ja wirklich!), nicht jedoch die beeindruckende festungsartige romanische Kirche San Juan des Johanniter-Ritterordens. Das alte Portomarìn versank 1962 in einem Stausee, die wichtigsten Bauten wurden jedoch Stein für Stein etwas höher wieder aufgebaut.

Die Begegnung mit zwei jungen Radpilgern aus Lateinamerika, Cristobal aus Peru und Armando aus Mexiko, weckt schöne Erinnerungen in mir – in Mexiko habe ich mehrere Jahre gelebt und in Peru habe ich sehr gute Freunde. Deren Adressen gebe ich gleich Cristobal, denn er plant, in seinem Heimatort in den Anden ein sanftes Tourismusprojekt aufzubauen, beruhend auf dem Wandertourismus. Er möchte das Netz der uralten Wege der *Arrieros* (Säumer) für Wanderer reaktivieren. Meine peruanischen Freunde arbeiten in diesem Bereich, sie können ihm sicher gute Tipps geben.

**HOSPITAL DE LA CRUZ, 2 leg**

Bis zur ersten Hälfte des 18. Jahrhunderts gab es hier ein Pilgerhospiz, es wurde wie fast immer von einem Kloster in der Nähe gegründet und betreut.

**LIGONDE, 1 leg**

Von hier geht es nach Santiago de Lestedo, wo wir Fleisch bekamen, das Brot aber nur sehr schwer und nach langem Bitten. Doch war es schwarz und kaum zu essen und so grob, wie ich es bisher in keinem Ort in Spanien gesehen habe.

Schon im 10. Jahrhundert wurde der winzige Ort zwei Klöstern übergeben. Ab dem 12. Jahrhundert gehörten er und seine Jakobskirche dem Santiago-Ritterorden. Die *Casa de Hospital* im Dorf erinnert an das Pilgerhospiz, das sich an dieser Stelle befand. Gekrönte Häupter waren hier schon zu Gast, unter anderen kehrten sowohl Karl V. (1520) als auch sein Nachfolger Philipp II. (1554) im Hospiz von Ligonde ein.

In der kleinen Jakobskirche von Lestedo wird gerade eine Taufe gefeiert – und die Sonne zeigt sich endlich wieder! Wenn das kein gutes Omen für den neuen Erdenbürger ist …

**PUENTE DE LA CAMPAÑA, 2 leg**

**MELIDE, 2 leg**

Auf Nachfrage bekamen wir hier auserwählt gutes Brot und guten Wein. Eine Weinschenkin gab einem von uns falsch heraus, **N** der es aber auf Grund von ähnlichen Erfahrungen gleich bemerkte und sie zwang, ihm richtig herauszugeben: *Gallega*. Melide wird auch *Villa rompide* genannt.

Hier mündet der *Camino Primitivo* in den *Camino Francés*, deshalb gab es im Mittelalter auch mehrere Hospize im Ort, heute nur mehr eines (ohne die privaten dazuzurechnen), das dafür aber mit 130 Schlafplätzen. Sie werden bei dem Massenansturm im Sommer sicher gebraucht, wenn es nicht wie im Hospiz *Sancti Spiritus* (1375 gegründet) zugehen soll, wo seinerzeit in zwölf Betten 24 Pilger schlafen mussten.

Ich war schon mehrmals im Ort und jedes Mal, fast ist es schon eine liebe Gewohnheit, kehre ich in der *Pulpería* Ezequiel ein, wo die galicische Spezialität, *Pulpo*, eine größere Abart des Tintenfisches, serviert wird, am besten à *la gallega* (mit Tomatensauce und viel Knoblauch).

**BOENTE, 1 leg**

**ARZUA, 1 l oder 2 k leg**

Beim heiligen Amt am Sonntag in der Kirche antwortete das ganze Volk dem Priester wie ein Ministrant. Solch ein Eifer ist über alle Maßen aufbauend. Ein guter Mann erbot sich, mich bis Santiago beritten zu machen, doch ich wollte durch Galicien nit anders als zu Fuß reisen.

Guntzinger „rauscht" wirklich durch! Der Jakobsweg ist hier gespickt mit kleinen Dörfern, einige davon mit bemerkenswerten Bauten oder einer interessanten Geschichte. Aber er verliert kein Wort darüber, obwohl er hier zu Fuß unterwegs und offensichtlich allein ist – jedenfalls spricht er von keinem Mitpilger. Ich vermute, das nahe Ziel erzeugt bei ihm eine Art Tunnelblick à la „mich interessiert nichts mehr, ich will nur mehr ankommen". Was ich nachvollziehen kann, er ist doch fast schon fünf Monate unterwegs. Von den letzten Orten vor Santiago – immerhin sind es doch noch 40 Kilometer bis dorthin – nennt er ganze zwei mit Namen, bei einem fügt er als Kommentar ein trockenes „ziemlich gute Nachtherberg" hinzu. Da war er vor der Einmündung in den *Camino Francés* viel gesprächiger. Und über Arzua, den letzten Ort von einiger Bedeutung vor Santiago, erfahren wir rein gar nichts, nur über die Sonntagsmesse lässt er sich aus, und dass er das Angebot zu reiten ablehnt. Auch Lavacolla, der Ort, wo sich im Mittelalter die Pilger einer gründlichen Reinigung unterziehen mussten, und der berühmte Monte del Gozo, von dem aus der Pilger zum ersten Mal die Türme seines ersehnten Ziels, der Kathedrale von Santiago, erblickte, bleiben unerwähnt. Entweder war der Prälat fix und fertig oder krank oder beides zusammen. Anders kann ich mir die rätselhaften Lücken nicht erklären. Ich für meinen Teil genieße auf dem Monte del Gozo die Mittagsjause in der Sonne, die endlich wieder etwas Durchhaltevermögen zeigt.

**FERREIROS, 1 leg**

**DOS CASAS, 2 leg**

Ziemlich gute Nachtherberge.

**SANTIAGO DE COMPOSTELA**

Die Entfernung von Valladolid in Summe 67 oder auch 71,5 Leguas, die Summe deutscher Meilen von Wiener Neustadt bis Genua, wenn man fünf welsche Meilen mit einer deutschen umrechnet, beträgt 113 deutsche plus eine welsche Meile.

Von Genua übers Meer nach Alicante: 180 deutsche Meilen. Der durch den Sturm erzwungene Umweg von mehr als 150 deutschen Meilen müsste in unserem Fall noch dazugerechnet werden.

Von Alicante nach Caravaca sind es 26, von Caravaca nach Madrid 57, von Madrid nach Valladolid 32 und von Valladolid nach Compostela 67 Leguas. Also in Summe vom Meereshafen Alicante bis Santiago, wenn man eine spanische mit einer deutschen Meile gleichsetzt, 182 deutsche Meilen. Die Summe aller Summen der Meilen des Weges von Wiener Neustadt in Österreich bis Santiago in Galicien beträgt also 475 deutsche Meilen.

Die vor vielen Jahren gelobte Wallfahrt zur Grabstätte des hl. Jakobus erreichte ich mit Gottes Hilfe ganz glücklich am Montag, dem 20. Juli. Am Samstag darauf, dem 25. Juli, wurde das Patrozinium gefeiert. Am Vorabend

*Die Heiliggeistkirche von Melide*

fand die in Hispanien übliche Ochsenjagd statt und bei beginnender Nacht ein ganz herrliches Feuerwerk. Am Nachmittag des Festtages wurde ein ansehnlicher Umzug von maskierten Herren und Dienern zu Pferd und in großer Anzahl abgehalten. Sie waren auf poetische Art als Berg- und Waldgötter gekleidet, ebenso als Himmelsregenten und Beherrscher des Firmaments wie Sonne, Mond, Merkur &c. Jupiter kam mit feurigem Donner daher, er repräsentierte geschickt den hl. Jakobus, den Donnersohn (Markus 3, *Boanerges*). Es war ein ganz gravitätischer Akt, der es verdiente, hochfürstliche Zuschauer als Besucher zu haben. Von den umliegenden Ortschaften kamen auch Gruppen von Schalmeispielern und Trommlern, die mit starkem Geschall über Plätze und Gassen zogen und auch in den Kirchen, insbesonders der dem Apostel geweihten, wunderbar aufspielten.
Compostela oder auch Santiago, mehr eine Priester- als eine Laienstadt, ist die Hauptstadt des Landes Galicien. Sie ist groß, ziemlich alt, vornehm und gar bevölkerungsreich, großteils aus älteren Gebäuden bestehend. Doch die

*Monte del Gozo: Erster Blick auf Santiago*

*Am Ziel: die Kathedrale von Santiago de Compostela*

erzbischöfliche Residenz ist ein herrlicher Palast, und auch das königliche Spital, das *Hostal de los Reyes Catolicos*, ist ein gewaltig ansehnliches Gebäude mit gar zierlichen Brunnen, aus denen gutes Wasser hervorsprudelt. Vor allen Dingen ist seine schöne, große Kapelle so ausgerichtet, dass aus allen Krankenzimmern und Betten, sowohl den oben als auch den unten befindlichen, alle dort Liegenden, so viele es auch sein mögen, zugleich die heilige Messe sehen und hören können.

Was meine Wenigkeit betrifft, so wurde mir durch den hochfürstlichen Erzbischof und seinen Generalvikar die erwünschte Gnade zuteil, im gesamten Erzbistum, also auch im Dom, anlässlich des Gedächtnistages des hochheiligen Apostels Jakobus, meines von Kindheit an innigst geliebten Patrons, die Messe zu halten. Erstens am Tag der Vigil (Anm.: Vortag), zweitens innerhalb der Oktav und dann noch am Tage der Oktav selbst. Zwar nicht draußen am Hochaltar (was nur den sechs mit Kardinalstitel und -hoheit versehenen Domherren zusteht), sondern in der Krypta, wo sein gänzlich

erhaltener würdigster Leichnam zwischen den Leibern der hll. Athanasius und Theodorus ruht, von den Spaniern Jünger des hl. Santiago genannt.
Dieses würdige St.-Jakobs-Gotteshaus ist die Hauptkirche des erzbischöflichen hohen Domstiftes in der Hauptstadt Compostela, in welcher das *Officium Canonicum*, nämlich alle priesterlichen Tagzeiten, mitsamt wenigstens einem Hochamt alle Tag gefeiert wird. Und das mit großer Ehrerbietung, Andacht und Eifer im Rahmen von außergewöhnlich schönen Zeremonien, bei denen nit minder gravitätisch und langsam zu Ehren Gottes gesungen wird. Wollte ich dies alles in all seiner Würde schriftlich festhalten, müsste ich mehrmals daran teilnehmen und eine eigene Abhandlung verfassen.
Etwas muss ich allerdings gleich hier niederschreiben: dass in selbiger Domkirche das Fest des heiligen Märtyrers Christophorus mit besonderer Feierlichkeit jedes Jahr am 27. Juli gefeiert wird. An diesem Tag wird der Arm des Heiligen aus der schönen, hohen und großen Reliquienkammer genommen und vom gesamten Klerus mit besonders andächtigem Gepränge und Gesang in einer Prozession durch die ganze Kirche zum Hochaltar getragen. Dann wird ein feierlichstes Hochamt gehalten und am Abend wird das Heiligtum nach der Vesper in gleichermaßen zierlicher Andacht wieder an seinen Platz gebracht. Während der Prozession – und so etwas habe ich noch nie gesehen – wird ein großes, schweres, eisernes Rauchfass mit Glut gefüllt. Es hängt an einem neuen, dicken Seil, das an der höchsten Kuppel angebracht ist und über ein starkes Drahtgeflecht oder eine Walze läuft. Vier Männer bringen nun das Weihrauchfass so in Schwung, dass es vom hohen Gewölbe des einen Seitenschiffes in einem Bogen ins Gewölbe des anderen Seitenschiffes fliegt, ohne irgendwo anzuschlagen. Es ist in Wahrheit so entsetzlich anzusehen, dass einem gleichsam das Gesicht vergeht. Solches geschieht jedes Mal, wenn ein ansehnliches Heiligtum aus der Reliquienkammer geholt wird. Und von solchen vortrefflichen Reliquien gibt es eine Menge, zum Beispiel ein großes Stück vom Heiligen Kreuz Christi, ein Dorn aus seiner Krone, viele Stücke von der Kleidung Unserer Lieben Frau, das Haupt und anderes des hl. Jakobus, auch dem, der der Jüngere oder Alphaeus genannt wird, wie auch vom heiligen Apostel Matthias, vom hl. Torquatus Episc., von einem Jünger Jakobi ein großes Bein, aus der Gesellschaft der hl. Ursula sechs Häupter, ein halber Arm der hl. Margarethe, der Leib der hl. Susanne und Teile von unzählbar vielen anderen wie des hl. Clemens, des hl. Sylvester, anderen Aposteln, Bischöfen, Märtyrern, Beichtigern (Anm.: Beichtvätern) und Jungfrauen.

Die mehrmals erwähnte Jakobskathedrale kann ich in der Kürze nit würdig beschreiben. Sie wurde aus Quaderstücken errichtet, die sowohl in ihrer Größe als auch in ihrer Proportion mit dem Stephansdom in Wien zu vergleichen sind. Nur dass sich hier in der Mitte die schon erwähnte hohe und weite Kuppel erhebt, unterhalb der, ein wenig zurückgesetzt, sich der Chor befindet, in dem sich die Priesterschaft aufhält. Auch die Orgel und andere Musik finden wir im Chor. Er verdeckt ein wenig den Blick auf die gesamte Länge und Breite der Kathedrale. Und ähnlich wie in der Dominikanerkirche in Wien verlaufen in der Höhe schöne Gänge rundherum.

Hinter dem Chor in der Höhe wird ein andächtiges Kruzifix gezeigt, wo eine Figur mit Armen und Beinen wunderliche Gebärden vollführt, die an einen Dankenden erinnern. Von ihr wird erzählt, dass vor Jahren eine Gott gelobte Jungfrau einen Priester verführen wollte. Doch als sie gerade zu Werke gingen, brachen aus ihr mit einem Seufzer folgende Worte hervor „So werde ich diese Nacht meinem Herrn und Bräutigam Hörner aufsetzen." Daraufhin ging der Priester in sich, besann sich eines Besseren und antwortete: „Ach nein, wahrlich, dabei möchte ich dir nit helfen." Er machte sich von ihr los, ging zur Kirche und kniete vor besagtem Kruzifix nieder. Da sah er den Gekreuzigten mit einem holdseligen Ausdruck, als wolle er vom Kreuz steigen, zu ihm kommen und ihn, Arme und Beine entgegenstreckend, dankbar umarmen.

Die Pilger verrichten sowohl oberhalb in den erwähnten Gängen und Türmen dieses hochlöblichen heiligen Gotteshauses als auch unterhalb in den Kapellen und im Kreuzgang ihre gewöhnlicherweise andächtigen Besuche. Vor allem die Statue des hl. Jakobus oberhalb des Hochaltars, zu der eine Stiege hinauf und eine andere von ihr hinunterführt, hat viele Besucher. Dicht gedrängt kommen die Pilger, um das Bild ihres großen Patrons inbrünstig zu verehren, zu umarmen und zu küssen, und steigen dann wieder hinunter. Danach berühren sie den Sockel oder die Spitze einer Marmorsäule mit ihrer Hand, auch das Kreuz, welches der Heilige bei seinen Predigten mit sich trug und die Glocke, die im selben Augenblick von selbst zu läuten begann, als ein junger Pilger in Santo Domingo de la Calzada unschuldig gehängt wurde. Die Geschichte von jenem Jüngling werde ich später erzählen, wenn ich auf meiner Rückreise durch die Stadt Santo Domingo komme.

Auch außerhalb von Santiago gibt es manch heilige Orte, die mit beflissenem Eifer verehrt werden, so etwa in Padrón das Schiff, in welchem sein zu Jerusalem enthaupteter Leib übers Meer kam und das auf wunderbare Weise hier landete. Wie auch die Stelle und der Ort, von dem der Name Compo-

stela, also *Campus stellae*, Sternenfeld, herrührt, weil alldaselbst ihn ein ungewöhnlicher Stern offenbarte.
Zum Patroziniumsfest wird ein dreitägiger Markt abgehalten, also am 25., 26. und 27. Juli. Am letzten Tag auch ein Pferde- und Viehmarkt außerhalb der Stadt. Am Markt gab es schönes und gutes Brot, und das Fleisch war, im Gegensatz zu anderen Orten in Spanien, nit zu teuer. Der Wein aus der Gegend ist zwar nit gar köstlich, doch gibt es sehr guten aus anderen Regionen im Überfluss. Ihre Hochwürden Herr Domdechant wie auch der Jesuitenpater Guilielmus Salingerius, ein *Exulant* aus Irland, damals der Regens des *Collegium Hibernicus* in Santiago, ein vortrefflicher Mann, *regalierten* (Anm.: verwöhnten) mich auf Grund meiner aus Madrid mitgebrachten Empfehlungsschreiben über all mein Verdienen. Desgleichen die edle Frau Dominga Sanchez. Der *wohlgedachte* Pater Guilielmus war bei den jüngsten Verfolgungen durch die Engländer trotz schwerer Krankheit gezwungen worden, Ort und Land unverzüglich zu verlassen. So musste dieser wahrhaft apostolische Mann, obwohl alt und ans Bett gebunden, sich über ferne Straßen in die weit entlegene Fremde fahren lassen, nur weil er Katholik und Jesuit war. Von solchen redlichen Exil-Iren, sowohl geistlichen als auch weltlichen, war Galicien damals voll. Welch ein ansehnliches Volk, von geradem, schönem und großem Wuchs und sowohl innen als auch außen von vortrefflicher Qualität. Ich enthalte mich nit, zu Ehren dieser ruhmwürdigen Nation etwas im *Compendium* (Anm.: Anhang) beizubringen. Als ich im Kolleg der Iren in Compostela mit den schon erwähnten Empfehlungsschreiben aus Madrid vorsprach, wurde in der Hauskapelle gerade ein Trauergottesdienst für den alldaselbst hospitierenden, ebenfalls irischen Bischof gehalten. Dessen Herr Vater, von edlem Stamm und ein hoher Beamter des Landes, war wegen seines katholischen Glaubens zu einer langen Gefängnisstrafe verurteilt worden. Als er einmal bei einem Besuch seiner Frau die Erfüllung der ehelichen Pflicht von ihr verlangte, versuchte sie ihm dies mit dem Hinweis auf seinen gegenwärtigen elenden Status eines Gefangenen auszureden. Worauf er, um sie zur Einwilligung zu überreden, antwortete: „Sie solle sich solcher Pflicht nit verweigern, denn er würde von Gott mit einem Sohn getröstet werden, der sich als Bischof eines Tages um die Einheit des wahren Glaubens sehr verdient machen und deshalb auch viel leiden würde." So zeugten sie also einen Sohn, an welchem Gott nit nur den väterlichen Trost erfüllte, sondern diesen auch mit mehr als natürlichen Gaben ausstattete, sodass er im Monat Mai des Jahres 1654 in Santiago im Stand eines heiligen Mannes das

Zeitliche segnete. Sein gesamter wunderbarlicher Lebenslauf ist übrigens eines namhaften Schriftstellers wert.
Für die noch verbleibende Zeit meines Aufenthaltes, nach vollbrachter Wallfahrt, nahm ich mir eine mittelgroße Reise an die äußersten Grenzen Hispaniens und zugleich Europas, nach Finisterrae, vor.

Die Ankunft nach einer Reise von 142 (!) Tagen kommentiert Guntzinger eigentlich sehr knapp. Emotionen zeigt er nicht. Ich frage mich, was für ein Mann er war – ein treuer und gläubiger Diener seiner Kirche auf jeden Fall. Die ausführlichen Schilderungen der kirchlichen Rituale, vor allem aber der Reliquien, nicht nur in Santiago, aber besonders dort, belegen dies. Aber was für ein Mensch verbirgt sich hinter der Funktion? In mir entsteht ein Bild eines trockenen, pflichtbewussten, eher humorlosen Menschen, der zwar für guten Wein einiges übrig hat (das nehme ich ihm wirklich nicht übel!), aber weniger für Menschen. Fast nie erwähnt er Begegnungen, von denen er doch mit Sicherheit viele gehabt hat. In Santiago hat er es jedenfalls länger ausgehalten als ich. Wenn man seinen Abstecher nach Finisterrae und nach La Barca mitzählt, waren es zwei Wochen. Ich habe Santiago, als ich als Pilger dort war, schon am dritten Tag verlassen, weil ich spürte, dass der Pilger in mir langsam verschwand und dem Touristen Platz machte.

Ansonsten sind mir zu seinen Schilderungen der Zeremonien in Santiago und der Jakobslegende zwei Dinge aufgefallen, von denen mich eines besonders freut! Denn so wie es ihm anscheinend Genugtuung verschafft, Zeiller zu korrigieren, freut es mich, einen so bibelfesten Prälaten zu korrigieren. Einer der beiden Jünger, die mit Jakobus in der Krypta begraben sind, heißt Anastasius und nicht Athanasius. Weiters überlegte ich, was der Grund dafür sein könnte, das Fest des zweiten großen Wegheiligen der Christenheit, Christophorus, am 27. und nicht, wie es eigentlich richtig wäre, am 24. Juli zu feiern. Eine der Wichtigkeit des Jakobifestes (für die Spanier) entsprechende Antwort könnte sein, dass ihnen die Vigil ihres Patrons einfach wichtiger ist als das Fest des Christophorus, und dieser deshalb weichen muss.

**PONTE MACEIRA, 3 k leg**
liegt an einem Fluss, bis hierher ein ziemlich guter Weg.

Die Brücke über den Fluss Tambre ist sehr lang, uralt, mit kompletter und sehr gut erhaltener Pflasterung, nur für Nicht-Motorisierte erlaubt – und einfach wunderschön. Genau hier sehe ich die erste – sie soll bis Finisterrae auch die einzige bleiben – Pilgerin.

**CUEVAS, 1 k leg**

auch Covas genannt, ist ein Wallfahrtsort zu Nuestra Señora del buen successo ✷, Unsere Liebe Frau des guten Fortgangs. Hier gibt es eine Weinschenke, ohne Fenster und so niedrig, dass man das Feuer zum Kochen nur draußen machen kann.

Trotz langen Suchens, sowohl auf einer sehr genauen Straßenkarte als auch in der ungefähren Gegend, habe ich diesen Ort nicht gefunden. Was aber auch kein Wunder ist, denn dieser westlichste Teil von Galicien ist, weil nicht mehr gebirgig, übersät mit Tausenden von winzigen kleinen Flecken wie ein Stallfenster mit Fliegenschiss oder Pippi Langstrumpfs Gesicht mit Sommersprossen. Was die bei Guntzinger „schlechten Dörfer" betrifft, genügt es zu wissen, dass Galicien ohne den Jakobswegboom heute noch das Armenhaus Spaniens wäre und abseits der Pilgerströme immer noch ist. Diese „Weinschenke ohne Fenster" würde mich noch heute kaum überraschen, wenn ich mir den Zustand einiger Bauernhäuser im hintersten Winkel von Galicien vor Augen halte – und das im 21. Jahrhundert. Wir müssten also den Zustand von heute um 350 Jahre zurückdrehen, um eine Vorstellung davon zu haben, was Guntzinger gesehen und erlebt hat. Das muss ich ihm schon lassen: Um sich alleine, zu Fuß, bei großer körperlicher Erschöpfung, in einem Land, dessen Sprache man nicht versteht, auf den Weg zu machen, um zwei Marienorte zu besuchen, bedarf es schon großen Glaubens, Eifers, großer Neugier, Überzeugung und auch Willenskraft.

**PUENTE OLVEIROA, 3 leg**

Liegt auch an einem Flüsslein. Eine Meile weiter kommt man zu einem Brunnen, der wegen der heilenden Wirkung seines Wassers seit langer Zeit *Fuente Santo* genannt wird.

**CEA, 3 leg**

Wird auch *La Villa de Cese* genannt und liegt an einem Meeresarm. Am Ufer gegenüber liegt das Dorf Corcubión, wohin man auf einem steinigen Weg über einen groben Berg und dann steil bergab gelangt.

**FINISTERRAE, 2 k leg**

Der Deutsche nennt es *Finsterstern*, zwölf Meilen von Santiago, obwohl Zeiller 16 schreibt. Dieser Ort, ganz am *Oceano occidentali* gelegen, wird gemeinhin *Cabo* (Anm.: Kap) de finisterre genannt und hat, obwohl nit groß, einen Hafen. Aber ich vermute, dass große Schiffe hier nit ohne Not einlaufen. Am Ufer findet man oft Muscheln, die sich die Pilger an ihr Gewand zu heften pflegen. Vor den Häusern hängen überall an Stricken die im Meer gefangenen Fische zum Trocknen. Der Herr Pfarrer, *el Regido*r geheißen, bewirtete mich voll guten Willens mit kühlem Wein und anderem. Die vornehmste Kirche *Santa Maria in finibus terrae* macht den Ort wegen eines Bildnisses Unserer holdseligen Frau am Hochaltar bekannt, das Wunder bewirkt. ✷ Darüber hinaus befindet sich im linken Seitenaltar ein überaus anmutiges Kruzifix, das mit drei unterschiedlichen Vorhängen verdeckt ist. Während der Messe werden sie zum Sanktus mit Schnüren auf die Seite gezogen, damit die Gläubigen ihre Andacht vor ihm verrichten können. Einige behaupten, dass an ihm sowohl die Nägel als auch die Haare wachsen. Sei es wie es wolle, der sterbende Heiland ist wohl trefflich gestaltet, Haar und Bart sind kastanienbraun, mit den sich schließenden Augen in einem erbleichenden Antlitz. Der Mund ist etwas geöffnet, die Zunge korallenfarben, die Zähne weiß leuchtend. Alles inniglich herzrührend anzusehen. Nach der Messe wurde es von den Andächtigen noch einmal betrachtet, dann wurden Altar und Kapelle wieder verschlossen.

Ein eher kleiner Teil der Jakobspilger geht noch die drei Tage bis Finisterrae, um dort ein Ritual zu vollziehen, das im Mittelalter für den Pilger sogar verpflichtend war und seinen Ursprung eindeutig in vorchristlichen Reinigungsritualen hat. Dies ist ebenfalls ein Indiz dafür, dass die Pilgerreise ans „Ende der Welt" älter ist als der Jakobsweg: Die Sonne „stirbt" im Westen, dort endet die Welt. Der Pilger stirbt dort seinen symbolischen Tod und kehrt erneuert wieder heim. Als äußeres, sichtbares Zeichen für Tod und Erneuerung verbrennen die Pilger seit jeher auf den Klippen von Finisterrae ihr Pilgergewand, manche sogar ihre Schuhe. Denn nichts reinigt radikaler als das Feuer, was die Inquisition ja auch gewusst hat. Guntzinger schreibt nicht, ob er seine Kleider verbrannt hat (wahrscheinlich nicht) und ob ihm der Grund dieses Abstechers nach Finisterrae bewusst war. Für ihn ist offensichtlich das wundertätige Bildnis der Jungfrau Maria in der Kirche von Finisterrae der Grund für seine Wallfahrt dorthin. Auch die ausführliche Beschreibung des

*Finisterrae, das „Ende der Welt"*

Kruzifixes in der Kirche zeigt deutlich, worauf seine Wahrnehmung fokussiert ist. Aber indem er etwas tut, „weil es halt so Brauch ist", hält er eine aus meiner Sicht heidnische, aber wichtige und schöne Tradition lebendig, ohne dies zu beabsichtigen. Ich bin sicher, die Kirche (die Institution) hat das wundertätige Bildnis in Finisterrae „geschaffen", um dem heidnischen Brauch ein christliches Etikett umzuhängen, und muss ihn so nicht mit viel Aufwand bekämpfen. Es wäre nicht das erste Mal, denken wir doch an Weihnachten oder Ostern, die auf außerchristliche Traditionen zurückgehen.

## VIRGEN DE LA BARCA

Von hier ging es zu einem anderen, auch Unserer Lieben Frau geweihten Ort, La Barca, über rauschendes Wasser, an etlichen Dörfern vorbei. In diesen gab es zwar Wein, aber nichts zu essen, auch keine Liegestatt. Erst in Salgueiros, etwas abseits des Weges, gab es eine anständige Herberge. Früh am nächsten Morgen kamen wir auf sandigem Grund am Meer entlang zum Dorf Muxia und außerhalb desselben zur Kirche Nuestra Señora de la Barca, viereinhalb Leguas von Finisterrae entfernt. Hier dünkt es mich, dass fast alle Fischer

*Muxía: Wallfahrtskirche, im Hintergrund das Mahnmal*

Häuser haben und dass die guten Leute wie in Finisterrae das ganze Jahr über wenig ans Fleischessen denken. Außerhalb des Ortes liegt direkt am Meer ein hübsches Kirchlein. Am Altar steht ein Bild der Muttergottes mit dem Kind in den Armen, das vor Jahren unter einem breiten und etwas ausgehöhlten Stein am Ufer gefunden worden war. Und noch heute hilft es vielen Schiffern in der Region aus der Gefahr. Selbiger Stein soll eben *La Barca* (Anm.: das Boot) gewesen sein, auf der das Bild übers Meer kam. Seither liegt der Stein umgedreht an der gleichen Stelle, als hätte er dem Bild nach der Überfahrt als Dach und Schutz gegen die Meeresbrandung gedient, bis es schließlich gefunden und geborgen wurde. Manche können ihn nur mit dem Daumen oder einem anderen Finger bewegen, andere wiederum schaffen es nit mit noch so großer Gewalt. Dort zeigt man auch einen anderen flachen Stein, der das Segel war, sowie einen länglichen Stein, der der Mast gewesen sein soll. Obwohl dies nun keine religiösen Gegenstände sind, so sind sie doch ein augenscheinliches wahrhaftiges Wunderwerk Gottes an natürlichen Dingen, von dem mir schon ein Geistlicher in Compostela erzählt hatte, als ich es noch nit selbst sehen konnte. Aber bei Unserer Frau von La Barca

> konnte ich es mit eigenen Augen aus allernächster Nähe erfahren und sehen, und zwar folgendes: An vielen dicken und breiten Steinplatten am erwähnten Meeresufer befinden sich viele Tausende winziger Schnecken mit Gehäusen, kleiner als eine Ameise, etwa linsengroß. Sie haften nebeneinander auf dem Stein und bilden jeden Tag, indem sie unterschiedlichen leeren Raum zwischen sich lassen, immer eine andere Figur. Und meistens ist dies ein Kreuz, einfach oder doppelt, Petrus- oder Andreaskreuz, manchmal auch die Buchstaben IHS. Dazwischen liegen Steinscheiben in Größe und Form von Hostien, manchmal sogar von *Ciborien* (Anm.: Gefäße zur Aufbewahrung von Hostien), Kelchen und dergleichen mehr. O du Träger, sag ich, im Glauben so langsamer Ketzer, gehe hin zu diesen Schnecklein, *ad has cochleolas, o haereticè!* Und sieh, wie die kleinsten Kreaturen, ihrem großmächtigen Schöpfer angemessen, untereinander ein sittsames Getös und ein Kunstwerk vollbringen und so zeigen, dass alles, was Atem hat oder sich im Gewässer reget und beweget, Gott den Herrn preisen und nach Vermögen ehren soll: *Omnis spiritus, omnia quae moventur in aquis (Psal. 150 Dan.)*
> Ich musste aber an meine Heimreise denken und machte mich auf den Weg zurück nach Santiago. Durch schlechte Dörfer kam ich ins Dorf Raiñas *(3 leg),* dann wieder ins schon genannte Cuevas und schließlich war ich wieder in Santiago.

Guntzinger verwechselt die Steine. Der flache Stein ist das umgedrehte Boot, und der Stein, der durch seine Krümmung eine niedere Höhle bildet, ist das Segel. Wer übrigens neunmal unter dem Segel durchkriecht, soll dadurch von allen Kreuz- und Rückenschmerzen befreit werden. Ich hab's nicht probiert, denn vom neunmaligen Kriechen durch die sehr niedrige Höhle hätte ich wohl erst Kreuzschmerzen bekommen. Obwohl der Marienfeiertag schon vor einigen Tagen war, wird hier noch gefeiert. Das heißt Prozession mit Gesang, immer wieder untermalt mit Böllerkrachen.

Unweit der Wallfahrtskirche erhebt sich auf einem Hügel ein hoher, turmartiger Stein, ein breiter Riss durchläuft ihn von oben nach unten. Er soll an die furchtbare Erdölkatastrophe erinnern, die durch die Havarie des Öltankers „Prestige" verursacht wurde und die für Jahre einen großen Teil der Atlantikküste Galiciens für den überlebenswichtigen Fischfang unbrauchbar gemacht hat. Der Riss symbolisiert die tiefe Wunde, die diese Katastrophe Galicien geschlagen hat.

# VERZEICHNIS DER RÜCKREISE VON SANKT JAKOB

## Verzaichnuß der Zuruckrauß von S. Jacob, durch S. Salvator, S. Toribio, S. Domingo.

DEn 4. Auguſti namb ich von S. Iacob meinen Abſchied ſambt zween anderen Teutſchen Pilgramen / vorhabens die herauß Raiß / gegen S. Salvator anzuſtellen/ auß anlaitt Spaniſchen Sprichworts.

*El que va à ſant Iago, y deja ſant Salvador,*
*Toma el criado, y deja el Sennor.*

# ERSTER ABSCHNITT: SPANIEN

Am 4. August nahm ich Abschied von Santiago. Ich war in Begleitung zweier deutscher Pilger, die vorhatten, die Rückreise über San Salvador anzutreten, ganz im Sinne des spanischen Sprichwortes: „Wer nach Santiago geht und den Erlöser auslässt, geht zum Knecht und nicht zum Herrn."

### SIGUEIRO, 2 leg

Zum ersten Mal überhaupt erwähnt Guntzinger andere Pilger! Wir erfahren weder ihren Namen, noch woher sie kommen (außer dass sie aus Deutschland kommen), noch erwähnt er sie jemals wieder. Jetzt aber wissen wir wenigstens, dass es auch andere Pilger gab. Wieder drängt sich die Frage auf, was für ein Mensch er wohl war, dass er nach einer fünfmonatigen Pilgerreise, die teilweise mit großen Strapazen verbunden war, alleine, in der Fremde, keine Freude zeigt, als er Pilger trifft, die zudem seine Sprache sprechen, vielleicht sogar Landsleute sind. (Er verwendet ja in seinem Bericht öfter „deutsch" als Überbegriff auch für „österreichisch".) Sie hatten sicher ebenfalls schon einiges erlebt und zu erzählen. Kein Austausch, keine gegenseitigen Empfehlungen und Tipps, *nada*! Ich nehme schon an, dass so etwas stattgefunden hat, es war aber nicht wichtig genug, um darüber zu schreiben. Für mich rätselhaft. Denn bei anderen Themen – Stichwort Religion, Reliquien – geht er bis ins kleinste Detail. Vielleicht muss ich mich damit abfinden, dass er seine Prioritäten einfach anders setzte als ich – ganz anders!

### POLO, 2 leg

Dort bekamen wir Brot, Wein und frische Eier. In Galicien gibt es nichts Wohlfeileres als Hühner und Eier.

### HOSPITAL DE BRUMA, 2 leg

Die Routenwahl der seit Santiago drei Pilger ist höchst interessant. Bis Betanzos sind sie auf dem *Camino Inglés*, dem „Englischen Weg", unterwegs, der vom Hafen La Coruña nach Santiago führt. Von Betanzos weiter gehen sie dann fast 50 bis 60 Kilometer nach Osten, bis sie in Vilalba auf den *Camino del Norte* stoßen, der sie an die Küste und weiter nach Osten bringt. Obwohl es diese Route mit Sicherheit schon zu ihrer Zeit gab, wählen sie den doch beträchtlichen Umweg über Betanzos – für mich zunächst ein Rätsel. Dessen Lösung finde ich auf der Strecke zwischen Betanzos und Vilalba: Sie wählten die damalige Hauptverbindung von Oviedo nach Santiago, den *Camino Real*, der, obwohl länger, als sicherer und vermutlich leichter zu finden galt. Diese Pilgerroute ist heute vollkommen von der Landkarte verschwunden.

In der Herberge von Hospital de Bruma geht es im Vergleich zu den Herbergen auf dem *Camino Francés* ruhig zu. Der freundliche und von seinem Ehrenamt begeisterte Herbergsvater und seine Frau haben jede Menge Zeit für ein nettes Gespräch – und ich auch.

**SANTA CRISTINA DE MONTOUTO, 1 k leg**

Gute Leut und gutes Bett, in dem wohl auszurasten war, was selten ist.

**BETANZOS, 2 leg**

Ein kleines Städtlein, wo man sich mit gutem Brot für den Weg wohl versehen kann. Der Wein war etwas gering und Fleisch gar schwer zu bekommen, dafür aber Sardinen, kleine, doch gute Meeresfische und auch frische Feigen, teils ganz grün, teils bläulich und anderes gutes Obst.

Der frühere Reichtum der im Mittelalter bedeutenden Handels- und Hafenstadt – heute ist der Hafen versandet – zeigt sich an den Häusern am ehemaligen Kai, vor allem aber an den drei schönen gotischen Kirchen (alle 14./15. Jh.), von denen eine dem Pilgerpatron geweiht ist. Heute ist Betanzos eine kleine, entzückende Stadt, in der ich eigentlich viel länger bleiben möchte.

**SAN LORENZO DE IRIXOA, 2 leg**

Sie nennen's auch Bruxo. Ab hier trafen wir alle halben Meilen auf Häuser, wo wir uns nach dem Weg erkundigen konnten. Denn auf der Straße waren nit immer Leute unterwegs, sodass man manchmal, wenn man falsch ging, mühsam wieder zurück musste. Einmal sind wir dann auch nach rechts auf einen weitschichtigen Irrweg geraten.

Der Umweg der drei Pilger, verursacht durch falsches Abbiegen, lässt mich schmunzelnd an die Jakobspilger des 21. Jahrhunderts denken, die erwarten, dass sich jede Wegmarkierung in Sichtweite der vorhergehenden befindet (auf dem *Camino Francés* ist das tatsächlich beinahe der Fall), und sich beschweren, wenn dem nicht so ist und sie jemanden fragen oder gar ein Stück zurückgehen müssen.

**VILALBA, 5 leg**
Da gab es wieder gutes Brot und Wein.

**SANTA MARIA DE ABADIN, 3 leg**

**MONDOÑEDO, 2 leg**
Eine kleine, an einem Hang gelegene, doch feine Stadt, mit eigenem Bischof und vielen Domherren, doch keinem eigenen Kloster, Mönchen oder anderen Geistlichen. Aber mit einer guten Apotheke und einem damals exzellentem Medicus, dessen treffliche Mittel meine viel ruinierte Leibesdisposition innerhalb von acht Tagen glücklich wiederherstellten. Zu Mariä Himmelfahrt spielte man schöne Komödien, es gab eine Ochsenjagd, an zwei Abenden je ein Feuerwerk und ein Rundrennen. Nach dem Siegerpreis des ersten, eines bunten Umhanges, sprang der siegreiche Reiter sogleich vom Pferd, um in der Domkirche sein Dankgebet zu verrichten. Am 18. August reiste ich ab.

Meine Vermutung wird hiermit bestätigt, Guntzingers „Leibesdisposition" war „viel ruiniert". Erstaunlich, dass er, auch was seinen Gesundheitszustand betrifft, so extrem zurückhaltend ist. Mehr als diese vier Worte sind ihm nicht zu entlocken. Wenn seine Wiederherstellung acht Tage dauerte, muss es ihm wirklich schlecht gegangen sein. Er kurierte sich wohl vor Ort aus. Erstens schließe ich das aus dem Datum seiner Weiterreise, zweitens schreibt er in der Folge nicht mehr in der Wir-, sondern in der Ich-Form, was bedeutet, dass die zwei deutschen Pilger ohne ihn weitergezogen sind.

Für seine Genesung hat er sich einen wunderbaren Ort ausgesucht, denn Mondoñedo ist nach Betanzos schon die zweite Stadt (2500 Einwohner), in die ich mich verliebe. Wo soll das noch enden? Die Stadt ist seit 1112 Bischofssitz, mit dem Bau der Kathedrale *Basilica de la Asunción* wurde im 13. Jahrhundert begonnen. Teile von ihr sind romanisch, die Rosette über dem Portal gotisch, der Kreuzgang Renaissance und der Flügelaltar Barock. Der Platz vor der Kathedrale steigt wie ein Amphitheater leicht an und wird am oberen Rand von alten Patrizierhäusern begrenzt, zwischen denen gepflasterte, enge Gässchen nach oben führen. Es herrscht eine ruhige, friedliche

*Das Pilgertor in Betanzos*

*Die Kathedrale von Mondoñedo*

Atmosphäre, ich fühle mich sofort geborgen. In einigen dieser Häuser sind heute Cafés und Bars untergebracht, Tische und Stühle stehen im Freien, der Blick auf den Platz und die Kathedrale ist überwältigend. Am liebsten würde ich in jeder dieser so einladenden Bars einkehren, aber dafür müsste ich viel länger als geplant und zur Zeit auch möglich hierbleiben. Gut, beschlossen – ich komme wieder!

Der bekannte spanische Historiker Franzisco Mayán freut sich über meinen Besuch. Wir unterhalten uns über eine Stunde angeregt über die irisch-walisischen Mönche, die im 6. Jahrhundert ganz in der Nähe ein Kloster gegründet haben, das bis in die Hälfte des 9. Jahrhunderts nach irischem Vorbild von einem Altbischof geleitet wurde. San Martín de Mondoñedo blieb bis 1112 auch Bischofssitz, manche bezeichnen die Klosterkirche als älteste Kathedrale Spaniens. Zum Abschied schenkt mir Don Franzisco noch zwei seiner Publikationen, die ich dankbar und gerührt annehme. Die Stadt Mondoñedo, vor allem jedoch der Besuch bei Don Franzisco, gehören für

*Kloster San Martín de Mondoñedo*

mich zu den Sternstunden meiner Spurensuche. Bevor ich, von tiefer Zufriedenheit erfüllt, meine Reise fortsetze, lasse ich diesen unvergesslichen Tag noch bei einem Glas galicischen Weißweins im Café del Peregrino ausklingen ...

**VILANOVA LORENZA, 1 leg**

Da gibt es ein reiches Benediktinerkloster. Von hier führt der Pilgerweg normalerweise über Nuestra Señora del Puente (2 Leguas), da der Weg besser ist. Man muss sich aber rechtzeitig rechts halten, was ich nit wusste und deshalb nach San Miguel (2 Leguas) und wenig später nach Santiago de Renante kam.

Das Benediktinerkloster San Salvador, gegründet 969, hatte beinahe 900 Jahre bestanden, als es seit 1835 im Zuge der massiven Enteignung von Kirchengütern aufgelassen werden musste. Im 20. Jahrhundert wurde es dann wieder einige Zeit als Kloster und Seminar geführt, bis es 1960 nach Mondoñedo ver-

*Ribadeo, Brücke über den Rio Eo*

legt wurde. Seine prächtige Barockfassade ist absolut sehenswert. Der alleinstehende Turm *Torre da frades* ganz in der Nähe war ursprünglich die Klosterküche. Aus sicher berechtigter Angst vor Brandgefahr, schließlich wurde am offenen Feuer gekocht, griff man in manchen Klöstern zu dieser Vorsichtsmaßnahme. Erst später wurde der Turm zum Taubenturm, den wir heute sehen, umfunktioniert.

Der Umweg, den Guntzinger hier macht, ist beträchtlich, denn der *Camino del Norte* führt von Vilanova über hügeliges Land direkt nach Ribadeo. Aber er jammert oder schimpft nicht, wie eigentlich nie.

**RIBADEO, 2 leg**

Im dortigen Frauenkloster hielt ich eine Messe und bekam dafür gute Biskotten und anderes für meine Gesundheit Zuträgliche. Von hier fährt man über einen Meeresarm nach Figueras und kommt an Serantes vorbei nach Porcia.

*Porcia, Getreidespeicher*

Die Hafenstadt ist der letzte Ort in Galicien, jenseits des Mündungsarms des *Rio* Eo beginnt Asturien. Heute überspannt ihn die Brücke *Puente de los Santos* (1,3 km lang). Die Nonnen, die den Prälaten für die gelesene Messe mit gesunder Nahrung entlohnten, waren Klarissinnen, deren Kloster im 11. Jahrhundert gegründet worden war. Ein zweites Kloster, das der Franziskaner (gegründet im 13. Jh.), existiert heute nicht mehr. Der Kreuzgang ist verschwunden, aus der Klosterkirche wurde die heutige Pfarrkirche Santa Maria del Campo, deren Taufbecken durch zwei riesige Jakobsmuscheln gebildet wird.

**PORCIA, 2 k leg**

Obwohl nahe gelegen, reisen viele von hier nit nach Oviedo, sondern bleiben der besseren Verpflegung halber am Meer.

**NAVIA, 3 k leg**

Ehe man hinkommt, gibt es abermals eine Überfuhr.

Wir ersparen uns die „Überfuhr" über den Fluss Navia, der hier ins Meer mündet. Der Fluss wird, wie in Ribadeo, heute von einer Brücke überspannt. Die Patronin der kleinen, lebendigen Fischerstadt ist wieder eine *Virgen de la Barca*, der wir also schon zum zweiten Mal begegnen. Die Legende, wie sie zur Patronin wurde, erinnert mich an Guntzingers Abenteuer im Mittelmeer: Fischer, die vom Unwetter auf hoher See überrascht worden waren, riefen in ihrer Todesangst die Jungfrau Maria um Hilfe an, worauf sich der Sturm sofort legte. Am Hohen Frauentag wird sie in einer feierlichen Prozession, von festlich geschmückten Booten begleitet, durch den Mündungsarm hinaus aufs offene Meer gebracht. Nachdem das Fest des zweiten Patrons der Stadt, des hl. Rochus, hier am 16. August begangen wird (schlaue Lösung!), ergibt das in Summe – der 17. wird auch noch angehängt – ein Bombenfest. Guntzinger hat es ganz knapp verpasst, es hätte ihm sicher gefallen.

Vor ihm übernachtete ein anderer, berühmter Kirchenmann in Navia auf seiner Rückreise von Santiago – es war Franz von Assisi im Jahr 1214. Seine Herberge war das *Castillo de Anleo*, das man besichtigen kann.

### SANTIAGO DE VILLAPEDRE, 1 k leg

Die Stadt heißt auch *Villar*. Eine Viertelmeile danach führt der Weg bergab zu einem Brücklein und danach zu einem felsigen, steilen Berg und gleich zum nächsten, wobei beide keine halbe Meile voneinander entfernt liegen.

Der Ort Villapedre ist eines der vielen kleinen Dörfer an der *Costa Verde*, wo der einst wichtigste Wirtschaftszweig, die Fischerei, sich diesen Rang immer mehr mit dem Tourismus teilen muss. Die feinen Sandstrände in den Buchten zwischen den steilen Felsklippen sind so zahlreich, dass sich die verglichen mit den Menschenmassen am Mittelmeer spärlichen Badetouristen fast einsam vorkommen. Die reizvolle Landschaft im gebirgigen immergrünen Hinterland ist ein weiterer Pluspunkt der kantabrischen Küste.

### OTUR, 1 leg

Ein zweigeteilter Ort, wo ich im oberen Teil in einem hoch gebauten Haus eine gute Unterkunft fand.

Otur teilt sich in zwei Pfarren: San Miguel und San Tiago. Letzterer ist eine der fünf (!) Schreibweisen für den spanischen Nationalheiligen: Santiago,

*Santa Maria de la Barca in Navia*

Tiago, Diego, Jaime und Jacobo, während wir uns mit einem schlichten Jakob begnügen müssen. Das „hoch gebaute" Haus, in dem Guntzinger übernachtete, war mit großer Wahrscheinlichkeit ein *Horreo*. Es ist der für Galicien und Asturien typische Getreidespeicher auf Säulen, wobei der asturische *Horreo* größer und aus Holz gebaut ist und sicher auch schon zu Guntzingers Zeit für Wohnzwecke genutzt wurde.

**LUARCA, 1 leg**

Ein tief gelegenes Städtel am Meer mit einem kleinen Hafen. Es gab viele Fische, aber auch guten Wein und Früchte zu kaufen.

Der Fischfang hat den Hauptort des Bezirks, die „weiße Stadt", geprägt und prägt ihn immer noch. In der Vergangenheit war es vor allem der Walfang, der seine Bewohner ernährte, zwei Fischerviertel, Pescadería und Cambaral, erinnern noch heute daran.

**SAN FELIZ, 2 k leg**

Die Leute sprechen es aus wie *Sanflis*. Nach der Überquerung eines Flusses kommen wir nach Brieves und Muñas, wo es wenig zu kaufen gibt.

Der Wegverlauf erscheint heute völlig widersinnig, da er wie eine Schaukel erst auf der rechten Talseite bergauf führt, dann bergab das Tal und den Fluss überquert, um am gegenüberliegenden Hang wieder in Richtung Muñas anzusteigen, während die moderne Straße entlang des Flusses angelegt ist. Deshalb liegt heute das zauberhafte Dorf San Feliz mit der ebenso zauberhaften Kapelle *Eremita* Santa Isabel am Ende einer Sackgasse.

**FERRARA, 1 leg**

Hier war ich Gast auf dem Edelsitz des vornehmen edlen Herrn Don Juan Alonso, der mich einlud, ein paar Tage zu bleiben. Hier beginnt eine harte, steile Strecke über die Berge. Etwas oberhalb der Häuser halte man sich rechts und danach links auf dem Hirtenweg hinein in den Wald. Nach etwa einer Meile bekamen wir in einem gar schlechten Häuslein Brot und Wein. Es ist aber gar ungewiss und man sollte sich nit gänzlich darauf verlassen.

Hier wird klar, was erst widersinnig erschien. Der Weiler liegt noch weiter von der heutigen Hauptstraße entfernt in einem kleinen Seitental und der nächste Ort, den Guntzinger erwähnt, Mallecina, liegt 15 Kilometer entfernt auf der anderen Seite der Bergkette, die auf über 900 Meter ansteigt. Kein wie immer gearteter Weg, geschweige eine Straße, führt von Ferrara dorthin!

In der einzigen Bar von Ferrara, *El Casón*, verweist mich die Besitzerin auf meine Frage nach einer historisch bewanderten oder interessierten Person an ihren Mann, einen pensionierten Lehrer.

Und Volltreffer! Guntzinger war auf dem *Camino Real* unterwegs, der natürlich über die Höhen verlief, weil dadurch das so enge und steile, und deshalb auch gefährliche Tal (Hochwasser, Felssturz ...) vermieden werden konnte. So haben es ja schon die Römer, begnadete Straßenbauer, gehalten. Ganz abgesehen davon, dass man früher technisch kaum in der Lage gewesen wäre, dort überhaupt eine Straße zu bauen. Wer heute mit dem Auto von Ferrara nach Mallecina fährt, hat etwa 60 Kilometer auf einer engen und kurvenreichen Straße vor sich! Laut Auskunft von Don Vicente war Guntzinger nicht der einzige Pilger, der diesen Weg nach Cornellana nahm, viele nutzten ihn als Verbindungsweg zwischen dem *Camino Primitivo* und dem

*Camino del Norte*. Ich darf mein Zelt im Garten aufschlagen und wandere am nächsten Morgen, diesmal im wahrsten Sinne des Wortes, auf den Spuren des Prälaten auf dem ziemlich zugewachsenen Weg hinauf, der seit langer Zeit nicht mehr benützt wird. Auf etwa 1000 Meter Seehöhe angekommen, kehre ich um, vom Weg ist nichts mehr zu sehen, er ist vollkommen von dornigem Gestrüpp überwuchert, das mir die Beine zerkratzt. Aber schön war's!

**MALLIZA, 2 l oder 3 k leg**

Hier fanden wir eine ziemlich gute Posada oder Nachtherberge mit diensteifrigen Leuten.

**CORNELLANA, 2 leg**

Hier überquerten wir einen Fluss. Am anderen Ufer drehte der Weg nach rechts, dann, immer ansteigend, in die Höhe und wir kamen, nit zum ersten Mal, kräftig ins Schwitzen.

Hier stößt Guntzinger auf den *Camino Primitivo*, mit Sicherheit ist er sich dessen aber nicht bewusst. Überhaupt erwähnt er im Verlauf seiner gesamten Reise keinen Pilgerweg. Entweder stammt der Begriff „Jakobsweg" erst aus unserer Zeit und es hat damals gar keine Rolle gespielt, auf welchem Weg man nach Santiago kam (tut es ja heute auch nicht), oder er verstand sich in erster Linie einfach als Reisender. Ich neige zu Zweiterem, denn er spricht von sich selbst auch nie als Pilger. Außerdem spricht gegen die erste Erklärung die Tatsache, dass man schon Ende des 15. Jahrhunderts von der „Oberen Jakobsstraße" sprach, die von Maria Einsiedeln nach Santiago führte. (Die „Niedere Straß" ging von Aachen über Paris nach Santiago.)

Das zu Beginn des 11. Jahrhunderts von einer Königstochter gestiftete Benediktinerkloster San Salvador spielte bis zu seiner Auflösung im Jahr 1835 eine zentrale Rolle für die Entwicklung der Region und für den Schutz und die Pflege der Pilger auf dem *Camino Primitivo*. Heute wird es wieder von Benediktinern geführt und Pilger finden dort freundliche Aufnahme.

**GRADO**

Gegen Grado hin, einem feinen Ort, wird der Weg allmählich besser.

*Das Benediktinerkloster von Cornellana*

Der Ort entstand am *Camino Primitivo* und entwickelte sich rasch zum bedeutenden regionalen Handelszentrum. Die wichtigen Mittwochs- und Sonntagsmärkte sowie die beiden großen *Ferias de la Flor* (Blumenmärkte) gehen auf jene Zeit zurück.

**PEÑAFLOR, 2 leg**

Don Diego de Marinnes, ein weiterer edler *Caballero*, erwies mir die allerbeste spanische Gastfreundschaft. Nit weit außerhalb, jenseits einer Brücke, steht ein feines Kirchlein, in welchem am Sonntag die ledigen Manns- und Weibsbilder, einen Kreis bildend und sich an den Händen haltend, eine ganze Weile schön sangen und sich im Kreis drehten. Auf dieser Straße bekamen wir in etlichen Orten Brot und Wein. Ein paar Meilen später kamen wir zur Kirche Sankt Bartholomäus, wo während der ganzen Nacht vor dem Festtag Schalmeienspieler und Sänger (wie in Hispanien überall gebräuchlich) ein lautes Geschall machten.

Die Brücke, von der Guntzinger spricht, wurde schon im 12. Jahrhundert errichtet, sie befindet sich an einem strategisch wichtigen Übergang über den Fluss Nalón. Zur Zeit des Unabhängigkeitskrieges zwischen Spanien und Frankreich zu Beginn des 19. Jahrhunderts war sie Schauplatz zahlreicher blutiger Auseinandersetzungen.

Der Rundtanz, den Guntzinger beschreibt, weist eindeutig aus den Einfluss der keltischen Kultur auch in Asturien hin, welches von den keltischstämmigen Regionen Europas als eine der acht keltischen „Nationen" gezählt wird. (Die anderen sieben sind Irland, Schottland, Isle of Man, Wales, Cornwall, die Bretagne und Galicien.) Diesen Rundtanz können wir heute bei allen *Festnoz* (Dorffest mit Musik und Tanz) in den Dörfern der Bretagne sehen, erlernen und auch mitmachen.

**OVIEDO, 3 leg**

Dies ist die Stadt von El Salvador, die Hauptstadt von Asturien. Von Santiago 46 oder 47 Leguas.
Die Domkirche hat einen unglaublichen Schatz von unzähligen allerseltensten Heiligtümern, die zum Großteil vom hl. Toribio aus Jerusalem gebracht worden sind. Der Platz in diesem Buch reicht nit aus, um alle in der ihnen zustehenden Würde zu beschreiben. Allen voran ein Kreuz aus reinem Gold, zwei mal drei Spannen messend, von Engeln gefertigt, das täglich zur Stunde der Vesper von jedermann mit allergrößter Reverenz angebetet wird. Es wird berichtet, dass eines Tages zwei als Pilger gekleidete Engel in die Kirche kamen und, nach ihrer Tätigkeit befragt, zur Antwort gaben, sie seien Goldschmiede. Daraufhin sperrte man sie mit dem Auftrag, ein Kreuz aus Gold und anderem Zubehör anzufertigen, in ein Gemach. Als man eine Weile später Nachschau hielt, ob sie wohl arbeiteten oder etwas benötigten, fand man weder Engel noch Menschen vor, dafür aber das Kreuz, das frei in der Luft hing. In Gedenken an dieses Wunder wird hier das Fest der Kreuzeserhöhung am 14. September in der allergrößten Feierlichkeit begangen (wie in Caravaca das Fest der Kreuzesfindung im Mai). Es ist zwei Spannen hoch.
Aus den Tausenden Reliquien, den alt- und neutestamentarischen Wunderdingen, nur diese: das Manna, der Stab des Moses, der Mantel des Elias &c, die Windeln von Christi Kindheit, ein Stück vom Heiligen Kreuz seines Leidens, ein Stück vom Leinen, in dem sein Leichnam eingewickelt war, ein Stück vom Schweißtuch, in dem sein Haupt eingewickelt war, bevor man ihn

*Die Kathedrale San Salvador in Oviedo*

ins Grab legte. Von den Reliquien der heiligen Propheten, Apostel, Märtyrer, Beichtiger und Jungfrauen sagt man hier: *Quorum numerum solus Deus novit.* („Nur Gott weiß ihre Zahl.") Meist liegen sie in Truhen aus unverderblichem Holz (welche die Aposteljünger gemacht haben) und sind in unterschiedliche Gefäße aus Gold, Silber und Elfenbein eingeschlagen und mit beigelegten Kärtchen mit Namen versehen.

Zur Zeit meines Aufenthalts Ende August herrschte große Dürre, weshalb die Geistlichkeit den schön geschmückten *Corpus* der hl. Eulalia aus der Schatzkammer holte, ihn mit andächtigem Gesang und Gepränge herumtrug und ihn am Hochaltar aufstellte, wo dann eine Messe gelesen wurde. Und bald darauf setzte ein ausgiebiger, fruchtbarer Regen ein. In dieser Stadt und Kirche des Heilands sorgte Gott wieder für meine völlige Gesundung und Herstellung meiner Kräfte. Am vierten Tag meines Aufenthalts reiste ich also nach San Toribio ab.

Die spätgotische Kathedrale San Salvador (15./16. Jh.) der asturischen Hauptstadt – seit dem 8. Jahrhundert! – und ihre *Camara Sacra* („Heilige Kammer“) mit ihren unzähligen Reliquienschätzen bewog schon seit dem Mittelalter viele Pilger, von León aus den Umweg über Oviedo auf sich zu nehmen, um dann auf dem *Camino Primitivo* weiter Richtung Santiago zu ziehen. So hieß es damals: *Quien va a Santiago y no va a El Salvador, visita al vasallo y no al Señor.* („Wer nach Santiago geht, aber nicht zum Erlöser, El Salvador, geht zum Diener und nicht zum Herrn.“) Heute ist die Verbindung von León nach Oviedo über den Pajares-Pass wieder als Jakobsweg ausgeschildert und nicht wenige folgen diesem Leitspruch und führen so eine jahrhundertealte Tradition fort. Am meisten berührt mich aber in Oviedo der Besuch der etwas außerhalb liegenden präromanischen Bauten (9. Jh.) San Miguel de Lillo und Santa Maria del Naranco aus der Zeit des asturischen Königs Ramiro I. Santa Maria war sein Sommerpalast (mit Kapelle), San Miguel, etwa 100 Meter entfernt, die dazugehörende Kirche. Ein Muss!

### SAN OLAYA, 0,5 leg

Der nach der hl. Eulalia benannte Ort ist heute ein Vorort von Oviedo.

### POLA DE SIERO, 2,5 leg

Bei Regenwetter durchquert.

Wieder ein herzlicher Empfang in der Gemeindebibliothek! Eine Mitarbeiterin überhäuft mich mit Info-Material und ruft ihren Chef an, ob er mir nicht das gerade erschienene Buch über Pola schenken wolle. Er bemüht sich persönlich aus seinem Büro zu uns und ist ganz stolz, dass seine Stadt in meinem Buch vorkommen wird. Er weist mich auch auf die vielen Schätze der Präromanik in der unmittelbaren Umgebung von Pola hin (unter anderen San Salvador de Valdediós – eigentlich ein Pflichtabstecher!).

### VILLAVICIOSA, 3 leg

Durch mehrere Dörfer nach Villaviciosa. In den vornehmsten Orten in ganz Spanien bekommt man ein lieblich riechendes süßes Getränk, das Aloxa genannt wird und in der Farbe dem Weißbier gleicht. Es wird mit zarten Holunderblüten getrunken.

In der Hauptstadt des *Sidra* (Apfelmost) verließ ein 17-jähriger Habsburger, der spätere Karl V., im September 1517 sein Schiff, um sein neues Königreich Spanien in Besitz zu nehmen. Das Schiff war an der Spitze einer ganzen Flotte aus Flandern gekommen und infolge eines Navigationsfehlers (war der *Sidra* schuld?) nicht im vorgesehenen Hafen Santander (Hauptstadt von Kantabrien) gelandet, sondern einen tiefen Flussarm stromaufwärts gefahren und hatte schließlich in Villaviciosa Anker geworfen. Der junge Habsburger betrat hier zum ersten Mal spanischen Boden und man sagt, der erste Kontakt mit seinen Untertanen habe ihn nicht besonders erfreut.

**COLUNGA, 2 l leg**

**CARAVIA/PRAU, 1 leg**

Dort bekam ich keinen Wein, sondern nur Birnenmost, Sidra.

Der Ort ist heute unterteilt in Caravia alta, das Prau heißt, und Caravia baja. Dort treffe ich einen freundlichen alten Bauern, der vor seinem noch älteren prachtvollen *Horru* sitzt. *Horru* ist der asturische Name für die Getreidespeicher, die größer, aus Holz und eigentlich auch schöner als die galicischen *Horreos* sind. Er freut sich über meine Gesellschaft und plaudert eine ganze Weile mit mir über Gott und Welt – auf *Bable* (die alte asturische Sprache, lateinischen Ursprungs, dem Galicischen sehr ähnlich). Ich nicke hin und wieder bestätigend, verstehe aber nur jedes vierte Wort. Trotzdem verstehen wir uns gut. Zum Abschied beschenkt er mich reichlich mit Äpfeln aus seinem Garten – gelagert im *Horru*. Ich solle wieder einmal bei ihm vorbeischaun. Mach ich.

Auf der Fahrt über das Küstengebirge nach Arriondas öffnen sich mir wundervolle Ausblicke auf den Atlantik im Norden und die *Picos de Europa* im Süden, die „Spitzen Europas“, deren Gipfel über 2600 Meter erreichen, somit die höchsten Erhebungen der Sierra Cantabrica sind.

Vom kleinen Städtchen am Fuß des Gebirges ist es nicht mehr weit zur nächsten wichtigen Station auf Guntzingers Pilgerreise.

**ARRIONDAS, 2 leg**

Bis hierher ging es gleich nach Caravia über ein sehr hohes und grobes Gebirge. Aber ich reiste nit gleich nach Santo Toribio weiter, sondern zuerst zu Unserer Lieben Frau von Covadonga.

*La Virgen de Covadonga*

**NUESTRA SEÑORA DE COVADONGA, 2 l oder 3 k leg**

Eine heilige Kapelle, die wundersam in eine große, durch einen überhängenden Felsen gebildete Höhle gebaut worden war. Hier erschien die Jungfrau als *Columba in foraminibus Petrae, Cant. 2*, als Taube in der Felsenhöhle. Von Covadonga ✸ musste ich wieder zwei Stunden auf dem Bergweg zurückgehen und hatte dann durch mehrere wohl bestellte Orte einen ziemlich guten Weg durch viele Haselnussstauden, war mir aber nit sicher, ob es der richtige war.

Einer der heiligsten Orte Spaniens, die Wiege des christlichen Spaniens. Hier erlitten die bisher unbesiegten Araber im Jahr 722 die erste Niederlage, die *Reconquista* nahm hier ihren Anfang. Der Sieger war der westgotische Adelige Pelagius (spanisch Pelayo), seine überlebensgroße Statue beherrscht den großen Platz vor der Basilika von Covadonga.

Als ich in Covadonga ankomme, ist es schon dunkel, aber die Basilika ist geöffnet und ich komme gerade rechtzeitig zur Vesper der Nonnen. Der

*Weg über die Picos de Europa*

Chor des Bubeninternats singt wunderschön und ich erlebe in der fast menschenleeren riesigen Kirche einen berührenden, unvergesslichen Moment.

Später, auf der Suche nach einem Schlafplatz, kommen mir auf der Straße vier herrliche, freilaufende Pferde entgegen, ohne menschliche Begleitung. Nach einer Weile – ich habe meinen Schlafplatz gefunden – begegne ich ihnen erneut, sie sind mir nachgekommen. Vier so prächtige Pferde, die sich mir neugierig und scheu zugleich nähern, mich beschnuppern, und ich, vollkommen alleine, wie sie „freilaufend", und all das beschienen von der riesigen weißen Scheibe des Vollmondes – ein magischer Augenblick!

**PUERTAS, 3 l oder 4 k leg**

Obwohl man mir vorher versichert hatte, dass ich hier alles Nötige bekommen würde, hatte ich große Mühe, mir um Geld das liebe Brot und ein paar Eier zu erbetteln, und Wein gab es überhaupt keinen. Von hier führte ein gar enger Weg zwar nit sehr steil, aber mit dermaßen schroff über große Felsplatten ins tiefe Tal fallenden Hängen, dass weder mit Pferd noch mit Esel an ein Durchkommen zu denken war.

Dem Bericht Guntzingers entnehme ich, dass er hier zu Fuß unterwegs ist. Heute ist Puertas ein verlorenes winziges Dorf in den Hügeln. Früher führte hier aber der *Camino Real* durch, erst seit dem 20. Jahrhundert verläuft die Straße weiter unten entlang des Flusses in der Schlucht, die er sich gegraben hat.

**LAS ARENAS, 1 leg**

Es gibt zwei Dörfer dieses Namens, die fast eine welsche Meile auseinander liegen. In beiden war Brot hart zu bekommen, doch drei Weiber schenkten mir aus Mitleid ein paar Stücke. Wein war nit zu bekommen. Außerhalb des zweiten Dorfes (das vornehmere) führt eine steinerne Brücke über den Fluss. Danach kommt man zu etlichen Weggabelungen, wo man auf keinen Fall nach rechts gehen darf, sondern sich links den Berg hinauf halten soll. Solch ungewissen Antrittes halber ist es ratsam, sich vorher bei einem Einheimischen zu erkundigen. Und dann sollte man sich auch an den ausgetreteneren Steig halten. Er wird zwar immer wieder von kleinen Hirten- und Viehsteigen gekreuzt, aber auf dem Hauptweg sind doch hin und wieder Menschen, junge Pferde und Vieh unterwegs, bergauf, bergab, wie in den Alpen. Auch sah ich nur leicht beladene Lasttiere, denn mit schwerer Last ist der Weg unmöglich zu bewältigen. Schließlich kam ich auf eine breite, gepflasterte Bergstraße, der ich problemlos folgen konnte, die sich weit, auf über zwei Meilen, bis zum Gebirge erstreckte. In Serpentinen stieg sie an, es war der richtige Weg, aber da ich mich mit zu wenig Proviant eingedeckt hatte, ermattete ich beinahe bis zum Verschmachten. Zum Glück kam mir Hirtenvolk entgegen. Sie transportierten in kleinen und großen Kitz- oder Geißbälgen Milch. Von dieser gaben sie mir aus christlicher Nächstenliebe gern etwas ab und ich konnte mich zur Genüge laben.

In diesem Ort beginnt der uralte Weg über die Berge. Was zu Guntzingers Zeiten als Furcht einflößend und lebensgefährlich wahrgenommen wurde, gilt heute als naturnahe, attraktiv und erholsam. Las Arenas hat sich zum Zentrum des Wandertourismus in den *Picos de Europa* entwickelt und der steile, enge und gefährliche Weg Guntzingers ist zwar immer noch eng und steil, aber durchgehend asphaltiert und mit dem Auto problemlos zu befahren.

**SOTRES, 3 leg**

Aus der Ferne sah es sehr nett aus, obwohl dort außer gutem Wasser und einem guten Heulager – zwischen fremder Gesellschaft – nit viel zu bekommen war. Von da abwärts wurde der Weg dann unsäglich grob: linkerhand abermals ein raues Gebirge, grobe Schläge und Steinwände, auf ungefähr einer Meile ein rechter Mordweg. Links sah ich, dort, wo sich die Landschaft wieder etwas öffnet, auf einem höher gelegenen Felsen einen dicken Pfahl (Anm.: vermutlich zur Orientierung) und nach einer Weile, ebenfalls links, eine kleine Kapelle im Tal. Diesem deutlichen Zeichen folgend verließ ich den Weg, kehrte aber bald wieder nach rechts auf die eigentliche Straße nach Santo Toribio zurück. Ich begegnete Säumern, *Arrieros*, aus Kastilien, die in Tierhäuten guten Wein mitführten, von dem sie mir, zusammen mit einem großen Stück überaus herrlichen kastilischen Brotes, gerne reichlich abgaben. Geld wollten sie keines annehmen, sie täten es um Gottes Willen. Dazu gaben sie mir den Rat, mich an den mittleren Weg zu halten.

Ich bin auf Anhieb von dem Bergdorf (auf 1050 m) verzaubert! Es ist Spätherbst, ein wolkenlos tiefblauer Himmel wölbt sich über die Gipfel. Ich bin der einzige Besucher im fast menschenleeren Ort, der in der Hauptsaison sicher ein anderes Bild abgibt. Ein kleines Geschäft, wie man es in den ländlichen Regionen Spaniens heute Gott sei Dank immer noch antrifft, hat geöffnet. Man bekommt hier fast alles: Lebensmittel, Artikel des täglichen Bedarfs, Schuhe, Regenschirme, Werkzeug, Getränke, einen guten Kaffee und manchmal sogar eine warme Mahlzeit. Auf der Bank vor dem Geschäft sitze ich in der Sonne und genieße ein kühles Bier, da legt sich ein schöner, großer baskischer Hirtenhund zu meinen Füßen nieder. Die Wirtin erzählt mir, dass er ausgesetzt wurde, weil er mit nur einem Auge geboren wurde. Sie hat ihn aufgenommen und Ayán getauft. Sie weiß viel von der Geschichte des Dorfes zu erzählen. Ich erfahre, dass der Weg, den Guntzinger genommen hat, einer der Übergänge über das Kantabrische Gebirge war, die die Römer als Verbindung von der Küste nach León (Sitz der siebten römischen Legion) ausgebaut hatten. Teile der Pflasterung, die heute noch zu sehen sind, gehen auf diese Römerstraße zurück. Nur ungern nehme ich Abschied von Ayán und seiner freundlichen Herrin und mache mich zu Fuß auf den Weg zum Pass. Wenn ich wiederkomme, werde ich wie Guntzinger die gesamte Strecke zu Fuß von Las Arenas nach Potes gehen.

**PEMBES, 2 leg**

Hier tragen die Leute Schuhe komplett aus Holz, mit entweder zwei flachen Absätzen oder drei Stoppeln an den Sohlen statt den bei uns üblichen eingeschlagenen hölzernen Knöpfen. Wer die Spuren dieser *Madreñas* sieht, wird lange rätseln, was das wohl für Stapfen sind. Der raue Boden und das unebene Land erfordern hier solch ein Schuhwerk. Doch bald wird die Straße besser, es gibt wieder Wein und anderes, dessen man bedarf. Von diesem Dorf geht es durch hübsche Felder ins Tal, dann wieder leicht bergauf-bergab.

Die *Madreñas* gibt es in dem kleinen Bergdorf immer noch. In ganz Asturien sind die Holzpantoffeln mit den drei Stoppeln beliebte Stall- und überhaupt Arbeitsschuhe. Sie sind meistens so groß, dass man mitsamt den Hauspantoffeln hineinschlüpfen kann. Ich habe einen Bauern kennen gelernt, der damit sogar in die Sonntagsmesse geht. Pembes war früher für die Produktion der *Madreñas* (*madera* – Holz) bekannt, heute kauft sie jeder industriell gefertigt, in Potes, dem nächsten größeren Ort.

Im Vorraum der winzigen Kirche sitzen einige Leute und warten auf die Ärztin, die zur Sprechstunde aus Potes kommt. Die Szene könnte sich genauso gut in Guatemala oder Mexiko abspielen, die Armut der Menschen ist fast mit den Händen greifbar. Doch gleichzeitig spüre ich eine Ruhe und einen Frieden, die aus dem immer noch eng mit der Natur verbundenen Lebensrhythmus der Menschen kommen.

**SANTO TORIBIO, 1,5 leg**

Ein Kloster des hl. Benedikt hoch im Gebirge, an dessen Fuß ein Dorf liegt, in welchem, wie in mehreren in diesem Bezirk, viele kleine Kreuzlein hergestellt werden. Man bietet sie den Reisenden, wie ich bald bemerke, als Souvenir zum Kauf an.

✱ Der Aufstieg zum Kloster ist steil und mühsam. Es war der 3. September, ich kam gerade zur Prozession zurecht, die am folgenden Tag wie jedes Jahr mit dem Heiligen Kreuz von Santo Toribio zu einer anderen Kirche im Gebirge abgehalten wird.

Der hl. Toribio hatte zu Zeiten des Papstes Leo d. Gr. in Jerusalem als Kustos die Aufgabe, die Heiligtümer vom Leiden Christi (und andere) zu verwahren. Als nun aber allerhand Gefahren zu *schweben* anfingen, verbarg er von diesen so viele wie möglich, vor allem eben *el brazo izquierdo de la Cruz*, den Teil des Kreuzes, an dem der linke Arm unseres gebenedeiten Heilands angena-

*Kloster Santo Toribio*

gelt worden war. Für diesen baute er später dieses ansehnliche Kloster mit Kirche, zur Aufbewahrung und Verehrung solch allerwürdigsten und wertvollen Schatzes, den er der Sicherheit halber in dieses wilde Gebirge bei Oviedo im Land Asturien gebracht hatte. Wie auch das Schurztuch von der Fußwaschung beim Abendmahl Christi, einen Dorn aus der heiligen Krone, eine Schale mit Blut, das aus dem Kruzifix geflossen war, und ein Mönch sagte mir, dass von den Geißeln Christi auch eine da wäre, ebenso ein Schleier Unserer Lieben Frau, die Leiblein von zwölf unschuldigen Kindern und anderes mehr. Noch viele unzählbare Sachen brachte der heilige Mann in die asturische Hauptstadt Oviedo und auch nach Rom.
Nach Vollzug der *obgemeldeten* freitäglichen Prozession wird der Kreuzesarm, der mit Gold und Edelsteinen in Kreuzesform eingefasst ist, am Hochaltar auf ein rotsamtenes Kruzifix gelegt. Dann werden die schon erwähnten kleinen Kreuzlein nacheinander durch das heilige Nagelloch gelassen und kommen so in höchst andächtiger Weise mit dem allerheiligsten Kreuz in

Berührung. Diese Tradition geht auf den heiligen Bischof Toribio selbst zurück, der, als er sein Ende nahen spürte, sich an ein beigestelltes Kruzifix wendend, um drei Gnaden für gottliebende Seelen bat. Er habe nämlich vor, gewisse Kreuzlein machen zu lassen, welche durch das Nagelloch des linken Kreuzarmes gezogen werden sollten. Diese Kreuzlein sollten dann, so bitte er demütigst, folgende Kräfte und Wirkungen enthalten: erstens Schutz gegen allerlei Wetter, Hagel und Donnerschläge; zweitens gegen allerhand Anfechtungen des bösen Feindes wie Trübsal, innerliche Pein und andere Anliegen des Menschen; drittens gegen allerlei Krankheiten sowohl des Leibes als auch der Seele. Da hörte der Bischof eine Stimme, die die Erfüllung aller drei Wünsche versprach. Worauf der Heilige gleich voller Freude mehrere Ordensbrüder zu sich rief, um ihnen seine Vision zu entdecken und verschied daraufhin in Gott.

Dafür, dass nun selbige Kreuzlein oben genannte Tugenden haben und der allmächtige Gott über diese hinaus noch andere unzählbare Gnaden erweist, legen jetzt noch täglich geschehende Wunderwerke zur Genüge Zeugnis ab. Wenn man es bei sich trägt und von Gott Hilfe erbittet, voller Vertrauen, in welcher Angelegenheit auch immer, wird sie einem zuteil. Viele von Kugeln getroffene Personen blieben unverletzt, es wirkte bei besessenen Leuten, bei Feuersnöten, gefährlichen Schiffsreisen und tausenderlei Ungemach. Immer bewährte es sich als wirksames Mittel für aufrechte Christen. Dies alles wird durch authentische Schriften und gewisse Erfahrungen bestätigt.

Was Santo Toribio betrifft, war er zuerst päpstlicher Notarius, später, wie schon ausgeführt, *Hierosolytamischer Sacristan* (Sacristan von Jerusalem) und schließlich asturischer Bischof. Er vertrieb die priscillianischen Ketzer aus Spanien. Am Ende seines Lebens begab er sich aus dem schönen, hoch gelegenen Kloster noch weiter in das wilde Gebirge hinein (Anm.: die Sierra Cantabrica), wo man nach langem, geradem und sehr steilem Aufstieg zu etlichen Höhlen gelangt. In diesen *Cuevas santas*, heiligen Höhlen, lebte der heilige Mann in unablässlich strenger Buße bis zu seinem gottseligen Ende. Etwas oberhalb der ersten Höhle, etwas zur Rechten, steht ein gemauertes, gar enges Kapellerl mit einem Fensterlein, das *Santa Maria Angelorum* genannt wird. (Es erinnert mich ein bisschen an die kleine Wolfgangskapelle, von der am Ende die Rede sein wird.) In selbigem zelebrierte er seine heiligen Gottesdienste. ✷ Ein gutes Stück noch weiter oben bauten die hinterbliebenen Klosterleut nach dem Ableben ihres heiligen Abtes ebenfalls eine

Kapelle, wo immer am 16. April, also am Festtag des hl. Toribio, eine Messe gehalten wird.
Die ehrwürdigen Benediktinerpater riefen mich unverdienterweis aus der *Hospederia*, dem Gästehaus, dreimal zum Essen. Es ist ein allein stehendes großes Haus, in einiger Entfernung vom Kloster, wo außer Liegestatt, Brot und Wein wenig vorhanden war. Von hier aus ging meine Reise gen Burgos.

Der hl. Toribio – er wurde 444 Bischof von Astorga – soll der Legende nach die Reliquie von der hl. Helena, der Frau des Kaisers Konstantin, bekommen haben. Sie galt als das größte erhaltene Stück vom Kreuz Christi und war in ganz Europa berühmt. Von weit her kamen die Pilger, darunter hoher Adel, sogar gekrönte Häupter, Äbte (und eben auch unser Prälat), um sie zu besuchen. Eine Zeit lang führte sogar eine Nebenstrecke des Jakobswegs über Santo Toribio. Von besonderer Bedeutung ist das Kloster für die Geschichte Spaniens, denn hier lebte und wirkte im 8. Jahrhundert der Mönch Beatus von Liebana, auf dessen Schriften die Entstehung der Legende vom Jakobsgrab im heutigen Santiago zurückgeht.

Von 1835 bis 1961 stand das Kloster leer und verfiel zusehends, bis es auf Drängen des Bischofs von Santander mit Franziskanern neu besetzt wurde. Über den Winter leben nur fünf Mönche hier und ich verstehe warum. Es ist Anfang Dezember, die ersten Sonnenstrahlen fallen erst um zwölf Uhr Mittag auf die Klostermauern! Der Pater, der auf mein Klopfen öffnet, ist anfangs ziemlich distanziert, fast unfreundlich. Doch als ich ihm von meinem Projekt erzähle, taut er immer mehr auf, und als er erfährt, dass ich Österreicher bin, bricht das Eis vollends. (Und das beinahe im wörtlichen Sinn, es ist eiskalt im Kloster.) Er und seine Mitbrüder versäumen nie die Übertragung des Wiener Neujahrskonzerts im spanischen Fernsehen!

### POTES

Bergab gelangte ich nach Potes, einem wohlbestellten Städtlein oder Flecken unweit des Klosters, wo es gutes Brot, viel Rotwein und allerlei Früchte im Überfluss gab. Hier gehen die ledigen Weiber mit kurz geschorenen Haaren, den Knaben gleich. Wie später in Frankreich sehe ich Kinder mit Kronen, sie sehen aus wie Geistliche.

Die kleine Stadt ist wie Las Arenas nördlich der *Picos de Europa* Zentrum des Wandertourismus. Sie liegt wirklich ideal und malerisch an einem Gebirgsfluss,

*Pranger in San Salvador*

umgeben von hohen Bergen. Zur Wandersaison „explodiert" sie sicherlich vor Touristen. Überall sind Schilder „Camping verboten" angebracht, ich nehme an, nicht ohne Grund. Aber jetzt, bei prächtigem, spätherbstlichem Wetter, ist der immer noch „ansehnliche Flecken" äußerst angenehm und gemütlich.

**VENDEJO/CALOCA, 3 leg von Santo Toribio**

Von Potes aus geht es über anfänglich feines, lustiges Land ins Dorf Vendejo, danach übers Gebirge, den Pass *Puerto de la Sierra d'Alba*. Der Weg begann schon gleich nach Vendejo anzusteigen. Reisende pflegen hier, um solch ein heftiges Gebirg zu meistern, sich mit einem kräftigen Trunk (oder mit was sie sonst mithaben) zu stärken. Nach dem Dorf verläuft der Saumweg gut begehbar nach rechts, aber talwärts wendet sich der Fußsteig nach links, schattseitig, und vollzieht große Schleifen, manchmal kaum sichtbar, durch viel dickes, großes Gehölz, sehr hart und hoch, mit verdrehten, groben Wurzeln, was ein Fortkommen sehr schwierig macht.

Cervera de Pisuerga

Familienwappen in Ligüerzana

Noch einmal führt Guntzingers Weg über einen Pass, nicht so hoch wie über die *Picos*, aber doch an die 1300 m hoch. Mir fällt auf, dass der Weg von Guntzinger immer noch der steinige, enge und steile Karrenweg ist, den er beschreibt, und die gut ausgebaute Straße über einen Pass etwas weiter östlich führt. Was bedeutet, dass ich auf meiner Wanderung von Caloca (der heutige Namen für Vendejo), hier endet der Asphalt, über die karge, baumlose Höhe nach Casavegas, tatsächlich auf den Spuren des Prälaten gewandert bin!

**VILLA VEGAS/CASAVEGAS, 1 leg**
Ein schlechter Ort, doch es gibt Brot und Wein.

Durch die neue Streckenführung der Straße über den Pass (gleichzeitig Grenze nach Kastilien) liegt der Weiler in einer Sackgasse, erst hier beginnt wieder eine kleine asphaltierte Straße, die talauswärts führt. Heute würde ich nicht einmal Brot und Wein bekommen, der Ort wirkt ausgestorben. Ich sehe nur ein paar neuere, aber leere Häuser, offensichtlich Feriendomizile, und eine Rinderfarm, doch keinen einzigen Menschen.

### SAN SALVADOR DE CANTAMUDA, 1 k leg

Der Name des Ortes bedeutet „die Stumme singt", er weist auf seine Gründungslegende hin. Eine stumme Magd, die sieht, wie ihre verzweifelte Herrin sich von der Brücke in den Fluss stürzen will, stößt einen lauten Schrei aus, der diese zur Besinnung bringt und von ihrer Tat abhält. Vom früheren Kloster San Salvador del Campo de Mugas (gegründet Ende 12. Jh.) steht noch die absolut sehenswerte romanische Stiftskirche.

### CERVERA DE PISUERGA, 2 leg

Ein am gleichnamigen Fluss gelegener Marktflecken, wo es reichlich Lebensmittel gibt, eine stattliche Pfarrkirche und ein gar gutes Volk. Der Pfarrer, Herr Francisco Torisses Mantilla, ist ein hochgelehrter Mann, nichtsdestominder einem Fremden gegenüber diskret, ehrerbietig und treuherzig, wie auch Herr Martinus Velas aus Ligüerzana, einem Dorf in der Nähe.

Die kleine Stadt hat ihren Namen vom zahlreichen Rotwild in der waldreichen Umgebung (*ciervo* – Hirsch) und dem Fluss Pisuerga. Sie liegt auf 1000 m Seehöhe im *Parque National de Fuentes*, dessen berühmtester Bewohner der Braunbär ist. Es waren Mönche aus dem Kloster Liebana, die den Ort im 9. Jahrhundert nach der arabischen Invasion neu besiedelten, in dessen Besitz er über Jahrhunderte blieb. In der gotischen Pfarrkirche Santa Maria del Castillo kann man einen außergewöhnlichen Flügelaltar vom Ende des 15. Jahrhunderts bewundern, dessen schönster Teil das Bild „Anbetung der Könige" darstellt, ein Werk von Juan de Flandes, dem Hofmaler der *Reyes Catolicos*.

### LIGÜERZANA

Das Dorf liegt zwar nicht auf Guntzingers Weg, aber nachdem er es in seinem Bericht erwähnt, mache ich doch einen Abstecher dorthin und bereue es nicht. An einem Haus im Zentrum entdecke ich nämlich das Familienwappen eines kastilischen Geschlechts, von dem sich mindestens ein Vertreter Ruhm in Lateinamerika erwarb. Es trägt die Jahreszahl 1719 und zeigt ganz eindeutig federgeschmückte Indianer!

## SALINAS DE PISUERGA, 2 leg

Zum ersten Mal stehe ich vor einer Kirche, die dem Vater des *Reconquista*, dem westgotischen Adeligen Pelayo, geweiht ist, oder besser gesagt dem Heiligen, der diesen Namen (aus dem Griechischen – Welle, Fülle) trägt. Es war ein 13-jähriger Bub aus Galicien, der zuerst drei Jahre als Geisel der Sarazenen gefangen gehalten und dann getötet worden war (am 26.6.925). Seine Reliquien befinden sich seit 985 in der *Camara Santa* in Oviedo. Die Kirche selbst ist ein gotischer Bau aus dem 16. Jahrhundert.

## AGUILAR DE CAMPOO, 2 leg

Der Ort wird zwar nur *Villa* genannt, übertrifft aber manche Stadt an Gewerbe und Kaufleuten, die vielerlei Sachen anbieten. Er liegt schön in einer fruchtbaren, wohlbebauten Ebene und hat einen Dom mit 24 Domherren. Sie werden alle von einem *Dekan*, bei ihnen wird er mit *Abbate* angesprochen, *guberniert* (Anm.: geführt), der mit allen Vollmachten ausgestattet ist. Sie zu visitieren soll der Bischof zu Burgos persönlich nur alle sieben Jahre befugt sein. Herr Johann Vogar, einer der Kanoniker, erwies mir viel herzliche priesterliche Treu. Ehe man aber nach Aguilar hineinkommt, führt der Weg an einem gewaltigen, vornehmen Gebäude unterhalb eines Schlosses vorbei. Es ist ein Prämonstratenserkloster, wo den Armen täglich viel Almosen gereicht werden.

Und auch drinnen ist das Gotteshaus recht herrlich: ✸ Vor dem Altar zur Linken stehen viele Lichter, die ein gar andächtiges Bild Christi beleuchten. Es wirkt, als läge er, abgenommen vom Kreuz, gleichsam in einem Bett, nur unten mit einem Leintuch bedeckt. Die verwundeten Seiten sind entblößt und kläglich anzuschauen, wie auch sein Antlitz, herzringend und majestätisch zugleich. Aus ganz Spanien kommt eifriger und andächtiger Zulauf, um hier die außerordentliche Gnadenhilfe von Gott zu erwerben. Im Pilgerspital gibt es ein Bett, das nach Rosenwasser duftet und durchaus „adelig" ist. Und auch sonst erfreut sich der Pilger an allerlei Diensten, die ihm willig gewährt werden. Es hätte mir sicher gut getan, hier ein paar Tage auszurasten, *wenn's nit um die Zeit zu tun gewesen wär*. Deshalb brach ich schon am 7. September auf und erreichte La Puente Toma (1,5 leg).

Nach der Legende geht die Geschichte von Aguilar de Campoo, der lebendigen Stadt an der Römerstraße, auf zwei westgotische Brüder zurück, die den

*Aguilar de Campoo*

nach der Rückeroberung (um 820) von den Arabern zerstörten Ort neu besiedelten. Einer der beiden, ein Priester, wurde Abt des von ihm gegründeten Klosters San Martín, später Santa Maria La Real („die Königliche"). Die Prämonstratenser übernahmen es 1169 und führten es bis zur Enteignungskampagne von 1835. Durch päpstliches Dekret mit wichtigen Ablässen versehen, war es im Mittelalter vielen Jakobspilgern einen Abstecher wert, obwohl doch 70 Kilometer vom *Camino Francés* entfernt. Das Kloster wurde restauriert und dient heute als Museum, Kulturzentrum und Posada. Unter den weiteren sehenswerten kirchlichen Bauten der Stadt möchte ich doch die beeindruckende *Colegiata de San Muguel* hervorheben, die auf harmonische Weise Spätromanik (1220), Gotik, Renaissance und Barock vereint.

Zweimal hat ein großer Habsburger in Aguilar Station gemacht. Zum ersten Mal besuchte Prinz Carlos mit seiner Schwester Leonor im Oktober 1517 die Stadt, zwei Jahre später blieb er zwei Tage als Kaiser Karl V. auf seiner Rückreise aus Deutschland, wo er zum Kaiser gewählt worden war. Interes-

*Fuencaliente de Lucio, Lebensabend*

sant ist seine Route auf dieser Reise: mit dem Schiff über die Nordsee und den Atlantik an die Küste Asturiens, dann auf dem gleichen Weg wie Guntzinger über die Berge. Daraus schließe ich, dass es sich um einen wichtigen, viel befahrenen *Camino Real* handeln musste.

Guntzinger schreibt hier, dass er eigentlich müde ist und rasten will, aber gleichzeitig drängt es ihn, heimzukommen.

### FUENCALIENTE DE LUCIO, 0,5 leg

Begegnung mit bulgarischen Erntearbeiterinnen und ihren Kindern, es ist heiß und trostlos. Die drei alten Leute vor der Kirche Johannes der Enthauptete lassen sich zwar von mir photographieren und wechseln sogar ein paar Worte mit mir, aber sie sind voller Misstrauen den Frauen gegenüber. Die Welt, die sie gekannt und in der sie sich bewegt haben, gibt es nicht mehr, und die Welt, in der sie heute leben, ist ihnen nur mehr fremd.

**LLANILLO DE VALDELUCIO, 1 leg**

Kleine Dörfer und Einschichthöfe in der Gegend. Unweit befindet sich auch ein gar holdseliges Kircherl, La Virgen de la Vega, ✱ wo ich gerade am Tag Mariä Geburt zum Gottesdienst zurechtkam. Es waren die Pfarrer aus den umliegenden Gemeinden versammelt, die mir bereitwillig den Zutritt zur Beichte und zur Messe gewährten und mir nachher neben freundlichen Worten auch eine Summe Geldes überreichten, obwohl ich nit darum gebeten hatte.

Ein trostloses, fast ausgestorbenes Dorf, das seinem Namen alle Ehre macht (*llano* – Wüste). Vor 35 Jahren wurde die alte Kirche abgetragen und mit ihren Steinen eine neue, kreisrunde gebaut. 1974 gab es noch 48 Bewohner, die in 14 Häusern lebten. Die letzte Hochzeit wurde 1964 gefeiert, die letzte Geburt 1985 – ein Wort: Landflucht. Doch die kleine Wallfahrtskirche La Virgen de la Vega auf halbem Weg ins nächste Dorf erfreut sich immer noch großer Beliebtheit. Jeden ersten Sonntag des Monats ist sie Ziel einer Wallfahrt, an der viele Gläubige aus der weiteren Umgebung teilnehmen.

**BASCONCILLOS, 0,5 leg**

Eine vermögende Frau in einem weißen Haus erwies mir all ehrenliebreiche Guttätigkeit.

Es ist Abend, die Sonne brennt immer noch heiß herunter. In der Bar kann mir niemand Auskunft über das Dorf und seine Geschichte geben. Alle Anwesenden, es sind ausschließlich Männer, verfolgen im Fernsehen hochkonzentriert ein Fußballländerspiel (Spanien führt 4:0, ich weiß aber nicht mehr, gegen wen). Dafür werde ich im Gemeindeamt fündig. Fernando, der Gemeindesekretär, ist äußerst freundlich und hilfsbereit und kopiert mir einige Seiten aus einer Chronik. Als ich wieder im Auto sitze und gerade weiterfahren will, kommt er mir nachgelaufen, um mir noch eine ausnehmend schöne Broschüre, mit Karte, über den Bezirk Adeco Camino zu schenken. Wieder einmal bin ich ganz begeistert und denke, wie toll es ist, auf den Spuren des Prälaten in so spannende und so schöne Gebiete zu kommen, von denen ich bisher nicht einmal gehört habe, und dort oft berührende Begegnungen mit wildfremden Menschen zu machen – fast als wäre ich ein Pilger!

**SANTA CRUZ DEL TOZO, 2 leg**

Auf halbem Weg gibt es eine Venta.

**URBEL, 1 leg**

Ein Ort ohne Wein, auch sonst arme Leute. Doch sie wollten sich das liebe Brot nit bezahlen lassen. Danach ist der Weg ein rechtes Steinfeld und bis zwei Meilen vor Burgos fast öd.

Hoch auf einem felsigen Hügel erhebt sich die Burg, die an diesem strategisch wichtigen Platz errichtet wurde. Der Rio Urbel war im 10. Jahrhundert die heftig umkämpfte Grenze zwischen den Königreichen Kastilien und Navarra. Die Burg wurde vom Vater des berühmten *Cid* endgültig für Kastilien erobert. Die Römerstraße nach Burgos, Guntzingers Weg, führte vermutlich am Berg Peruel (1158 m) vorbei, wie mir der Bürgermeister des zauberhaften Dorfes, der sich für ein kurzes Gespräch Zeit nimmt, erzählt. An der Westmauer der Burg treffe ich einen holländischen Radfahrer, der sich gerade für die Übernachtung auf diesem Traumplatz bereit macht. Die untergehende Sonne taucht alles in ein warmes, fast unwirklich goldenes Licht. Für ein paar Minuten gebe ich mich dem Zauber dieses kastilischen Abends hin.

**ROS, 3 leg**

Der „Patron der Wegforscher“ (sicher auch der heilige Jakobus) ist weiterhin mein treuer Begleiter. In dem kleinen Dorf, das heute weit abseits der Nationalstraße von Urbel nach Burgos liegt, treffe ich den alten, aber sehr rüstigen Benigno, der sich als wahrscheinlich einzige und auch beste Informationsquelle in Ros entpuppt. Er wohnt in dem Haus, in dem früher, bis zum Bau der Nationalstraße in der Mitte des 20. Jahrhunderts, der Wegzoll von den Reisenden, die vom Norden kommend nach Burgos unterwegs waren, eingehoben wurde. Damit ist das Rätsel gelöst, was den Prälaten in dieses winzige Nest weit abseits der Hauptstraße verschlagen hat!

**BURGOS, 3 leg**

Die Hauptstadt von Altkastilien liegt an einem Berg. Unter vielen schönen Kirchen und Klöstern sticht besonders die stattliche Domkirche zu Unserer Lieben Frau hervor. Sie ist von Kunst und Zierde innen und außen aufs Beste bestellt und hat meines Erachtens als eine der schönsten Kirchen zu gelten. Zur Zeit meines Besuchs verlief ein sehr großes rotsamtenes Spalier, mit güldenen Borten und Fransen bis hoch hinauf behangen, vom Hochaltar weg durch den ganzen großen und weiten Chor. ✱ Jenseits der großen steiner-

*Kirche San Pedro*

nen Brücke steht eine gar schöne Klosterkirche mit einem sehr andächtigen wunderbarlichen Kruzifix-Bild, zu dem die eifrigen Spanier oft von weit her wallfahren.

Der Ruhm des königlichen Hospizes außerhalb der Stadt ist durch die Kunde aller Pilger fast weltbekannt. Jeden Tag wird hier eine große Anzahl von männlichen und weiblichen Pilgern mit genügend guter und gekochter Speis sowie mit Brot und Wein *traktiert*. Auch an guter Liegestatt aus Federbetten und anderem besteht durchaus kein Mangel. Es gibt eine eigene gar ansehnliche, mit vielen Geistlichen versehene Kirche, auch eine wohlbestellte Apotheke für vielerlei Kranke, mit einer von den Pilgern ganz abgesonderten Unterbringung in einem dichten Lustwäldchen, auch mit guten Offizieren wohl versehen. Sonst ist die Kost in der Stadt ziemlich teuer, doch die Leut und der Wein gar gut. Auch liegen auf der anderen Seite des Flusses, wie in Madrid und Valladolid ziemlich bequeme *bodegones* für den Reisenden. Anderswo in Spanien gibt es keine solchen Wirtshäuser, wo man

*Urbel del Castillo*

sowohl mit Kost als auch mit Bett versehen wird. Üblicherweise muss der Gast alles, wessen er bedarf, selbst einkaufen, außer vielleicht Salz, etwas Öl und Essig, wenn er Glück hat, und jegliches an einem anderen Ort. Dann muss er in der *Posada* danach trachten, dass es ihm zubereitet wird und er ein Bett bekommt, das hier *cama* heißt. In den einschichtigen Tavernen, die hier *ventas* heißen, ist oft gar nichts zu finden, außer vielleicht ein Fleisch, das *carne para los pobres* (Anm.: Fleisch für die Armen) genannt wird.
In einigen Provinzen Spaniens bekam ich Wildbret, mit guten Gräslein, mit Rosmarin und allerlei kräftigen, gar *substantiösen* (Anm.: gehaltvollen) Kräutlein zubereitet – geliefert von den *carneros* (Anm.: Fleischern) – körnig und außer Maßen zart, nach Gewürz duftend und wohlschmeckend, das das Unsere, um die Wahrheit zu sagen, weit übertrifft. Aber wie schon ein Italiener auf der Schiffsreise über den Golf von Lyon sagte: *Lodar il mare, in terra stare*, was soviel heißt wie: „Das Meere preysen, zu Landte reisen." Ich für meinen Teil halte es folgendermaßen: „Spanien loben, in Teutschlandt leben."

Von Burgos aus hielt ich mich in Richtung Santo Domingo (de la Calzada), obwohl nach meinem Plan mein Weg eigentlich gleich nach San Sebastián in Guipúzcoa führen hätte sollen. Aber ich wollte unbedingt die Zeichen des dort geschehenen großen Wunders sehen und blieb deshalb auf der *gewöhnlichen Jakobsstraß.*

Alfons III. der Große, König von León, gründete 882 an der Stelle einer westgotischen Befestigung (der Name Burgos weist darauf hin) die Stadt und machte sie zur Hauptstadt Kastiliens, was sie bis 1492 bleiben sollte. Das „Land der Burgen" (*castillo* – Burg) spielte als Schutzgürtel und Vorposten im Kampf gegen die Mauren eine zentrale Rolle. Die herausragende historische Gestalt von Burgos ist der Hauptmann Rodrigo Diaz, genannt *El Cid* (vom Arabischen *sidi* – Herr), der sich als mutiger Krieger – auf beiden Seiten! – auszeichnete und 1099 als Herrscher von Valencia starb.

Die gotische Kathedrale von Burgos ist nach denen von Sevilla und Toledo die drittgrößte Spaniens und gilt als eine der schönsten Europas. Die Bauarbeiten begannen im Jahr 1221, doch erst im 15. Jahrhundert wurden sie mit der Fertigstellung des Turmes abgeschlossen. Chor, Kreuzgang, Portale und Jakobskapelle sind nur einige der Wunder, die dieser prachtvolle Bau birgt.

Guntzinger offenbart mit wenigen Worten seinen inneren Konflikt, aber auch seine ganz klaren Prioritäten, wenn er sich nicht für den kürzesten Weg nach San Sebastián an die spanische Grenze entscheidet, weil er eigentlich heim will, sondern auf der „gewöhnlichen Jakobsstraß", dem *Camino Francés*, weiterzieht und den längeren Weg über Santo Domingo de la Calzada wählt. Die einzigartige Gelegenheit, den Schauplatz des berühmten Hühnerwunders höchstpersönlich zu besuchen, darf er sich nicht entgehen lassen!

### RUBENA/OLMOS

Ein meistenteils feiner Weg führt nach Rubena (2 leg) und Olmos.

Interessant. Der Jakobsweg von San Juan de Ortega nach Burgos, den ich 1995 gegangen bin, lässt beide Orte aus, er verläuft ein gutes Stück weiter südlich. Da Guntzinger aber ausdrücklich schreibt, dass er ab Burgos auf dem Jakobsweg geht, bestätigt er, dass es DEN Jakobsweg nicht gibt, sondern die Pilger im Laufe der Jahrhunderte unterschiedliche Routen gewählt haben. Eigentlich logisch, denn „Weg" ist überhaupt Synonym für Bewegung, Dynamik, Veränderung und Entwicklung.

### SAN JUAN DE ORTEGA, 2 leg

Die romanische Kirche (1150) trägt den Namen ihres Erbauers, eines der beiden großen Wege- und Brückenbauer am *Camino Francés*. Juan de Ortega, Landsmann des *Cid*, wurde im Gegensatz zu diesem Architekt und Priester. Nach einer Pilgerfahrt nach Jerusalem errichtete er hier die Kirche und wurde Gehilfe des hl. Domingo, nach dessen Tod auch sein Nachfolger. Der wunderbar einfache und harmonische Bau ist seine Begräbnisstätte und seither Ziel von Wall- und Bittfahrten, weil ihm wundertätige Kraft zugesprochen wird. Einer der magischen Orte am *Camino Francés*, schade für Guntzinger, dass er es so eilig hatte!

### VILLAFRANCA/MONTES DE OCA, 2 leg

Hier, heißt es, gäbe es ein sehr wohl *akkomodiertes* königliches Pilgerhaus, wo man mittags und abends Mahlzeiten und auch ein Bett bekäme. Am Abend kam einer zu Pferd an. Bei einer Weggabelung war er falsch abgebogen und als dies sein Begleiter, der Besitzer des Pferdes, bemerkte, war er ihm eilends durch Gewässer und Unterholz nachgeritten, weil er befürchtete, er würde mit seinem Pferd das Weite suchen. Erst in Belorado konnte er ihn einholen, wo es zur Auseinandersetzung kam. Doch keiner von beiden hatte Recht oder Unrecht, es war einfach ein Missverständnis gewesen. **N**

Zur Zeit Guntzingers gab es in der Stadt „Stadt der Freien" (oder „Stadt der Franken") ein 1380 von der Königin gestiftetes Hospiz, das *Hospital de la Reina*. Noch im 18. Jahrhundert verfügte es über 36 Betten, war aber anscheinend schon ziemlich heruntergekommen. Denn es hieß im Volksmund, dass es in Villafranca mehr Betten als Leintücher gab. Guntzinger scheint es noch gut getroffen zu haben, wie seinem Kommentar zu entnehmen ist.

### BELORADO, 2 leg

Ein feines Städtlein, liebe Leut, guter Wein und gute Nahrung.

Guntzinger hat entweder im Lazarus-Hospiz im Ortseingang (für den vom Westen kommenden Wanderer) oder im Kloster Nuestra Señora de la Bretonera (1988 abgerissen) übernachtet, mit Sicherheit nicht in der „modernen" Pilgerherberge, die in einem ehemaligen Theater neben der alten Pfarrkirche

Santa Maria untergebracht ist. Den Ort verlassen hat er aber sicher über die uralte, noch von Juan de Ortega errichtete Brücke.

### VILLA PUN/CASTILDELGADO, 2 leg

Alle meine Quellen belegen, dass der Name Villa Pun für das kleine Nest (schon erwähnt 956) im 16. Jahrhundert auf Castildelgado geändert wurde, in Erinnerung an den Bischof Delgado, dessen Grab in der Kirche entdeckt wurde. Und dennoch, hundert Jahre später, als Guntzinger durchwandert, nennt man ihm – sicher auf seine Frage hin – den alten Namen! Wieder ein Beweis dafür, dass eine offizielle Namensänderung noch lange nicht bedeutet, dass der Volksmund diese zur Kenntnis nimmt. Sehr früh gab es hier ein Kloster, gegründet von den Mönchen des mächtigen Klosters San Millan de Cogolla, ein Pilgerhospiz und sogar eine Bruderschaft.

### GRAÑON 1 leg

Nach der Vertreibung der Mauren aus der Region (um 900) ließ Alfons III. auf dem Hügel eine Burg errichten. Von dort aus begann die Neubesiedlung durch Christen, oft Jakobspilger, die durch Grundschenkungen und andere Privilegien zum Bleiben bewegt worden waren und ihre Heimreise hier beendeten. Nach diesem Schema: Burg – Neugründung – Kloster/Hospiz – Pilgerweg gelang es den christlichen Königen innerhalb relativ kurzer Zeit (10.–12. Jh.) das gesamte riesige Gebiet südlich des kantabrischen Gebirges von den Pyrenäen bis Galicien neu zu besiedeln und dadurch die zurückeroberten Regionen zu festigen und abzusichern. Der Jakobsweg war sozusagen die Achse, an der entlang dieses gigantische Projekt umgesetzt wurde.

### SANTO DOMINGO DE LA CALZADA, 1 leg

Von Oviedo, durch Covadonga und Santo Toribio bis hierher 59 leguas.

✱ Die Stadt des heiligen Domingo ist hübsch, etwa gleich groß wie Compostela, und liegt schön in der Ebene. Es gibt gutes Brot, Wein, Fleisch, Käse und Früchte, alles nit zu teuer. Am Tag der Heiligen Kreuzerhöhung hielt man eine ansehnliche Prozession, mit öffentlichem Gebet, Musik und Gepränge, ein köstlich schönes Kreuz und dergleichen herumtragend. In der Domkirche erfuhr ich durch dero löbliche Geistlichkeit alle Wohlgewogenheit. Hingegen dünkten mich etliche Weibsbilder hier voll Vorurteilen zu sein. Aber

Santo Domingo de la Calzada

Haro

jetzt berichte ich von dem Ereignis, weswegen ich hierher gekommen bin. Ein gottseliges Ehepaar war auf seiner Pilgerfahrt nach Santiago mit seinem Sohn, einem schönen Jüngling, in dieser Stadt eingekehrt. Die Wirtstochter versuchte diesen zu verbotener Liebe zu verführen, erhielt aber eine Abfuhr. Da verwandelte sich die *unordentlich Lieb* in Rachgier und sie versteckte heimlich die goldenen *copa*, das Trinkgeschirr ihres Vaters, im Ranzen des Jünglings. Die frommen Leut reisten nichtsahnend ab. Bald erhob diese Listige ein Gejammer, sie hätten die goldenen Schalen ihres Vaters gestohlen. Die Obrigkeit ließ ihnen nacheilen und sie ergreifen. Das unschuldige Blut wurde zum Tod durch den Strang verurteilt und sogleich exekutiert. Die Eltern setzten ihre bittere Wallfahrt dennoch voller Schmerzen fort, Gott und seinen Heiligen gemeinsam mit anderen ihre Not klagend. Auf der Rückreise wollte das mütterliche Herz noch einmal ihr Kind sehen und näherte sich, obwohl ihr Mann das nit guthieß, weinend der Richtstätte. Entsetzliches Wunder! Nach Santiago und zurück waren sie wenigstens einen ganzen Mo-

*Der Ebro bei Haro*

nat unterwegs gewesen und dennoch war der junge Pilger noch am Leben. Er sprach zu seinen zu Tode betrübten Eltern: „Seid unbekümmert, die Mutter Gottes und Sankt Jakob haben mich durch ihre Gegenwart am Leben erhalten, berichtet dies der Herrschaft!"

Diese saß gerade zu Tisch und verzehrte gebratenen Hahn und Henne. „So wenig wie dieses Hähnchen und dieses Hühnlein," erwiderte der Richter, „am Leben sind, so ist es auch euer Sohn." Als er die Hühner ergreifen und aus der Schüssel nehmen wollte, sprang das Paar behende, lebendig und mit vollem Federkleid bedeckt, aus der Schüssel, der Hahn krähte sogar. Daraufhin liefen alle eilig zum Galgen, der glückliche redliche Jüngling wurde heruntergenommen und wieder dem Geleit seines Vaters und seiner Mutter anvertraut. Zur unzweifelhaften Bekräftigung dieses unerhörten Wunders und zum ewig währenden Andenken hat man das Geflügelpaar behalten, das alle sieben Jahr ein anderes gezüchtet hat. Diese Zucht, immer in reinem, gleichmäßigem Weiß, wurde bis zum heutigen Tag erhalten. Sie leben in einer überhöhten Nische, wie in einem Oratorium, in der Hauptkirche, dort, wo sich der Herd befunden haben soll, auf dem das erste Paar gebraten worden war. Sie krähen und gagetzen ganz ihrer Natur gemäß und nehmen das Brot, das ihnen die Pilger auf ihren Stäben hinaufreichen. Diese bekommen dafür etliche Federn. Eine zum Schreiben taugliche habe ich meinem Bruder Johann Guntzinger, dem Stadtschreiber von Burghausen, verehrt.

Die Kirche des hl. Domingo war nach glaubwürdiger Aussage die Behausung des gewalttätigen Richters. Oberhalb des vorderen Teils ragen über das Dach zwei hohe steinerne Säulen hinaus, sie stellen den Galgen dar. Das Holz des eigentlichen Gerüstes, an dem der Unschuldige gehangen war, stand unverwest und frisch viele Jahre unter freiem Himmel, jedem Unwetter trotzend, doch heute sehen wir es innerhalb der Kirche, etwas in der Höhe, dem Choraltar zugewendet, angebracht. Rund um den Chor ist auch das Wunder als Wandgemälde dargestellt, wieder als gründlicher Beweis für dieses *unwidersprechliche Miraculum*.

Im Seitenaltar rechts, den Hühnern gegenüber, ruht der vollständige Leib des hl. Domingo. Dort kann man auch das einer kleinen Sichel gleichende Rebmesser sehen und berühren, das der Heilige zur Gartenarbeit verwendete.

Nach lang erwünschter Besichtigung und tröstlicher Erfahrung solch großer Werke des Allmächtigen verreiste ich am Abend des folgenden Tages gen Vitoria und San Sebastián.

Die Hühnerfedern, die Guntzinger als Souvenir für seinen Bruder mitnimmt, waren mehr als ein Souvenir: Es hieß, wer eine solche Feder bei sich hatte, kam unversehrt wieder nach Hause. Weil die Nachfrage nach diesen Federn verständlicherweise sehr groß war, mussten die wohl in kurzer Zeit vollständig gerupften Tiere etwa einmal im Monat ausgetauscht werden, bis man dazu überging, ihren Käfig höher und damit außer Reichweite anzubringen. Ich gehe davon aus, dass diese Tradition auch unserem Prälaten bekannt war, er erwähnt sie vermutlich deshalb nicht, und schiebt stattdessen das Mitbringsel für seinen Bruder vor, weil er als Priester nicht des Aberglaubens bezichtigt werden will. Die Reliquie eines Heiligen ist ja doch etwas anderes. Wenn er heil in der Heimat angekommen ist, kann er die Feder gefahrlos weiterschenken, sie hat ja ihren Zweck schon erfüllt – und er hat nicht gelogen.

Die Legende vom „Hühnerwunder“ verbreitete sich sehr rasch und sehr früh in ganz Europa und hat sicher dazu beigetragen, die Pilgerreise nach Santiago populär zu machen und als Alternative zu Jerusalem und Rom zu „bewerben". Wahrscheinlich hatte sie sogar diesen Zweck.

Die Stadt trägt den Namen des großen Brückenbauers Santo Domingo. Er war Mönch im Kloster San Millan und kehrte nach einem längeren Aufenthalt in Italien nach Spanien zurück, wo er sich am Ufer des *Rio* Oca als Einsiedler niederließ. Angesichts der Probleme der Pilger beim Überqueren des Flusses baute er ihnen eine Brücke, dann eine Herberge und schließlich sogar eine Straße (*calzada* – Straße). Er und Juan de Ortega haben einen großen Anteil daran, dass der *Camino Francés* im 11. Jahrhundert in Kastilien um vieles sicherer und damit noch beliebter wurde. Die von ihm errichtete Herberge ist heute ein *Parador* (Hotel), die heutige Pilgerherberge wurde in seinem Wohnhaus eingerichtet. Sein Grab aus Alabaster befindet sich in der Kathedrale (ursprünglich romanisch, nach Umbau im 16. Jh. gotisch, bis auf die Apsis mit ihren Kapitellen).

**HARO, 1 l oder 2 k leg**

Über Bañares (0,5 leg) und Zarraton (1 leg) kam ich nach Haro. Dort führt eine Brücke über den Fluss (Anm.: Ebro), von dort geht es weiter nach Briñas. Die Pilgerstraß verläuft weiter in der Ebene über die Venta Zambrana (2 leg), Berantevilla (1 leg), La Pueble de Arganzón (1 leg), Las Ventas und Ariñes nach Vitoria (1 leg). Ich mietete aber, weil sich die Gelegenheit bot, ein Pferd und nahm den steinigen, ungeschlachten, doch gut eine Meile kürzeren Weg über die Berge, der von den Säumern benützt wird. So erreichte ich über Santa Cruz del Fierro (1 leg) und Cucho (2 leg) Vitoria.

Aus der Gegend der Hauptstadt der *Rioja Alta*, Hochrioja, kommen die vielleicht besten Weine Spaniens. Guntzinger muss es wirklich eilig gehabt haben, denn er, der sich in seinem Bericht wirklich oft über die Qualität des ihm angebotenen Weins äußert, verliert kein Wort darüber. Das älteste Dokument, in dem der Wein aus Rioja erwähnt wird, stammt aus dem Jahr 1102 (!) und schon im 16. Jahrhundert wurde Rioja-Wein nach Flandern, Frankreich (!) und Italien exportiert. Ich hab's nicht so eilig wie Guntzinger und werde bei der Suche nach einem orts- und geschichtskundigen Einwohner – ich möchte wissen, wo der alte Weg verlief – an den jungen Restaurantbesitzer und Weinbauern Andrés verwiesen. Bereitwillig gibt er Auskunft auf meine vielen Fragen und zeigt mir zum Abschluss noch stolz seinen Weinkeller. Dort darf ich natürlich einige seiner phantastischen Weine verkos-

*Vertieft in die Lektüre (Cucho)*

ten. Einige Liter werden mich nach Österreich begleiten. Gut, dass ich es nicht eilig habe, denn ohne Mittagsrast ist jetzt an ein Weiterfahren nicht zu denken!

Vermutlich blieb Guntzinger, wie ich, bis Berantevilla auf dem Haupt- und Pilgerweg am Ebro und nahm erst dann die Abkürzung nach Vitoria über Cucho. Dieses ist heute ein wunderschönes Dorf mit sorgfältig restaurierten alten Häusern und sieht ganz nach einer Künstlerkolonie aus.

**VITORIA, 3 leg**

Eine berühmte, reiche Handelsstadt, etwas über der Talsohle gelegen. Auch lustig und schön, da auch sonst alles *poliert* und sauber steht. Rot- und Weißwein sind trefflich gut (Anm.: Rioja!). Beim *Alcalde* (Anm.: Bürgermeister) wurde ich darauf hingewiesen, ich solle um meiner Sicherheit willen Geld und Güter anmelden, die ich auszuführen vorhabe. Denn an den spanischen Landesgrenzen sei das Passieren nur mit einer gewissen Menge erlaubt. Weil

*Vitoria*

ich etwas Barschaft mitführte, bezahlte ich die notwendige Gebühr und reiste anderntags weiter, von Meil zu Meil, durch die Dörfer Audikana (3 leg) und Gallareta (2 leg).

Die Hauptstadt von Alava (ihr baskischer Name ist Gasteiz), der größten baskischen Provinz, wurde 1181 von Sancho dem Weisen, König von Navarra, gegründet. Der Name erinnert an einen wichtigen Sieg gegen die Mauren. Einer der Hauptplätze der Stadt trägt den Namen ihrer Patronin, es ist die *Plaza de la Virgen Blanca*, der „Platz der Weißen Jungfrau". An seinem nördlichen Ende erhebt sich die gotische Kirche San Miguel (14. Jh.), noch weiter nördlich steht die gotische Kathedrale Santa Maria. Guntzinger ist etwas zu früh durch Vitoria gekommen, um diversen Lüsten zu frönen (falls er sie hatte), denn erst seit dem 18. Jahrhundert ist sie „Spielkartenhauptstadt Spaniens" und etwa zur gleichen Zeit wurde ihr Ruf als Stadt exquisiter Schokotrüffel begründet.

**TUNNEL SAN ADRIAN/ZEGAMA, 2 leg**

Oberhalb eines Grabens beginnt der Aufstieg zum Berg *San Adrián*. Zuerst bin ich falsch losgegangen, aber dann hat man mir die *Maultierstraß* gezeigt, auf der der Hufschlag des Reittieres nit so ohne weiteres fehlgeht. Er hat mich an den Aufstieg von *Arenas* nach *Sotres* erinnert, doch ist er sanfter, in besserem Zustand und führt recht angenehm etwa eine Meile bergauf. Bergab tut sich dann vor einem eine große Höhle auf, durch die sowohl Menschen als auch Lasttiere häufig Kastilien verlassen oder betreten. In dem Felsendurchgang befindet sich die winzige Kapelle *San Adrián*, in der, so sagte man mir, oft die Messe gelesen wird. Am Ausgang der Höhle steht eine Taverne, zur Zeit meiner Durchreise war es eine trockene Herberge. Dort hatte ich aber das Glück, einen Säumer zu treffen, wie in *Sotres*, mit dem ich den Weg talwärts bestreiten konnte, dieser in besserem Zustand (als in *Sotres*) und ebenfalls etwa eine Meile lang.

Zegama ist ein langgestrecktes Dorf mit einem *Mesón* (Anm.: vergleichbar mit einer Posada) mit Stallung. Nahe der Kirche gibt es auch eine Taverne.

Heute liegt das kleine baskische Dorf Zegama in einem Talschluss am Fuß der Sierra de Urkilla, doch schon die beeindruckende Pfarrkirche San Martín de Tours lässt vermuten, dass der Ort früher einmal größere Bedeutung hatte. Tatsächlich, fast 2000 Jahre lang, von der Römerzeit bis zum Bau der Straße über den Etxegarate-Pass im Jahr 1851, führte eine der wichtigsten Verbindungen von Bordeaux auf die kastilische Meseta durch Zegama und den Tunnel San Adrián über, besser gesagt durch den Berg. Der durch Erosion entstandene Adrianstunnel kürzt den Weg über den Berg erheblich ab und dürfte schon von den Römern zur Straße ausgebaut worden sein. Die heute noch sehr gut erhaltene Pflasterung auf der Südseite weist auf die exzellenten Straßenbauer hin. Ab dem 11. Jahrhundert wurde der Weg zusehends auch von Jakobspilgern benützt, als kürzeste Verbindung von der Küste nach Santo Domingo de la Calzada. (Deshalb wählte wohl auch Guntzinger für seinen Heimweg diese Route.) Der Weg wurde *Camino de Alava* oder, nach einem Kloster bei Paris, *Camino de Senlis* genannt. Schon zu Beginn des 12. Jahrhunderts wurde er zum *Camino Real*, zum Fenster Kastiliens nach Europa, weil er es ermöglichte, die begehrte kastilische Schafwolle an die Küste und damit nach Flandern zu bringen, wo sie zum berühmten flandrischen Tuch verarbeitet wurde. Auf dieser Strecke musste der Herrschaftsbereich des Königreichs Navarra, Rivale und oft Feind

Kastiliens, nicht betreten werden, was ein unschätzbarer Vorteil war. Man blieb im Baskenland. So gab es im Tunnel eine Zollstation, eine Kapelle, eine Herberge, eine Taverne und andere Gebäude, eine ständige Wache und einen eigenen Bürgermeister. Könige, Prinzen, kirchliche Würdenträger, Generäle, Soldaten, Banditen, Flüchtlinge und Pilger kamen hier durch und der Bürgermeister rühmte sich, eine so hoch angesehene Person zu sein, dass selbst gekrönte Häupter ihren Hut zögen und sich vor ihm verbeugten. Die Erklärung dafür – denn er hat nicht gelogen – ist verblüffend einfach: Gegen den südlichen Ausgang hin wird der Tunnel immer niedriger, deshalb waren die Reiter – und damals waren eben nur hochgestellte Personen und ihr Gefolge zu Pferd – gezwungen, ihre Kopfbedeckung abzunehmen und sich zu bücken. Absteigen kam natürlich nicht in Frage. Etwa 500 Meter nördlich des Tunnels steht die kleine Kapelle *Sancti Spiritu*. Sie ist der Rest einer Niederlassung (inklusive Pilgerhospiz) der Templer, die im 16. Jahrhundert in den Rang eines Priorats erhoben wurde. Neben der Kapelle findet der Wanderer/Pilger heute eine einfache Hütte zum Übernachten.

**SEGURA, 1 leg**

In feinem Boden gelegen.

**VILLAFRANCA DE ORDIZIA, 1,5 leg**

Dies ist schon der dritte Ort dieses Namens in Spanien, wo ich hinkomme. Ich hatte nur mehr wenige Münzen übrig und wollte deshalb beim *Mesonero* mit einer Dublone bezahlen. Da hätte ich aber fast ein Sechstel des Wertes verloren, so kratzte ich das letzte Kleingeld zusammen. Es reichte gerade zur Bezahlung. Rat für den Reisenden: **N** Immer genug Münzen in der landesüblichen Währung bei sich haben!

**ALEGIA, 2 leg**

Von der Größe her ein Marktflecken, wo ich für 20 *Quartos* eine Menge Weins bekam, die in etwa fünf österreichischen *Seiteln* entspricht.

In dem kleinen Städtchen habe ich ein lustiges Erlebnis. Ich stehe mit dem Auto am Ufer des Oria und mache nach dem Aufstieg zum Adrianstunnel und dem Abstieg bei strömendem Regen meine verdiente Mittagsrast. Der Regen hat aufgehört und gleich ist die Uferpromenade mit Spaziergängern jeden Al-

*Bei Audikana im Baskenland*

ters bevölkert, die die ersten Sonnenstrahlen des heutigen Tages genießen. Die Stimmung ist entsprechend heiter und steckt auch mich an. Obwohl vollkommen fremd hier, nicht einmal des Baskischen mächtig, fühle ich mich wohl, fast heimisch, Teil dieser fröhlichen, heiteren Menschen, die vor meinen Augen auf und ab promenieren. Aus dem Autoradio erklingt „Zorbas Dance" von Mikis Theodorakis aus dem Film „Alexis Zorbas". Genau im gleichen Augenblick geht ein alter Mann mit Stock am Auto vorbei und bewegt sich exakt im Rhythmus der Musik! Er kann sie auf keinen Fall hören, die Autofenster sind geschlossen, und dennoch, der Gleichklang der Stimmung innen und außen scheint ein unsichtbares Band zwischen ihm und mir gespannt zu haben. Unvergesslich …

**TOLOSA, 1 leg**

Vielmehr *Tolosetta*, ein am Fluss gelegenes kleines Städtlein. Hier gibt es wenig Wein, dafür aber viel Obst und den daraus zubereiteten *Sidra*, Most.

*Der Tunnel von San Adrian*

Segura, Villafranca de Ordizia und Tolosa sind Gründungen des kastilischen Königs Alfons X. des Weisen (1256) und hatten wichtige wirtschaftliche und auch strategische Funktionen, was sie im Mittelalter zu den bedeutendsten Städten der Provinz Gipuzkoa (die baskische Schreibweise) machte. Es galt die Grenzen zwischen den über Jahrhunderte verfeindeten Königreichen Kastilien und Navarra ebenso wie den aus der Römerstraße hervorgegangenen wichtigen Handels- und Pilgerweg zu sichern und die oft mächtigen, feindlich gesinnten lokalen Feudalherren durch die Gründung von „freien Städten" (Villafranca) zu entmachten. Prächtige Herrenhäuser, sogenannte *Palacios*, Klöster sowie Kirchen im Stil der baskischen Gotik (16. Jh.), die zu den schönsten in Gipuzkoa zählen (Nuestra Señora de la Asunción in Segura und Santa Maria in Tolosa), zeugen von ihrer Blütezeit.

**VILLABONA**

Einem Markt gleich.

**HERNANI, 2 leg**

Ein gut mit Lebensmitteln bestellter Ort, der Weg in dieser Gegend ist aber ziemlich grob.

Guntzinger hat es nicht mehr erleben können, aber ein Reisender des 21. Jahrhunderts kommt daran nicht vorbei. Die vom Beginn der *Reconquista* bis weit ins Mittelalter währende Rivalität zwischen Navarra und Kastilien besteht nicht mehr, hat dafür aber einem manchmal blutigen Kampf um die baskische Autonomie gegenüber dem spanischen Zentralstaat Platz gemacht. Zur Zeit schweigen Gott sei Dank die Waffen, aber die Autonomieforderungen sind für zahlreiche Basken immer noch nicht befriedigend erfüllt. Beim Bummel durch die Straßen von Hernani werde ich durch Plakate, Graffiti und Transparente auf Schritt und Tritt mit der Tatsache konfrontiert, dass der Weg zur Einigung und zum friedlichen Zusammenleben im Baskenland noch ein langer ist.

**SAN SEBASTIAN/DONOSTIA, 1 leg**

Eine vortreffliche, gewaltige Handelsstadt. Hauptstadt von Guipúzcoa (Anm.: die spanische Schreibweise) mit einem sicheren, weithin berühmten Hafen. Von Santo Domingo nach San Sebastián sind es 25, vielleicht auch 26 Meilen. An den Toren stehen stark besetzte Wachen, Pilger und Landesfremde werden streng *examiniert* und nur schwer eingelassen.

In dieser Stadt erfuhr ich die schmerzliche Nachricht, dass schon vor drei Wochen, also als ich gerade durch Asturien reiste, ihre hochseligste römische und auch böhmisch-ungarische königliche Majestät *hingegangen* ist. Leider sind die Aussagen des Trompeters des Gouverneurs und der Grazer Studenten Johann Ruepp und Georg Erasmus Stetter glaubwürdig. Da erinnerte ich mich an die drei Sonnenkronen, die ich damals am Fest der Dreifaltigkeit am Schiff im Golf von Lyon gesehen hatte, fast eine Stunde lang.

Bei Begräbnissen herrscht hier der Brauch, dass die Klagefrauen in der Kirche und am Grab des Verstorbenen auf den Knien sitzen und ihn beweinen. Ihr sehnlich winselndes Jammern dauert etwa ein Viertelstund. In den Händen tragen sie Wachskerzen, die wie kurze Schwertlein aussehen, mit Heft und Gefäß (Anm.: Handschutz). Sie bringen auch weißes Brot mit, in dessen Genuss nachher die Armen kommen. Sie tauchen Büschel von grünem Gras in das große Weihwasserbecken und besprengen damit die Gräber ihrer Freunde. In der Hoffnung, dies bewirke, mittels heiligen Kirchensegens und christlichen Gebetes, dass Gott den Seelen der Liebe Erquickung angedeihen lasse.

Ansonsten gibt es aber auch große Freiheiten für die Weiber. An Sonn- und Feiertagen werden auf einem großen Platz öffentliche Tänze aufgeführt, bei denen Manns- und Weibsbilder untereinander vermischt in einem großen Kreis herumtanzen, begleitet von Trommeln, Pfeifen und viel Getös. Wunderliche Sprünge und Gebärden dazu ergeben in Summa ein rechtes Durcheinander. Junges und altes Weibsvolk gesellt sich in Gruppen zum Tanz oder geht wieder ab, doch alle schön, *gleichsam in deutscher Art* gekleidet.

Allerhand Gewerbe und Handel haben diese Stadt am Meer überaus reich gemacht, wie auch königliche Privilegien und die Befreiung von andernorts üblichen finanziellen Auflagen und Lasten. Die Sprache des gemeinen Volkes, vor allem der Weiber, ist *Vasconisch* (Anm.: Baskisch), gar schnell und verzwickt gesprochen, sodass ein rechter Spanier, Italiener oder Franzos soviel wie nichts versteht, wie auch sie kaum ein Wort Spanisch verstehen. Ich hielt mich ganze zehn Tage hier auf, da es Brot, Wein, Fleisch, Fisch und andere Sachen im Überfluss gab. Gleichwohl nit allzu wohlfeil, vermutlich wegen der großen Nachfrage von Seiten des Volkes. Herr *Capitán* Blasio Falcorena, ein königlicher Ritter, versah mich für die nahe spanisch-französische Grenze mit Geld und Briefen. Zwei Meilen von hier gab es eine *Venta*, die auch als Taverne oder *Posada* diente, denn die ganze Nacht durch legte sich bald der eine, bald der andere zu einem ins Bett und nie war ich näher dran, bestohlen zu werden. Von Seiten der Gäste kam ein heilloses *Geschwürbel* und das Trinken, Spielen und Absingen französischer Lieder währte bis zum Morgen.

Den Titel „Perle der kantabrischen Küste" verdankt die seit dem Mittelalter bedeutende Hafen- und Handelsstadt ihrer privilegierten Lage an der muschelförmigen Bucht, genannt *la Concha*, zwischen dem Monte Urgul und dem Monte Igueldo. Manche bezeichnen sie gar als eine der schönsten Städte Spaniens – und es fällt mir schwer zu widersprechen. Am Fuß des Monte Urgul mit dem *Castillo de Santa Cruz de la Mota* erhebt sich die zauberhafte Barockkirche Santa Maria und wenige Schritte entfernt stoßen wir auf das ehemalige Kloster San Telmo (16. Jh.), heute Museum.

Schon Guntzinger hält es fest und das von ihm Gesagte gilt heute noch: In San Sebastián isst man gut und gerne gut. So gerne, dass es hier eine eigene „gastronomische Akademie" gibt, die aus etwa 30 Gruppen besteht, deren

*Tolosa*

Mitglieder – nur Männer – sich regelmäßig und auf sehr hohem Niveau gegenseitig bekochen.

Ein Habsburg-Bezug der Stadt besteht auch, seit dem 19. Jahrhundert, als die Königin Maria Christina von Habsburg den Ruf von San Sebastián als Seebad begründete.

**IRUN, 3 leg**

Ein gar namhafter Flecken, liegt noch in Spanien. Als ich die Pfarrkirche (die fein, herrlich und groß war) nach verrichteter Messe zu verlassen begriffen war, kam eine edle Frau namens Augustina auf mich zu und gab mir mit dem Zeichen der Ehrerbietung eine Handvoll Geld, obwohl ich um nichts gebeten hatte.

Dem *Alcalde* musste ich einen *Pattacon oder Real de ocho* bezahlen, so viel etwa wie bei uns ein Reichstaler. Der *Guardia* musste ich nochmals zwei *Reales de plata* bezahlen, also ein Viertel davon. Dann musste ich alles Geld, das

*San Sebastián*

ich bei mir hatte, herausrücken, sogar die geweihten Kreuzlein aus Caravaca. Ein Offizier sah eine zweifache, gar schöne *Dobla* (Anm.: Dublone) und wechselte sie mir in *Pattacones* um, mit großem Verlust meinerseits, wie sich später herausstellte, da sie in Frankreich viel weniger wert waren. Da ich in ganz Hispanien nie Geld wechseln musste, hatte ich dies nit bedacht. **N** Da heißt es sicher zu gehen und selber noch ein übriges tun: Gnade einem Gott, wenn er mit *vertuschtem* (Anm.: verschwiegenem) Geld ergriffen wird!

## FUENTERRABIA/HONDARRIBIA

Die gewaltige Festung liegt noch etwas weiter im Meer, sie bietet einen schönen Anblick. Ein Stück Weges weiter beim Fluss *Bidasoa* endet Spanien. Man setzt über und betritt Frankreich. Am Ufer drehte ich mich um und blickte zur spanischen Seite zurück, wo ich fünf Personen in Begleitung des Postreiters auf die Fähre zureiten sah. Sie stellten sich als zwei junge Grafen aus Kufstein mit ihrer Begleitung heraus, von denen einer, ein wohl *diskreter*, freundlicher Herr, mich ansprach. Ihre Reise ging aber nach Paris und sie hatten vor, ein Jahr unterwegs zu sein.

Im 10. Jahrhundert gründete König Sancho II. von Navarra die befestigte Stadt an der Grenze zu Frankreich. Im 16. Jahrhundert ließ Kaiser Karl V. die Festung ausbauen, heute ist das Castillo Carlos V. ein Luxushotel. Nur fünf Jahre nach Guntzingers Durchreise, am 3. Juni 1660, heiratete in der gotischen Kathedrale Santa Maria (im 17. Jh. umgebaut) die Habsburger-Prinzessin Maria Theresia einen spanischen Minister, der aber nur als Stellvertreter des französischen Königs Ludwig XIV. fungierte.

Die echte Hochzeit fand sechs Tage später, am 9. Juni, im angrenzenden französischen Saint-Jean-de-Luz in der Kirche Saint-Jean-Baptiste (Johannes der Täufer) statt. Für das kleine Fischerdorf, das bisher vor allem für seine mutigen Walfänger – Harpunisten – bekannt war, wohl die Hochzeit des Jahrhunderts. Unter den illustren Gästen befand sich Kardinal Mazarin, der Bruder des Königs, und auch Anna von Österreich. Die Trauung wurde von Monisignore d'Olce, dem Bischof von Bayonne, gehalten. Sie hätte Guntzinger sicher gefallen. Die Kirche gilt als größte und bekannteste des Baskenlands. Sie wurde im 12. Jahrhundert errichtet, im 15./16. Jahrhundert aber praktisch neu gebaut und im 17. Jahrhundert erweitert. Die Tür, durch die das Hochzeitspaar die Kirche verlassen hat, ist seither zugemauert. Gleich in der Nähe befindet sich das 1643 gebaute Haus von Ludwig XIV.

# ZWEITER ABSCHNITT: FRANKREICH

**SAINT-JEAN-DE-LUZ, 2 leg**

Ich weiß nit, warum bei Zeiller nur eine Meile angegeben wird.
Es ist eine gar liebliche Grenzstadt in Frankreich, an einem Meeresarm gelegen, wo es schon Wirtshäuser und andere gute *Kommoditäten* gibt. Um wenig Geld wurde ich hier gut versorgt. Viele trugen gar hässliche, jüdisch wirkende, niedere, ganz flache, aber zugleich breite Hüte (Anm.: Baskenmützen!). Die spanische Kupfermünze gilt hier gar nichts mehr, hier sind es die *Denares*, drei von solchen ergeben eine *Arditta*. 4 *Ardittas* sind 1 *Sueld*, 20 *Suels* sind 1 *Liure*, 5 *Liures* und 5 *Suels* sind 1 Goldkrone, 10 *Liures* und 5 oder 6 *Suels* sind eine *Pistol* oder *Dobla*. Silbergeld gibt's im Wert von 5, 15, 20 oder 30 *Suels*. Die 20er nennen sie *Kartekiß*.

**BAYONNE, 3 leg**

Eine bekannte Hafenstadt mit einer befestigten Bastei, deren Soldaten und Geschütze gegen Spanien ausgerichtet sind. Über den Fluss (Anm.: die Adour) führen zwei lange Brücken. Hoch über diesem hängt ein eiserner Käfig von der Form eines Papageienkäfigs, doch viel größer. Er ist für *gemeine Weiber* gedacht.
Am Donnerstag gegen die Nacht hin gibt es wegen des stattfindenden Wochenmarktes eine Schiffsgelegenheit nach *Dax*, während der man zugleich reisen und rasten kann (Anm.: Guntzinger entschied sich aber für den Landweg). Bei einer Totenandacht in der Hauptkirche jammerten die Weiber, wie ich es schon von Spanien her kannte.

Das „Alte Schloss", *Le Château Vieux*, aus dem 11. Jahrhundert (heute im Besitz der Armee), die gotische Kathedrale Sainte Marie (13.–16. Jh.) und der gotische Kreuzgang zeugen vom Reichtum der Handels- und Militärstadt, die drei Jahrhunderte unter englischer Herrschaft stand. Sie gehörte nämlich im 12. Jahrhundert zur Aussteuer der Königin Alienor von Aquitanien (der Mutter von Richard Löwenherz) und blieb bis 1451 englisch. Die Grundlage des Reichtums der Stadt war der Handel mit Stockfisch aus Neufundland.

Die von Guntzinger erwähnten Eisenkäfige hießen *Panneceau*. Ehebrecherinnen und schlecht beleumundete Frauen wurden in sie eingesperrt und in den Fluss geworfen.

*Camino de la Costa bei Saint-Jean-de-Luz*

Ich bin mir immer sicherer, dass Guntzinger sich nicht mehr als Jakobspilger gesehen hat, sondern einfach als Heimreisenden mit einem besonderen Interesse für Wallfahrtsorte. Sonst hätte er bestimmt die Kirche Saint-Esprit, die Heilig-Geist-Kirche (romanisch-gotisch), die für Jakobspilger eine wichtige Station auf ihrer Pilgerreise war, besucht.

**TARNOS, 1 k leg**

Nit weit danach gab's Gewässer, wo man trockenen Fußes nit durchkonnte. Auf drei Meilen war der Boden tief und sandig, übel zu reiten und gar übel und mühsam zu gehen.

Vom alten Ort ist nichts mehr zu sehen. Bis hinunter zur spanischen Grenze ist der gesamte Küstenstreifen zu einer einzigen gigantischen urbanen Masse zusammengewachsen, mit Autobahn, Schnellstraße und jeder Menge Kreisverkehr und Einkaufszentren.

*Saint-Jean-de-Luz*

## BIARRITZ

Das noble Seebad hat als solches zu Guntzingers Zeiten sicher noch nicht existiert und wahrscheinlich auch nicht der *Rocher de la Vierge*, der „Marienfelsen", eine Klippe am Meer. Es ist ein Wallfahrtsort jüngeren Datums, den Guntzinger wohl nicht ausgelassen hätte.

**SAINT-VINCENT-DE-TYROSS, 3 leg**
Die Leute aus der Gegend verwenden Kerzen aus Baumharz, das aus den Bäumen fließt, die zu diesem Zweck auf der Sonnenseite geschält und angehackt werden.

Nordöstlich von Bayonne beginnen die *Landes*. Heute ist diese Region das größte geschlossene Waldgebiet Mitteleuropas (1 Million Hektar!), dessen Pinien 45 % der Gesamtfläche von drei Departements bedecken. Sie wurden im 19. Jahrhundert im Rahmen eines gigantischen Aufforstungsprogramms unter Napoleon III. angepflanzt, primär zur Gewinnung des damals äußerst wertvollen Brennstoffs Baumharz. Seit Mitte des 20. Jahrhunderts steht die Holzproduktion im Vordergrund. Vorher waren die *Landes* eine einzige riesige, beinahe unerschlossene und gefährliche Sumpf- und Sandwüste. Wenige Wege durchquerten sie und nur auf den seltenen höher gelegenen Stellen konnte sich der Mensch niederlassen, Land bestellen und Vieh halten. Noch in der ersten Hälfte des 20. Jahrhunderts bewegten sich die Hirten auf Stelzen, einerseits, um einen besseren Blick auf ihre Herden zu haben, aber vor allem, um sich überhaupt in dem schwierigen Gelände (Sumpf, Tümpel, Unterholz) fortbewegen zu können. Zwei der vier großen französischen Jakobswege durchqueren die *Landes* von Norden nach Süden: die *Via Limovicensis* und die *Via Turonensis*. Dieser Abschnitt war unter Pilgern gefürchtet, denn die Ortschaften lagen weit auseinander und viele Gefahren lauerten auf den Pilger: Raubtiere, Schlangen, Räuber, der Sumpf. Die größte Gefahr für den – ortsunkundigen – Pilger war aber, sich in dieser menschenleeren Einöde zu verirren. Guntzinger war am Südrand der *Landes* unterwegs, der schon offener, trockener und weniger gefährlich ist, doch auch er bekam vom Schrecken der *Landes* einiges mit, wie seinem Bericht zu entnehmen ist. Ich selbst habe sie im Zuge meiner Pilgerreise von 2004 auf der *Via Limovicensis* durchquert, es war eine meiner längsten und schwierigsten Etappen. Ich hätte mich beinahe verirrt und mit dem Wasser wurde es auch sehr knapp.

**SAINT-GEOURS-DE-MAREMME, 1 k leg**

Die sandige Straß will noch nit enden, doch der Sand ist jetzt weniger tief.

Wir sind im Reich der Gänseleberpastete. Einer der größten Produzenten dieser Spezialität hat seinen Betrieb im Ort, Besuch und Verkostung sind möglich und erwünscht.

**DAX/SAINT-PAUL-LES-DAX, 2 leg**

Eine feine, am Fluss Adour gelegene Stadt mit Bischofsresidenz samt dazugehörender *auferbaulicher* Priesterschaft und gar *zierlich gehaltenen* Kirchen. Wir waren am Tag des hl. Franziskus, einem Sonntag, dort und noch vor dem Gottesdienst gab es viel Pfeiferei, wie in Spanien. Wohl zu leben da.

Schon die Römer wussten das heiße Schlammwasser (62 Grad!) zu schätzen und errichteten hier die Thermen *Aquae Tarbellicae*, aus denen im 5. Jahrhundert die *Civitas Aquensium* wurde. Wenn man den Namen des beliebten Kurortes (Heilbäder gegen rheumatische Erkrankungen) mit einem Apostroph versieht, also d'Ax liest, erkennt man seinen Ursprung, denn er leitet sich von „Wasser" ab (frz. *eaux* im Plural), wie auch bei Aix-en-Provence oder Aix-les-Bains. Die Reste des großen keltisch-römischen Tempels sowie eine Vielzahl von Funden aus der Römerzeit können im neugestalteten Museum besichtigt werden.

Die Kathedrale Notre Dame stammt aus dem 17./18. Jahrhundert, im Inneren sehen wir das Portal des gotischen Vorgängerbaus.

Der kleine Ort Saint-Paul-les-Dax unmittelbar neben Dax beherbergt eine der schönsten romanischen Kirchen der Region (12. Jh. mit der Apsis aus dem 11. Jh.). Was Dax aber für Pilger besonders macht, ist der Umstand, dass der „Heilige der Armen", Vincent de Paul (1581–1660), der in den *Landes* geboren war, in Dax gelebt und gewirkt hat. Er war ein Zeitgenosse von Guntzinger, hatte 1633 die *Compagnie des Filles de la Charité* („Gesellschaft der Töchter der Nächstenliebe") gegründet und war im Dienste des Friedens und der Nächstenliebe in ganz Europa unterwegs. Die 1833 gegründeten „Vinzenzgemeinschaften" mit weltweit etwa 800.000 Mitgliedern führen sein Werk fort. Dass Guntzinger kein Wort über den hl. Vincent verliert, ist vielleicht die größte Lücke in seinem Bericht.

### PONTONX-SUR-L'ADOUR, 2 leg

Noch immer sind Fuhr- und Fußweg gar sandig.

### TARTAS, 2 k leg

Ein doppeltes Städtlein dies- und jenseits des Flusses. Auch hier ist wohl zu leben – schöne Früchte, guter Wein, liebe Leut. Der Weg hinaus ist schwer zu finden und trotz vielen Nachfragens bin ich auf der weiten Ebene eine ganze Meile fehlgegangen. Desgleichen ist auch anderen widerfahren.

### MONT-DE-MARSAN, 2 leg

Über *Campagne* (2 leg) kam ich dann nach Mont-de-Marsan. Es liegt höher, hat einen großen Markt und viel Leut. Hier riet man mir, über *Villeneuve-de-Marsan* (2 leg), *Le Houga* (2 leg), die Stadt *Nogaro* (2 leg) usw. meine Reise fortzusetzen. Da ich den Grund für diese Routenänderung nit kannte, beschloss ich, auf der geplanten Strecke zu bleiben.

*Die Kathedrale von Bayonne*

*Cazaubon*

Die Hauptstadt des Departements *Landes* (nicht gleichzusetzen mit der Region), etwas höher als die Umgebung gelegen, ging aus einer vom Vicomte de Marsan 1114 gegründeten Ansiedlung hervor. Diese hatte vor allem strategisch-militärische Bedeutung, von ihr aus wurde der Durchzugsverkehr durch das riesige Gebiet überwacht. Das Militär prägte auch in der Neuzeit die Geschichte der Stadt. Dem im Südwesten Frankreichs äußerst populären 34. Infanterieregiment, das von 1876 bis 1997 in der Stadt stationiert war, ist sogar ein eigenes Museum gewidmet.

**SAINT-JUSTIN, 4 leg**

Dort waren gar wenige Leut auf der Straß und alles war still. **N** Die Ursach dafür war die Kunde von einer in der Gegend wütenden tödlichen Krankheit. So verließ auch ich jetzt die ursprüngliche Route und kam so nach Cazaubon.

*Die Hospizkapelle von Eauze*

Das Dorf Saint-Justin gehört zu den etwa 200 *Bastides* (befestigte Ansiedlungen), die im Zuge des Hundertjährigen Krieges zwischen England und Frankreich vom französischen König oder lokalen Feudalherren im Südwesten Frankreichs angelegt wurden. Sie hatten eine Verteidigungsfunktion, hier fanden die Bauern der Umgebung bei einem Angriff Zuflucht. Saint-Justin wurde 1280 am Ort einer älteren Ansiedlung angelegt, 1359 von den Engländern belagert und 1569 während der Religionskriege von den Protestanten geplündert. Danach verfiel es und wurde 1654, also genau in dem Jahr, in dem Guntzinger durchreiste, für zerstört erklärt. Kein Wunder, dass er schreibt: „Gar wenig Leut und alles still"! Seine Bewohner haben aber nicht aufgegeben. Das Ergebnis ihres Engagements ist heute ein lebendiges Dorf mit arkadengesäumtem Platz, Resten der Befestigungsanlagen (achteckige Türme, Wehrgang), einer spätromanischen Pfarrkirche (13. Jh.), alten gepflegten Fachwerkhäusern und dem Schloss (mit Park) des Vicomte de Marsan.

**CAZAUBON, 2 L oder 3 k leg**

Wieder ging ich falsch, auch weil ich die Sprach nit verstand. In meiner Angst, von der hereinbrechenden Nacht überrascht zu werden, rief ich die heiligen Patrone um Hilfe und Gott schickte mir Menschen und eine Schlafgelegenheit.

Wir befinden uns am Südostrand der *Landes*. Hier war Guntzinger offensichtlich zu Fuß und alleine unterwegs. Da überrascht es mich überhaupt nicht, dass er sich verirrte. Cazaubon ist ein kleines, verschlafenes Nest mit einem schönen, gut erhaltenen mittelalterlichen Kern. Die neugotische Pfarrkirche (1861–1871) ist dem hl. Martin geweiht, hinter der Kirche entdecke ich ein altes Gebäude, in dem im Mittelalter ein Kloster untergebracht war.

**EAUZE, 2 L oder 3 k leg**

Der Herr Vikar war jung, aber bescheiden. Hier sind die Geistlichen weltlich gekleidet doch unbewaffnet und tragen schwarze Tracht mit der Krone am Haupt (Anm.: vermutlich ein Birett).

Guntzinger quert hier die *Via Podiensis*, den heute meistbegangenen der französischen Jakobswege, der in Le Puy im Zentralmassiv beginnt. Eauze, Zentrum der Region Armagnac (die den gleichnamigen hervorragenden Weinbrand produziert), ging aus der römischen Ansiedlung *Elusa* hervor und war schon im 3. Jahrhundert Bischofssitz. Die Reste der antiken Siedlung, archäologische Funde und der berühmte „Schatz von Eauze", bestehend aus 28.000 Münzen und Schmuckstücken der Römerzeit, werden im dafür geschaffenen Museum ausgestellt.

Die mittelalterliche Stadt bildete sich um das 980 gegründete, zu Cluny gehörende Benediktinerkloster. Der Bau der mächtigen gotischen Kathedrale auf der Hügelspitze begann aber erst um 1467. Sie ist dem Stadtpatron, dem hl. Luparc, geweiht, einem frühchristlichen Märtyrer aus Elusa. In einer der verwinkelten Gassen entdecke ich die Kapelle des ehemaligen Pilgerhospizes und erfahre, dass sie demnächst restauriert werden soll. Das Gebäude des Hospizes selbst wird heute als Wohnhaus genutzt.

**VIC-FEZENSAC, 2 l oder 3 k leg**

Zwischen den Orten treibt sich hin und wieder Kriegsvolk herum und es ist gefährlich zu reisen. Ein vornehmer Herr unterhielt sich lange mit mir auf La-

> tein und fragte unter anderem, ob ich nit von ihren französischen Soldaten, die ärger seien als *mörderisches Volk*, in irgendeiner Weise belästigt, *übel traktiert* oder beraubt worden wäre. Als ich verneinte, bekreuzigte er sich bestürzt, denn dann, so glaubte er, könne es sich nur um ein Wunder handeln. Und auch noch weiter am Weg würden die gleichen Gefahren lauern. Eine gute Weile noch fragten mich blasse, elend aussehende Leut ängstlich nach dem Kriegsgesindel. Ich hatte aber auf der ganzen Strecke fast keinen Mann gesehen.

Im 9. Jahrhundert wurde am Ufer des Flusses Osse eine kleine Siedlung, ein *Vic* (vom Lateinischen *vicus* – unbefestigtes Dorf) gegründet, ein gewisser Fezensac war einer der ersten Grundherren. Über Jahrhunderte bestand der Ort aus zwei Teilen, die sich um die beiden Machtzentren Kirche bzw. Schloss des Grafen von Fezensac gebildet hatten. Erst durch den Bau der Markthalle zwischen den beiden getrennten Ortsteilen entstand das geschlossene Bild, das sich uns heute präsentiert. Während der Religionskriege eroberten die Protestanten 1569 die Stadt und zerstörten die Kirche. Als die Katholiken sie wieder einnahmen, schleiften sie den verbliebenen Rest der Befestigungsanlagen, füllten die Gräben aus und bauten die Kirche (ursprünglich 1190) neu. So sehen wir heute, abgesehen vom Glockenturm des früheren Baus, nach Umbauten im 15. Jahrhundert und dem Wiederaufbau des 16. und 17. Jahrhunderts einen in erster Linie gotischen Bau.

Vic-Fezensac liegt an der Hauptstraße von Bayonne nach Toulouse. Im 18. Jahrhundert wurde sie zur *Route Nationale* ausgebaut und bekam die bis heute im Wesentlichen immer noch bestehende Form.

Den berühmtesten aller Musketiere, d'Artagnan, hat es wirklich gegeben! Er stammte aus Lupiac, einem kleinen Dorf knappe 15 Kilometer südwestlich von Vic-Fezensac und hieß Charles de Batz Castelmore. Er war Kapitänleutnant der ersten Musketierkompanie von Ludwig XIV. und Beauftragter für besonders delikate und gefährliche Missionen. Dem Zeitgenossen unseres Prälaten, er lebte von 1610 bis 1673, ist in der *Chapelle Notre Dame* in seinem Heimatort ein Museum gewidmet.

## SAINT-JEAN-POUTGE

Das kleine Nest war bis ins 20. Jahrhundert Pferde- und Poststation. Ab hier ist die *Route National* bis Toulouse fast durchgehend zur Schnellstraße ausgebaut.

**AUCH, 3 leg**

Sitz eines Erzbischofs. Aus Angst vor Ansteckung wurde ich nit eingelassen und musste statt in der Herberge in einem Haus in der Vorstadt schlafen und bekam nur böse Worte und Spott zu hören. Nach einer mit Frost, Hunger und Durst verbrachten Nacht wollte man mir nit einmal um Gottes Willen Wasser reichen, um mein Gesicht zu waschen. Die Stadt mag nach außen hin wohl *disponiert* sein, das Volk aber ist ohne Mitleid mit und etwas grob gegen Fremde.

Bis Toulouse ist Guntzinger nun auf der *Via Tolosana* unterwegs, die in Arles beginnt.

Auch, Bischofssitz und Hauptstadt des Departements Gers, hat seine Haltung gegenüber Reisenden und Pilgern seit Guntzinger anscheinend nicht verändert. Ich wurde auf meiner Pilgerreise von 1995 in Auch ebenfalls unfreundlich abgewiesen und verbrachte die Nacht im Park hinter der Kathedrale, zu Füßen der Statue von d'Artagnan – also doch in guter Gesellschaft. Die Stadt wurde 879 auf den Resten eines römischen *Oppidums* gegründet und gelangte rasch durch das Wirken dreier Klöster (Augustiner, Saint-Orens und Saint-Jacques) und der relativ friedlichen Zusammenarbeit von vier Machtgruppen (gewählte *Konsuln*, Erzbischof, Graf von Armagnac und Prior von Saint-Orens) zu einer bis ins 15. Jahrhundert währenden Blütezeit. (Orens war Bischof im antiken Auch des 5. Jh.) Ludwig XIV. beendete sie durch die Vernichtung der Armagnac. 1390 begannen die Bauarbeiten an der Kathedrale, die erst, unterbrochen durch einen Brand, 1489 wieder aufgenommen und schließlich im 17. Jahrhundert abgeschlossen wurden. Das Chorgestühl mit 1500 Abbildungen von biblischen, historischen und legendären Personen ist wohl das herausragendste Element dieses beeindruckenden Gotteshauses. An die Jakobspilger erinnert das sich heute in Privatbesitz befindliche *Hospice Saint-Jacques*.

**GIMONT, 3 leg**

Von Auch aus ging es durch angenehmes Land, linkerhand sah ich das schöne bischöfliche Schloss. In Gimont ließ man mich nach Vorweisen meines Schreibens gleich ein. Im guten Wirtshaus „Zum roten Hut" bekam ich nach der letzte Nacht erlittenen Not alles, um mich zu erquicken. Gelehrte Geistliche.

1142 gründeten die Zisterzienser auf einem Hügel am Fluss Gimone ein Kloster, um das herum sich eine kleine Ansiedlung bildete. Sie wurde 1265

*D'Artagnan-Denkmal in Auch*

*Toulouse, Couvent des Jacobins*

zur *Bastide* ausgebaut und bekam so das für diese charakteristische Aussehen: Stadtmauern, Straßen und Gassen auf dem Reißbrett entworfen, zentraler laubgesäumter Platz mit den *Halles* (überdachter Markt) in der Mitte. In Gimont weisen diese eine Besonderheit auf, sie überdachen noch heute die *Route Nationale*, die sie genau in zwei Hälften teilt. Die gotische Pfarrkirche (14. Jh.) mit dem achteckigen Glockenturm (16. Jh.) ist aus Backstein errichtet, im Inneren entdecken wir einen Flügelaltar, der sich ursprünglich in der Klosterkirche befand. Auf meiner Pilgerreise nach Santiago (ich war am 23. Feber 1995 in Arles aufgebrochen) waren ich und mein treuer Hund Ajiz Gäste im Bezirkskrankenhaus von Gimont, wo die jahrhundertealte Tradition der Gastfreundschaft dem Pilger gegenüber immer noch gepflegt wird.

**L'ISLE-JOURDAIN, 2 leg**

Eine halbe Meile außerhalb lag zur Linken *Clermont-Savès*.

Der mächtige Herr von L'Isle, Raymond de L'Isle (er war Cousin des Grafen von Toulouse), war 1099 als Kreuzritter ins Heilige Land gezogen und hatte seinen Sohn im Jordan taufen lassen – auf den Namen des Flusses (auf Frz. Jourdain). So kam ihr Stammsitz im Südwesten Frankreichs zu seinem heutigen Namen. Auch der hl. Bertrand de Comminges (1150–1125) stammte aus dem Geschlecht der de L'Isle. Bevor er das berühmte Kloster am Fuß der Pyrenäen gründete und als Priester ein heiligmäßiges Leben führte und viele Wunder vollbrachte, war er als Ritter aktiv im Kampf gegen die Mauren in Spanien beteiligt gewesen. (Dieser Lebenslauf eines Adeligen war im Mittelalter gar nicht selten. Berühmtestes Beispiel ist Franz von Assisi.)

Von der Kirche des 13. Jahrhunderts blieb nur der Turm stehen, er wurde als Glockenturm in die neue Kirche (1778) integriert, welche die Reliquien des hl. Bertrand und des hl. Odo (874–942, Abt von Cluny) beherbergen.

Wir nähern uns Toulouse, wir merken es auch an den häufiger werdenden Backsteinbauten (neben der Kirche auch Rathaus und *Halles*), charakteristisch für den Toulouser Architekturstil.

Auch in L'Isle-Jourdain war ich Gast im Krankenhaus, hier ist der Bezug zum Jakobsweg noch unmittelbarer, denn es ging aus dem früheren Pilgerhospiz hervor und trägt heute noch den Namen Saint-Jacques!

### LEGUEVIN, 2 M

In dieser Gegend gibt es viele Windmühlen.

### TOULOUSE, 2 M

Von San Sebastián nach Toulouse sind es 46 oder auch 50 Meilen, in der Größe mit den spanischen oder auch deutschen zu vergleichen.

Die Stadt ist edel, volkreich, groß, mit vielen Kaufleuten und liegt am großen Fluss Garonne. Dieser wird von einer steinernen, *kostbarlich* erbauten, überaus stattlichen, schönen Brücke überspannt. Hat einen Erzbischof und gute Priesterschaft. Der Stefansdom ist ganz herrlich, wie auch das Gotteshaus *Saint-Saturnin*. Es ist ein ansehnliches großes Gebäude mit sehr vielen und vornehmen Heiligtümern, als da sind: die Leiber der Heiligen Philipp und Jakobus, Simon, Judas und des Apostels Barrabas. Sie geben auch vor, Reliquien von Jakobus d. Älteren zu haben, vom hl. Georg und vom hl. Ägyd. Item haben sie auch den Leib samt dem Haupt ihres Patrons, des ersten Bischofs der Stadt, Sankt Saturninus sowie einen blutigen Stein vom Erzmärtyrer Stefan, einen Stockzahn vom hl. Christoph und

Reliquien von vielen anderen Heiligen, Märtyrern, Beichtigern und Jungfrauen.
Von Toulouse gibt es wöchentlich eine Reisegelegenheit zu Pferd nach Lyon. Fürs Pferd und alle Unkosten wollen sie wenigstens 38 Taler pro Person. Da habe ich mich der Kosten wegen nit leicht darauf eingelassen, sondern habe mich selbst um andere Möglichkeiten umgesehen. Anders könnten sie wohl die gute und schöne Straß von 70 Meilen (wohl eher 80) nit führen. Ich habe mich dann für die mit 60 Meilen zwar kürzere (in der Folge beschrieben), aber gröbere und schlechtere Straß – mit schlechtem Wein und meistens spärlicher Nahrung – entschieden. Wir verreisten am 15. Oktober.

Lange Zeit lag die „rosa Stadt" (so genannt wegen ihrer zahlreichen Backsteinbauten) im Streit mit Santiago, denn es wurde behauptet, der Apostel Jakobus sei in Wahrheit in Toulouse begraben. Sicher spielte dabei der Ehrgeiz eine Rolle, diesen großen Heiligen der Christenheit bei sich zu haben, aber es würde mich wundern, wenn nicht auch ganz schnöde wirtschaftliche Überlegungen ein schweres Gewicht in diesem Streit hatten. Waren doch die Pilgerströme aus ganz Europa ein gewaltiger Wirtschaftsfaktor für ganz Galicien (und sind es heute wieder)! Wie wir heute wissen, hat sich Toulouse trotz aller Bemühungen und trotz seiner nicht zu leugnenden Bedeutung für die Jakobspilger nicht durchgesetzt.

*Tolosa* war im 3. Jahrhundert vor Christus eine keltische Siedlung, die Römer erkannten die strategisch günstige Lage an der bis zum Atlantik schiffbaren Garonne und machten sie schon im 2. Jahrhundert nach Christus zur Provinzhauptstadt mit 20.000 Einwohnern. Sie blieb Hauptstadt auch des westgotischen Königreichs und war später unter den mächtigen Grafen von Toulouse bis ins 13. Jahrhundert wirtschaftliches und geistiges Zentrum von Südwestfrankreich (Gründung der Universität 1229). Doch der Kreuzzug gegen die Katharer, der mit dem Tod von Raymond VII., dem Grafen von Toulouse und der Einverleibung der reichen und mächtigen Grafschaft ins Königreich Frankreich endete, bedeutete auch das Ende der Blüte von Toulouse. (Die Expansionsgelüste des französischen Königs waren der eigentliche Grund für den Kreuzzug, der Kampf gegen die als Ketzer verfolgten Katharer war nur vorgeschoben.)

Die romanische Basilika Saint-Sernin (11.–13. Jh.) – sie ist nach dem ersten Bischof von Toulouse und Märtyrer (250) St. Saturnius benannt – ist eine klassische Pilgerkirche. Mit ihrer Breite (15 m), Länge (64 m) und Höhe

*Rabastens* *Gaillac*

(21 m) wurde sie entworfen, möglichst viele Pilger aufzunehmen. Sie gilt, nach der von Cluny, als zweitgrößte romanische Kirche Frankreichs. Natürlich finden wir in Toulouse auch andere sehenswerte Gotteshäuser, darunter – nur beispielhaft – die romanisch-gotische Kathedrale Saint-Etienne, Kloster und Kirche der Augustiner (14.–16. Jh.), heute Museum, sowie Kirche und Kloster der Dominikaner (13./14. Jh.). Das Hospital am linken Garonneufer ist aus der Zusammenlegung von zwei Hospizen des 12. und 13. Jahrhunderts entstanden und trägt sicher nicht zufällig immer noch den Namen *Hôtel-Dieu Saint-Jacques.*

Guntzinger hat sich für die direkte Verbindung nach Lyon über das Zentralmassiv entschieden. Der längere und bessere Weg führt wohl der Küste entlang bis Montpellier und dann der Rhône aufwärts bis Lyon.

**RABASTENS, 5 k M**

Diesmal eine gar gute Nachtherberg und Mahlzeit.

*Rodez*

*Pont de Cirou*

Der Ort liegt seit dem 12. Jahrhundert an einem Jakobsweg. Die Benediktiner aus Moissac gründeten hier in der Mitte des 12. Jahrhunderts ein Priorat mit der Kirche Notre Dame du Bourg, die tatsächlich einer Festung gleicht. 1230 wurde sie auf Verlangen der mächtigen Dominikaner zur Pfarrkirche des Ortes, doch das selten schöne romanische Portal mit den acht Marmorsäulen und -kapitellen blieb erhalten. 1318 spendete der Erzbischof von Santiago (!) einen neuen Chor und im Inneren mit seinen schönen Fresken (13.–16. Jh.) sehen wir vorne links an der dritten Säule den hl. Jakobus als Pilger. Früher gab es sogar eine eigene Jakobskapelle. All dies deutet auf einige Bedeutung des Ortes für die Jakobswegtradition hin, was jedoch im 17. Jahrhundert, in einer Zeit der Krise, offensichtlich nicht mehr der Fall war.

**GAILLAC, 2 M**

Volkreich, nit groß. Auf einem kleinen Platz steht ein zierlicher Brunnen mit vielen Steinsäulen. Aus gar vielen großen und kleinen Rohren schießt Wasser.

Der einst wichtige Verkehrsknoten und Hafen für die Flussschifffahrt (auf dem Tarn) ist heute Zentrum eines etwa 20.000 Hektar umfassenden Weinbaugebietes. Schon im 7. Jahrhundert gründeten hier die Benediktiner ein Kloster, das sie dem hl. Michael weihten. Die Arbeiten an der Stiftskirche Saint-Michel begannen im 11. Jahrhundert und wurden erst im 14. Jahrhundert abgeschlossen.

### VILLENEUVE-SUR-VERE, 2 I M

Ein schlechter Ort, hoch gelegen, wo eine steinige und raue Straß beginnt, die zu noch schlechteren Dörfern führt.

Eine der vielen Überraschungen auf Guntzingers Spuren: Der „schlechte Ort" entpuppt sich als interessantes, geschichtsträchtiges Dorf, das aber in keinem Fremdenführer Erwähnung findet. Der Dorfplatz von riesigen Ausmaßen weist schon darauf hin, dass sich hier seit dem Mittelalter ein wichtiger überregionaler Viehmarkt befand, der noch bis in die 1930er-Jahre Viehhändler aus nah und fern anzog. Entsprechend schöne alte Häuser umgeben den Platz. Von einer freundlichen Dorfbewohnerin erfahre ich, dass der Ort früher eine beliebte Sommerfrische der Bürgerfamilien aus Albi (14 km weiter südöstlich) war, doch jetzt langsam ausstirbt, seitdem vor einigen Jahren das letzte Lebensmittelgeschäft zugesperrt hat. Interessant, dass die Straße, auf der Guntzinger unterwegs war und die sicher ein wichtiger Verkehrsweg war, die doch bedeutende Stadt Albi auslässt (Umgehung des Wegzolls?).

Ich lasse mich von der Atmosphäre des gewaltigen Platzes widerstandslos gefangen nehmen und genieße, vollkommen alleine, nur umgeben von Stille, die letzten Minuten eines vergehenden Tages. Dann noch, die Dunkelheit hat schon gesiegt, Kinderstimmen. Eine freundliche Französin, die sich mit ihrem Mann, einem Engländer, hier niedergelassen hat, macht mit ihren norwegischen Enkelkindern noch einen Abendspaziergang – wo sie auf einen Österreicher trifft. Willkommen in Europa!

### CRESPIN, 4 M

Ging hier nit zum Besten diese Nacht.

Kurz vor dem fast ausgestorbenen Dorf komme ich Guntzinger wieder ganz nahe. Die alte Straße, die über die noch ältere Brücke (14./15. Jh.) über den Fluss Viaur führt, ist dieselbe wie zu Guntzingers Zeiten. Es ist die uralte

Poststraße von Albi nach Rodez. Mit dem Fluss und der Brücke *Pont de Cirou* überqueren wir auch die Grenze zwischen den Departements Tarn und Aveyron.

### RODEZ, 5 k M

Diese bekannte Stadt liegt auf einem Berg. An seinem Fuß ein holdseliges Märktlein, gar lieblich anzusehen. Dort wurden wir in einem Wirtshaus gleich hinter der Kirche wie Adelige behandelt.

Die Arbeiten an der beeindruckenden gotischen Kathedrale Notre Dame der alten Bischofsstadt dauerten vom Ende des 13. bis zum 15. Jahrhundert, doch die Mühe hat sich gelohnt. Der Eindruck, vor einer Festung zu stehen, wird noch durch die beiden massiven Türme verstärkt, die die Westfassade flankieren. Tatsächlich diente sie zur Verteidigung der *Cité*, des Bischofssitzes, gegen die Angriffe der Grafen von Rouergue. Die an sich schöne, sehenswerte Altstadt wird wie jede größere Stadt in Frankreich – Rodez ist Hauptort des Departements Aveyron – nicht mehr von Mauern, sondern von einem dichten Ring von Einkaufszentren, Gewerbebetrieben, Umfahrungsstraßen und Kreisverkehren (mit den unvermeidlichen Staus) umgeben. Da die Stadt auf einem Hügel liegt, wird der Eindruck eines „Schutzwalls" des 21. Jahrhunderts noch deutlicher sichtbar. Der Preis des Fortschritts ...

### ESPALION, 4 M

Ein tief in den Bergen liegendes Städtlein, wo wir ebenfalls wohl aufgenommen wurden.

Das bis vor kurzem noch verschlafene malerische Städtchen mit der alten Brücke über den Fluss Lot erlebt mit dem Pilgerboom eine neue Blüte. Es liegt auf dem *Chemin du Puy*, der von den vier großen französischen Jakobswegen der meistfrequentierte ist. Die zahlreichen Pilger, gleich erkennbar an Rucksack, Stock, Wanderschuhen und Jakobsmuschel, prägen heute das Stadtbild, zu Guntzingers Zeiten nicht oder nicht mehr, er verliert ja auch kein Wort darüber. Besonders sehenswert und berühmt ist die nur einen Kilometer entfernt liegende *Eglise de Perse*. Sie stammt aus dem 11. Jahrhundert und wurde von den Mönchen von Conques zu Ehren des hl. Hilarion, Beichtvater von Karl dem Großen, errichtet. Er hatte sich gegen Ende seines Lebens als Einsiedler in die Gegend von Espalion zurückgezogen und war dort von Saraze-

*Abendstimmung auf dem Hochplateau Aubrac*

nen enthauptet worden. Die kleine Kirche ist Romanik pur, von einer schlichten, ergreifenden Schönheit, die zum Verweilen und Besinnen einlädt.

Seinem Bericht nach zu schließen hat Guntzinger in Espalion übernachtet. Dass er die *Eglise de Perse* da keines Wortes würdigt, überrascht mich gar nicht mehr – er will endlich heim.

**LACALM, 5 k M**

Liegt noch höher. Für viele Meilen geht es danach auf einem ungeschlachten Weg.

Die Abendsonne taucht das winzige Dorf auf dem kargen Hochplateau (über 1000 m) in ein warmes goldenes Licht. Wie verzaubert verharre ich eine Weile, um die Stimmung in mir aufzunehmen. Abgesehen vom Asphalt der Straße könnte alles so sein wie schon zu Guntzingers Zeiten. Die kleinen, mit Schieferschindeln gedeckten Steinhäuser, die sich gegen den Wind stemmen,

*Saint-Flour*

der Rauch aus ihren Schornsteinen (in dieser Höhe wird es abends frisch), die bescheidene uralte Kirche, die Schafe und Ziegen auf den Wiesen. Doch die Satellitenschüsseln auf den Dächern gab es damals nicht.

**PONT-DE-LANAU, 3 M**

Eine Einschicht in einer ziemlich feinen, fruchtbaren Gegend an einem Fluss, den wir überquerten.

Dort, wo sich Guntzinger über die Truyère übersetzen ließ, wurde der Fluss im 20. Jahrhundert für ein Wasserkraftwerk aufgestaut. Heute überspannt eine hohe Brücke den Stausee. Nur noch ein kurzes Stück der alten Poststraße ist zu sehen.

**SAINT-FLOUR, 3 M**

Die Stadt liegt hoch und ist bekannt für ihre kunstreichen Klingen- und Messerschmiede. Ein einzelnes Messer sah ich hier um 20 Taler angeboten. Sonst ist hier wohl zu leben und gar gute Leut.

Der Hauptort der Hoch-Auvergne thront auf einem gewaltigen Basaltmassiv, fast auf allen Seiten geschützt durch senkrechte Felswände. Hier errichtete der heilige Florus im 5. Jahrhundert eine erste Kapelle, von der aus er begann, die Bewohner des Landes zu evangelisieren. Aus der ersten bescheidenen Siedlung wurde im Laufe der Jahrhunderte eine blühende Stadt, Bischofssitz und wirtschaftliches wie geistiges Zentrum der Region. Auf den Ruinen des im 11. Jahrhundert vom Abt von Cluny gegründeten Priorats wurde die gotische Kathedrale Saint-Pierre (15. Jh.) errichtet, in ihr entdecken wir interessante Glasmalereien und Fresken. Der angrenzende Bischofspalast wurde im 17. Jahrhundert neu gebaut und beherbergt heute das Museum der Hoch-Auvergne. Auf dem *Chemin des Chèvres*, dem „Ziegenweg", einem der wenigen direkten Zugänge in die Stadt, kommen wir – auch Guntzinger – hinunter zum *Pont Vieux*, der „Alten Brücke" (14. Jh.) über die Truyère.

Trotz der noch beachtlichen Strecke, die es noch bis Lyon zurückzulegen gilt (etwa 210 km), habe ich den Eindruck, dass unser Prälat hier sprichwörtlich verstummt. Er begnügt sich mit der Aufzählung von einigen wenigen Ortschaften am Weg, praktisch ohne Kommentar. Mir fällt auf, dass zum ersten Mal auf seiner langen Reise die Route, auf der Guntzinger unterwegs war und die zu seiner Zeit als Poststraße von Toulouse nach Lyon mit Sicherheit wichtig war, als solche heute gar nicht mehr existiert. Nicht wie bisher, wo aus der Poststraße meistens eine *Route Nationale* wurde. Es gibt zwar Abschnitte, deren Verlauf dem der alten Straße entsprechen dürfte, aber immer wieder muss ich extrem kleine und enge Straßen benützen, um in die nächste von ihm erwähnte Ortschaft zu gelangen. Dafür ist die Strecke landschaftlich wunderschön, beinahe ohne Verkehr, und die Dörfer beherbergen Kleinode, die ich voller Begeisterung entdecke.

### LAVOÛTE-CHILHAC, 5 k M

liegt lustbar in einem Tal am Bach.

1025 gründete Odilo von Mercoeur, Abt von Cluny, in einer Schleife des Flusses Allier, traumhaft schön gelegen, ein Priorat. Von der ersten Kirche (12. Jh.) blieb das Hauptportal, die *Porte Saint-Odilon*, der Rest wurde im 15. Jahrhundert umgebaut. Den bezaubernden Ort im Herzen des Zentralmassivs betreten wir über die beeindruckende mittelalterliche Steinbrücke.

Kurz vor dem Ort kommen wir an einer Burgruine mit einem noch erhaltenen Turm und einer Kirche vorbei. Es war der Sitz des Geschlechts der Mercoeur, aus dem der Abt Odilo stammte. Die romanische Kirche (13. Jh.) mit dem achteckigen Glockenturm ist wegen ihrer Schönheit und ihrer Fresken auf jeden Fall einen Besuch wert.

### PAULHAGUET, 2 k M

Ein kleines sympathisches Nest mit schönen alten Fachwerkhäusern, Resten der Stadtmauer und etwas außerhalb die Ruine eines Priorats (12. Jh.).

### PONTEMPEYRAT, 5 M

Entstand an einer großen Steinbrücke.

Der Ort liegt am Fluss Ance, der die Grenze zwischen den beiden Departements Loire und Haute-Loire (Hoch-Loire) bildet. Am Ende der langen mittelalterlichen Steinbrücke, die den Fluss überspannt, sehen wir das Gebäude der ehemaligen Zollstation.

### CRAPONNE-SUR-ARZON

Ein Markt und ein schlechtes Dorf.

Das „schlechte Dorf", durch das Guntzinger kam, entpuppt sich als schöner, alter und lebendiger Ort, mit einladenden Plätzen und mehreren Brunnen.

### ESTIVAREILLES, 2 M

Wenig Häuser, doch das Wirtshaus ist gut.

Im Gegensatz zu den vorherigen Dörfern, die mir alle voller Leben schienen, mit spielenden Kindern, Erwachsenen beim Einkauf oder Dorftratsch (oder beidem), bin ich hier fast alleine. Ich begegne nur einigen alten Frauen, nicht einmal Pilgern. Solche anzutreffen würde mich deshalb nicht überraschen, weil ich den Tafeln im Ort entnehme, dass der Jakobsweg von Cluny nach Le Puy durch Estivareilles führt.

*Lourdesgrotte in Jullianges*

*Der Kirchturm von Saint-Cirgues*

### SAINT-BONNET-LE-CHÂTEAU

Guntzinger erwähnt ihn zwar nicht, aber der Ort liegt auf seinem Weg und ich finde ihn einer Erwähnung wert. Erstens liegt er malerisch auf einem Hügel mit einem tollen Blick weit ins Land, zweitens hat er einen schönen, gut erhaltenen Kern und drittens gibt es einen Österreichbezug. Während der napoleonischen Kriege hatten im Jahr 1814 österreichische Truppen den Ort kurzzeitig besetzt.

### SAINT-GALMIER, 4 oder 5 M

Eine halbe Meile vorher eine teure Flussüberfuhr, die wie sonst auch vom *Reisknecht* (Anm.: Reiseknecht, der Begleiter) bezahlt wird.

Kurz vor der bezaubernden Kleinstadt überquert Guntzinger die schon sehr breite Loire auf einer Fähre, heute führt eine Brücke ans andere Ufer. Stadtpat-

*Die alte Brücke von Saint-Galmier*

*Das Pilgerhaus von Saint-Galmier*

ron und Namensgeber ist der hl. Galmier, er war im 7. Jahrhundert Schmied und Subdiakon des Ortes. Ein Bummel durch die engen gepflasterten, manchmal recht steilen Gassen lässt uns ins Mittelalter eintauchen: Das Wohnhaus von Baldomer (aus dem Galmier wurde, 15. Jh.); die *Chapelle Notre Dame des Pauvres* („der Armen“), Kapelle des ehemaligen Hospizes (15./16. Jh.); der Kreuzgang des früheren Ursulinenklosters und seine Kapelle (17. Jh.); die Pfarrkirche (15. Jh.) und viele Privathäuser, alle zwischen dem 15. und 17. Jahrhundert gebaut, ergeben zusammen ein schönes, einheitliches gotisches Stadtbild. An einem Privathaus aus dem 15. Jahrhundert entdecke ich zu meiner Freude eine Jakobsmuschel und auf meine Frage erfahre ich, dass der Jakobsweg von Lyon nach Le Puy durch Saint-Galmier verläuft und die Muschel entweder auf eine Pilgerherberge hinwies oder, und das ist wahrscheinlicher, vom Bewohner des Hauses, der nach Santiago gepilgert war, angebracht wurde.

## CHAZELLES, 1,5 M

### YZERON, 2,5 M

Die Straße führt wieder in die Höhe, Felder und Wald wechseln einander ab, es ist sehr einsam hier, aber schön. Nach einem Pass (fast 900 m) geht es wieder bergab und ich erreiche Yzeron. Es liegt auf 715 Metern und ist auf Grund seiner malerischen Umgebung und seiner guten Luft beliebtes Ausflugsziel und Sommerfrische für die Bewohner der nahen (22 km) Großstadt Lyon, der drittgrößten Stadt Frankreichs.

### LYON, 3 M

Von Toulouse nach Lyon sind es 58 oder 59 Meilen.
Eine gewaltige Handelsstadt, katholisch, aber mit viel *einvermengten* Ketzern. Sie liegt an einem großen Strom (Anm.: die Rhône) und ist geschmückt mit den schönsten Kirchen und Palästen. Die Leut sind hier eher kleinwüchsig, aber alle wohlauf. Vornehme Herren kehren beim „Lyoner Schild" ein, die Mahlzeit um eine Krone, andere bei „Saint-Roch" und dergleichen, wo die Vollpension einen Taler kostet, ist ein ehrlicher Preis.
Von hier nach Genf gibt es einmal die Woche eine Gelegenheit zu Pferd. Für meine Person zahlte ich nur anderthalb *Pistoll*. Zusammen mit acht anderen Herren wurde ich beritten gemacht und überall herzlich behandelt. Dieser *Messagere* (Anm.: damit ist der Fuhrunternehmer gemeint, der in diesem Fall die Strecke Lyon–Genf abdeckt) war redlich.
Wir verreisten am 25. Oktober. Ab hier beginnen die kürzeren französischen Meilen.

Die römische Kolonie *Lugdunum* wurde unter Kaiser Augustus Provinzhauptstadt und entwickelte sich rasch zum wirtschaftlichen und geistigen Zentrum Galliens (ab dem 2. Jh. Bischofssitz). Die Stadt am Zusammenfluss von Rhône und Saône gehörte ab 1032 zum Heiligen Römischen Reich, erst zu Beginn des 14. Jahrhunderts fiel sie zu Frankreich. Wichtigster Wirtschaftszweig von Lyon und Grundlage seines Reichtums war die im 15. Jahrhundert eingeführte Seidenweberei und die in diesem Zusammenhang gegründete erste Börse Frankreichs (1506).

Ältester Teil der Stadt ist das Viertel *Fourvière*, das *Forum vetus* der Römerzeit am rechten Saôneufer. Dort stehen die Kathedrale Saint-Jean (12.–15. Jh.), die Kirche Saint-Paul (12. Jh.) und die ehemalige Chorknabenschule, die *Manécantrie* (Teile ebenfalls 12. Jh.). Lyons älteste Kirche ist Saint-Martin d'Ainay (12. Jh.) auf der von Saône und Rhône gebildeten Halbinsel. Sie wurde auf den Resten einer Basilika des 6. Jahrhunderts errichtet. Das *Hotel de Ville* (Rathaus), das *Palais des Arts*, ein ehemaliges Benediktinerkloster (beide 17. Jh.) sowie die Börse (1855–1860) und das Hôtel-Dieu (18./19. Jh.) auf der Halbinsel sind jüngeren Datums, aber nichtsdestotrotz einen Besuch wert.

### MONTLUEL, 4 k oder 2 deutsche Meilen

Die kleine Stadt, nur etwa 20 Kilometer nach Lyon, ist eine angenehme Überraschung. Statt einem anonymen gesichtslosen Vorort, der von der Großstadt aufgefressen und zum „Schlafdorf" degradiert wurde, erwartet mich eine lebendige Stadt mit vielen Geschäften, jungen Leuten und einer eigenen Identität. Vom extrem freundlichen und hilfsbereiten Herrn im *Office de Tourisme* erfahre ich, was sie dem Besucher alles zu bieten hat. Da gibt es den alten Pilgerweg oberhalb der Stadt, der heute den Namen des französischen Königs Henri IV. trägt. Ich gehe natürlich sofort hinauf, vorbei am Friedhof und der gotischen Kapelle Saint-Barthélemy, und stelle wieder einmal fest, dass niemand mehr die alten Fußwege benützt. Da jetzt eine Straße zum Friedhof führt, absolvieren die Leute ihren Friedhofsbesuch per Auto, die Wege verwaisen und wachsen zu.

Montluel ist uralt, sein Name (aus *Mons Lupelli* hervorgegangen) weist auf seinen keltisch-römischen Ursprung hin. Im Mittelalter war es Besitz der Feudalherren von Montluel (Saint-Barthélemy, 13. Jh., war die Burgkapelle), das frühere weitläufige Burgareal dient heute als Freilufttheater. Die Stiftskirche Notre Dame des Marais (Unsere Frau von den Sümpfen, 14.–16. Jh.) und das ehemalige Augustinerkloster (14. Jh., renoviert im 16. Jh.), heute Theater und Veranstaltungszentrum, sowie die alte Poststation aus dem 16. Jahrhundert, heute die Saint-Vincent-de-Paul-Schule, sind nur drei Beispiele für die Kleinode, die Montluel in sich birgt. Ein weiteres möchte ich besonders hervorheben, weil es einzigartig ist: die *Apothicairerie*, die alte Apotheke, die von den Lyoner Jesuiten 1765 in Montluel eingerichtet wurde und bis 1942 in Betrieb war. Ihre außergewöhnlich schöne Einrichtung und Ausstattung trugen ihr den Titel „Historisches Monument" ein.

### CORMOZ, 3 k M

Ungefähr eine deutsche Meile außerhalb war die Überfuhr (Anm.: über den Fluss Ain).

*Die Schlosskapelle von Montluel*

Hier finde ich, was ich in Montluel erwartet habe. Warum Guntzinger den nichtssagenden, gesichtslosen Ort erwähnt, ist mir schleierhaft. Vielleicht hat er den Namen bei der Durchreise einfach aufgeschnappt und sich gemerkt. Außerdem verliert er kein Wort darüber, wo er den doch ziemlich breiten Fluss Ain überquert hat, denn Cormaz liegt schon am linken Ufer. Es könnte bei Gévrieux gewesen sein, wo es eine Brücke gibt und am linken Ufer einen Platz, der *le port* (Hafen) heißt.

## AMBRONAY

Das alte Benediktinerkloster kommt in Guntzingers Bericht zwar nicht vor, doch wegen seiner Bedeutung und weil es mit Sicherheit auf seinem Weg lag, erwähne ich es. Es wurde um 801 von Barnard, einem Offizier von Karl dem Großen, gegründet, der sich nach einem Leben als Soldat der Religion zugewandt hatte. 1652, also zwei Jahre vor der Durchreise des Prälaten, übernah-

*Das Kloster Ambronay*

*Cerdon*

men es die Mönche der Kongregation von Saint-Maur, ebenfalls Benediktiner, nachdem es sich schon sehr weit von der Klosterregel des hl. Benedikt entfernt hatte. Sie führten es bis zur Französischen Revolution. Seit 1791 dient die im Kern romanische Abtei als Pfarrkirche des Ortes, seit 1980 ist sie Austragungsort eines wichtigen Festivals für Alte Musik. Besonders beeindruckend in seiner schlichten Schönheit ist der zweigeschoßige gotische Kreuzgang, restauriert unten im 15. Jahrhundert, oben im 17. Jahrhundert.

### CERDON, 2 M

Ein Ort in einem Tal, viel Wasser, Berge, Felsen.

Das kleine Dorf, eingebettet in eine Geländefalte der *Châine de l'Avocat* (Kette des Advokaten), ist mit seinen vielen Brunnen, den alten Mühlen und dem fast überall zu vernehmenden Rauschen des Baches einfach schön. Seit Guntzinger dürfte sich hier nicht viel verändert haben. Sogar der Weinbau, der lange Zeit nicht mehr betrieben worden war, wurde von einigen engagierten Bewohnern wieder aufgenommen – das Ergebnis ist ein wohlschmeckender, prickelnder Rosé-Schaumwein. Nur die Kupferwerkstätten, lange Zeit ein wichtiger Wirtschaftszweig, sind geschlossen. Der Ort hatte immer schon von seiner Nähe zur Schweiz und von seiner Lage an der wichtigen Römerstraße (ab 1744 *Route Royale*) Lyon–Genf profitiert. Dies machte ihn auch für die *Résistance* (die französische Widerstandsbewegung während des Zweiten Weltkriegs) wichtig, die hier ihren Nachschub organisierte. Ihr ist im Ort ein Gedenkrundgang gewidmet.

### NANTUA, 3 M

Ein Städtlein, auch im Tal, an einem kleinen See. Von dort kommt man durch ein feuchtes Tal zwischen Felswänden wiederum zu einem See.

Das Städtchen am gleichnamigen See hat seine christlichen Wurzeln in einer Legende, deren historische Wahrheit nicht überprüft werden kann, da alle diesbezüglichen Dokumente während der Französischen Revolution verbrannt wurden. Sie erzählt, dass der hl. Amand, Bischof von Maastricht im 7. Jahrhundert, am Ufer des Nantuasees eine kleine Kirche errichtete, um hier seinen Lebensabend zu verbringen.

Es gilt jedoch als erwiesen, dass es schon im 8. Jahrhundert ein einflussreiches Kloster gab, das bei einem Überfall der Magyaren 957 zerstört wurde. Man weiß auch, dass der Leichnam des Frankenkönigs Karl des Kahlen zunächst in der Abtei ruhte (877–884), bevor er in seine letzte Ruhestätte in der Basilika von Saint-Denis gebracht wurde. Im 14. Jahrhundert begann der Niedergang des Klosters, seit 1100 Priorat von Cluny, bis es schließlich 1788 wie auch Cluny selbst von Ludwig XVI. aufgelöst wurde. Die im Kern romanische Abteikirche Saint-Michel (12. Jh.) erfuhr im 15. und 16. Jahrhundert mehrere Veränderungen, seit dem 19. Jahrhundert dient sie als Pfarrkirche von Nantua. Liebhaber der Malerei entdecken in der Kirche links vom Chor ein Gemälde von Eugène Delacroix, „Das Martyrium des hl. Sebastian".

### CHÂTILLON-EN-MICHAILLE, 3 M

Ein schlechter Ort. Etwas außerhalb verschwindet die Rhône mit großem, weit murrendem Geräusch im Berg und soll erst nach über einer Meile zu Tage treten. Mir erzählte einer, dass vor sechs oder sieben Jahren eine Zimmermagd sich den verschwindenden Fluss anschauen wollte und sich oberhalb dieser Stelle auf den Felsen vorwagte. Doch der Wahnwitz ließ sie zu weit vorgehen, sie wurde vom Schwindel erfasst, verlor das Gleichgewicht und stürzte in den Schlund. Seither hat man von ihr nichts mehr gesehen oder gehört.

Ihm (ein Calvinist, aber sonst ein redlicher Gefährte) erzählte ich vom Fluss *Teverone* bei *Tivoli* in Italien, der sich in einer gar engen und kleinen Kluft verliert und so an die unermessliche Gottheit gemahne, die, sich gleichsam in der menschlichen Natur verlierend, dennoch in ihrem göttlichen Prinzip erhalten bleibe, in welchen dann die Sybille, über die beiden Naturen grübelnd, ein Ringlein geworfen haben soll.

Ein paar Minuten später kamen wir zu einem Berg, der – wie gerade der Calvinist wusste – *Credo* heißt. Kurz darauf stürzte sein Pferd zusammen mit ihm und er hatte alle Mühe, wieder hochzukommen.

Hier irrt Guntzinger, aber er ist nicht der Einzige: Der Fluss, der in einer Schlucht verschwindet, ist nicht die Rhône, sondern die Valserine, ein viel kleinerer Fluss, der weiter nördlich im Juragebirge entspringt und bei Bellegarde in die Rhône mündet. Der Ort ist tatsächlich spektakulär und zieht Touristen aus nah und fern an. Außerdem lässt sich auf den Felsen oberhalb der Schlucht wunderbar picknicken. Im Verlauf einer etwa 30- bis 40-minütigen Wanderung (hin und retour) lässt sich der Besuch leicht bewerkstelligen (Parkmöglichkeit und Hinweisschild an der *Route Nationale*). Die alte Straße verlief entlang der Valserine und war gleichzeitig längere Zeit Grenze zwischen Savoyen und Frankreich. Am Zollhäuschen knapp vor Bellegarde ist unser Prälat mit Sicherheit vorbeigeritten.

### COLLONGES, 3 M

War früher einmal eine Stadt, jetzt aber ist es kaum als richtiges Dorf zu bezeichnen. Noch vorher überquerten wir die Rhône und kamen danach in fruchtbares, ebenes Land mit Getreide- und Weinfeldern.

# DRITTER ABSCHNITT: SCHWEIZ

### GENF, 3 M

Ungefähr drei Stunden später waren wir in Genf. Es liegt an einem See gleichen Namens und erstreckt sich von der Ebene in die Höhe. Abgesehen vom Glauben ist es eine wohlbestellte Stadt mit einem eigenen Rechtsstatut: Ihre Jurisdiktion reicht so weit wie ein Geschütz. Hier traf ich im Wirtshaus „Zum Genfer Schild" den Basler Postmeister, dem ich mich um zwei Dukaten, inclusive aller sonstigen Kosten, bis Solothurn anschließen konnte. So hatte ich es ja schon in Toulouse und Lyon getan. Am Vorabend von Simon und Judas ritten wir also los.

*Geneva* war im Altertum Hauptsitz eines keltischen Stammes, ehe es im 5. Jahrhundert zur Zeit der Völkerwanderung Teil des Königreichs Burgund wurde – und mit Unterbrechung bis 1032 blieb. Es gehörte ab diesem Zeitpunkt zum Heiligen Römischen Reich und wurde (ab 1124) von seinen Bischöfen streng regiert. Um sich von diesen zu befreien und den aggressiven Gebietsansprüchen der Herzöge von Savoyen zu entgehen, trat Genf 1526 der Schweizer Eidgenossenschaft bei. Wenig später (1532–1536) wurde die Reformation eingeführt und damit die Herrschaft der Bischöfe endgültig beendet. An sie erinnert die prächtige romanisch-gotische Kathedrale (1232 vollendet) in der Altstadt. Nicht weit entfernt steht das Geburtshaus von Jean-Jacques Rousseau. Nicht weniger streng war aber die geistige Herrschaft Calvins, so war zum Beispiel bis 1798 jeder öffentliche katholische Gottesdienst in Genf untersagt. Interessant, dass dies Guntzinger nicht erwähnt. Für eine kurze Zeit (1798–1814) gehörte Genf sogar zu Frankreich.

### LAUSANNE, 1 M

Am Ufer des Sees kamen wir über *Mies* (1 M), *Roll* (2 M) und *Morgues* (2 M) nach Lausanne. Von hier aus ging es durch lichten Wald nach Montpreveyres.

Das Christentum fasste früh in Lausanne Fuß, schon um 590 wird ein Bistum bezeugt. Auch hier übten die Bischöfe lange Zeit die Herrschaft aus, bis die Stadt zu Bern kam, das 1536 die Reformation einführte. Die Kathedrale (1173–1275), die der Jungfrau Maria geweiht ist, kam auf eine kuriose Weise im 16. Jahrhundert zu den Protestanten. Der Besitzerwechsel ist nämlich das Resul-

*Der Genfer See*

tat eines theologischen Disputs zwischen Katholiken und Protestanten, den Letztere gewannen.

Am Stiegenhausaufgang zum Gotteshaus entdecke ich die Markierung des Schweizer Jakobsweges, der seit etwa 15 Jahren die Pilger von Maria Einsiedeln nach Genf führt.

Schon auf der Fahrt von Genf nach Lausanne, Guntzingers Route am Seeufer entlang folgend, fällt mir auf, dass es die heutige Bundesstraße B1 ist und sich ihr Verlauf über die Jahrhunderte praktisch nicht verändert hat.

**MONTPREVEYRES, 1 I M**

Wird auf Deutsch *Mördergruben* genannt. Vor 50 Jahren war nämlich das ganze Dorf mit lauter Mördern besetzt, darunter der Mörder eines Predigers und eines Müllers. Der *Postillion* erzählte uns von einem Waldabschnitt, der später mit den erwähnten Bösewichtern regelrecht bestückt gewesen war, die man alle gerädert hat.

*Lausanne*

*Die romanische Kapelle von Domdidier*

Der kleine Weiler liegt an der B1, die von Lausanne nach Norden führt. Dies bestätigt meinen Eindruck, dass Guntzinger auf dem damals wichtigsten Schweizer Verkehrsweg unterwegs war, der es bis zum Bau der Autobahn auch blieb. Der Weiler selbst hat nicht einmal eine Kirche, ich sehe nur ein Gasthaus, ein paar Häuser und Werkstätten.

### MOUDON, 1 I M

Der Weg verläuft immer noch im Wald.

Moudon hingegen ist beinahe eine kleine Stadt, ist größer, lebendiger. Der Eindruck täuscht nicht, es war der Hauptort des savoyischen Waadtlandes. Die romanische Kirche St. Stefan (13. Jh.) weist mit ihrer doch beachtlichen Größe auch darauf hin. Hinter der Kirche mache ich eine überraschende Entdeckung. An einem mittelalterlichen Turm ist eine Gedenktafel angebracht, der ich entnehme, dass ein gewisser Wolfgang Amadeus Mozart im Jahr 1766 mit seiner Familie (dem Nannerl und seinen Eltern), einem Diener und einem Kutscher in Moudon Halt gemacht hat, als sie auf der Rückreise von Paris nach Wien waren. (Übrigens wurde auf diesen Reisen bei jedem Pferdewechsel auch der Kutscher gewechselt.)

### PAYERNE/PETERLINGEN, 2 k M

Hier reden die Leut meistens noch französisch.

Es begann im Broyetal – wie so oft im Mittelalter – mit einer zu Cluny gehörenden Benediktinerabtei. Sie war aus einer Kirche entstanden, die auf den Mauerresten einer spätrömischen Siedlung errichtet worden war. Diese machte Adelheid, die Frau des Kaisers Otto I., den Cluniazensern um 960 zum Geschenk. Das prächtige frühromanische Gotteshaus (11. Jh.), vor dem wir heute stehen, ist also die Abteikirche des Klosters, das 500 Jahre später, im Jahr 1536, im Zuge der Reformation aufgelöst wurde. Die Stadt war im 12. Jahrhundert von den Mönchen gegründet worden, durch die Privilegien des Markt- und Münzrechts wurde sie bald wohlhabend und spielte in der Region eine bedeutende Rolle.

### AVENCHES/WIESELSBURG, 1 M

War früher eine wichtige Stadt, von der viel altes Gemäuer und Steine noch deutlich Zeugnis geben. Ist jetzt fast nur mehr Ruinen und Ackerland. *Basta.*

Wir sind an der Grenze der französischsprachigen Schweiz, etwa 75 % der Bevölkerung sprechen Französisch, über 70 % sind protestantisch.

Das heutige Avenches ist eine Neugründung durch den Bischof von Lausanne im 12. Jahrhundert. Die „alten Gemäuer und Steine“ bei Guntzinger sind die Reste von *Aventicum,* dem Verwaltungszentrum der römischen Provinz Helvetia, das 260 von den Alemannen zerstört worden war. Von seiner Blütezeit im 1./2. Jahrhundert zeugen die etwa sechs Kilometer lange Ringmauer mit ihren 80 Türmen, Theater, Amphitheater sowie Reste von Wohnhäusern und Tempeln. Die Alemannen hatten sicher nicht den Grad der Zerstörung erreicht, den wir heute sehen, wenn wir durch die immer noch beeindruckenden Ruinen der einst blühenden Stadt wandern. Sie hatte als Steinbruch für den Aufbau der neuen Stadt gedient und dafür eine große Menge der wertvollen behauenen Steine geliefert. Guntzingers „Basta“ zeigt mir, dass ihn der Haufen Steine einfach nicht interessiert.

Ziemlich sicher wusste er gar nicht, dass er vor den Ruinen einer Römerstadt stand.

Im Weiler Domdidier vor Avenches steht die kleine Kapelle Notre Dame de la Compassion (Unsere Frau des Mitgefühls), die mich tief berührt hat. Der uralte Bau ist aus einem römischen Mausoleum hervorgegangen, heute stehen wir vor einer Kirche des 11. Jahrhunderts. Sie ist immer offen (was an sich schon außergewöhnlich ist) und dient außer für liturgische Zwecke auch für Veranstaltungen verschiedenster Art, wie z. B. Konzerte oder Ausstellungen. So konnte ich dort bei meiner Durchreise eine sehr gut gemachte und berührende Photoausstellung von Amnesty International besuchen.

**MURTEN, 1 M**

Außerhalb dieser Stadt steht gleich an der Straße eine Kapelle mit einer Gruft, in der die Gebeine von 30.000 Schweizern liegen, die einst in einer Schlacht gegen den Herzog von Burgund ums Leben kamen und hier ein ritterliches Begräbnis bekamen.

Murten ist ein wunderschönes mittelalterliches Städtchen am gleichnamigen See. Es wurde von den Herzögen von Zähringen gegründet, die 1218 ausstarben. 1228 bekam es das Stadtrecht, 1238 wurde es Reichsstadt. 1476 wurde Karl der Kühne von Burgund (der Schwiegervater von Kaiser Maximilian) bei Murten besiegt, Bern konnte seine Macht weiter nach Westen ausdehnen. Die spätgotische Pfarrkirche St. Katharina stammt aus dieser Zeit. Bis zum Einmarsch der Franzosen 1798 blieb Bern Herrin von Murten, das 1803 endgültig zum Kanton Freiburg kam.

Mit seinen Mauern, Wehrgängen und Türmen (15.–18. Jh.), seinem Schloss (13. Jh.) und seinen ehrwürdigen, reich bemalten und laubengeschmückten Bürgerhäusern ist Murten vielbesuchtes Ziel für Touristen, die von seiner Postkartenschönheit begeistert sind. Wie ich übrigens auch.

**AARBERG, 2 M**

Eine Stadt mit einem großen Platz und kleinen Gassen und dem ansehnlichen Wirtshaus „Zur Krone". Hier ist die Sprachgrenze, ab hier wird nur mehr Deutsch gesprochen, doch es ist hart zu verstehen.

Von Lyon her sind es 36 Meilen, die zur ersten Hälfte aber kaum eine halbe deutsche Meile zählen. In der Folge sind die Angaben in Schweizer Meilen, vor allem aber in Stunden. Ich folge aber nit dem direktesten Weg, also der

*Avenches, Amphitheater*

Route, die die meisten nehmen, sondern wähle sie nach Belieben. Es steht jedem frei, sich für eine andere Reiseroute zu entscheiden.

Die kleine Bezirksstadt an der Aare wurde 1220 von Graf Ulrich IV. von Neuenburg (Neuchâtel) gegründet. Sie ist ähnlich schön und pittoresk wie Murten – ein beliebtes Photoobjekt hat jene aber nicht, nämlich die 450 Jahre alte überdachte Holzbrücke (1557) über die alte Aare, über die schon Guntzinger in die Stadt gelangte. In der spätgotischen Pfarrkirche (1484) entdecken wir Glasgemälde aus dem 16. und 17. Jahrhundert. Das „Wirtshaus zur Cron", wo Guntzinger abstieg, gibt es heute noch, es ist nach wie vor erstes Haus am Platz.

Er erwähnt es zwar nicht, aber daraus, dass Guntzinger seit Aarberg keine Entfernungsangaben macht, dafür jedoch die Zeit zwischen den Orten nennt, schließe ich, dass er zu Fuß unterwegs ist und es sich also um Gehzeiten handelt.

*Die Reisenden von heute (Aarberg, Gasthof Krone)*

**BÜREN AN DER AARE, 1 M, 2 Std.**

Das dritte in einer Reihe von schönen mittelalterlichen Städtchen wurde im 13. Jahrhundert von den Grafen von Straßberg gegründet. Etwa aus dieser Zeit stammt auch die Stadtkirche St. Katharina. Ihr Turm wurde um 1500 gebaut, während die Kanzel, ein handwerkliches Meisterstück der Renaissance, 1625 entstand. Gerade zur Zeit Guntzingers erblühte Büren auf Grund seiner Lage an der schiffbaren Aare. Seine „Ländte“, die Schiffsanlegestelle, war ein bedeutender Umschlagplatz für Waren, vor allem Wein, Getreide und Salz. Die Größe des „Kornhauses“ (17. Jh., heute Restaurant) lässt erahnen, welche Mengen an Wein und Korn hier damals gelagert wurden. Wahrzeichen der Stadt ist die 108 Meter lange Holzbrücke über die Aare, deren bewegte Geschichte für die der Stadt steht. Die heutige Brücke ist seit der ersten aus dem Jahr 1275 schon die neunte (!). Sie wurde 1991 eingeweiht und ersetzt ihre Vorgängerin, die Opfer eines Brandes wurde. Der „Bürener Spittel“

diente über Jahrhunderte als Herberge für Pilger und Reisende, ein eigener Raum war für die Bettler reserviert. Noch bis in die 1950er-Jahre wurde das Gebäude als Notwohnung genutzt, heute ist es ein gut geführtes und interessantes Stadtmuseum. Schloss und Rathaus, Altes Pfarrhaus (alle 17. Jh.) sowie Brunnen, enge Gassen und Tore vervollständigen das Bild einer sehenswerten Stadt, wie sie auch unser Prälat gesehen haben mag.

### SOLOTHURN, 1 M, 3 Std.

Eine schöne, gut katholische Stadt mit einem Kloster und einem denkwürdigen alten Turm.

Die Hauptstadt des gleichnamigen Kantons (auf Frz. *Soleur*) liegt ebenfalls an der Aare. Sie gilt als schönste Barockstadt der Schweiz. Die ersten Siedler waren Kelten, nach ihnen kamen die Römer, die das Kastell Salotorum bauten. Während der Völkerwanderung siedelten sich Alemannen und Burgunder an, zum Königreich der Letzteren gehörte die Stadt bis zu ihrer Eingliederung ins „Heilige Römische Reich" (1032). Nach dem Aussterben des Geschlechts der Zähringer (1218), denen sie das Markt- und Münzrecht verdankte, wurde sie wie Murten Reichsstadt und 1481 Mitglied der Eidgenossenschaft.

Aus der Zeit der Zähringer stammen die noch erhaltenen Teile der Stadtmauer mit den charakteristischen Rundtürmen, „denkwürdig" für Guntzinger. Den Ruf der Barockstadt verdankt Solothurn den Bauten innerhalb der Mauern, deren Architektur von der Präsenz der französischen Gesandten beeinflusst wurde, die hier von 1530 bis 1792 ihre ständige Vertretung hatten. Der „Ambassadorenhof" (1721), das Rathaus, das Zeughaus (Anfang 17. Jh.) sowie die Patrizierhäuser (Anfang 18. Jh.) der Stadt machen diese tatsächlich zu einem barocken Gesamtkunstwerk. Besonders hervorzuheben sind die beiden kirchlichen Bauten, von denen die Jesuitenkirche (17. Jh.) als schönstes Schweizer Barockkunstwerk bezeichnet wird, während die St.-Ursus-Kathedrale (1773) schon dem Frühklassizismus zuzuordnen ist. Ursus ist zusammen mit Viktor Patron der Stadt. Sie waren römische Legionäre, die wegen ihres christlichen Glaubens enthauptet wurden.

### WIEDLISBACH, 1 M, 3 Std.

Das kleine Städtchen wurde im 13. Jahrhundert vom Grafen von Froburg an einer strategisch wichtigen Stelle an einem uralten Handelsweg gegründet und kam 1483 endgültig zu Bern. Der Ort in seiner Gesamtheit kann als mittelalterliches Kleinod bezeichnet werden. Die Kapelle St. Katharina (14. Jh., Fresken 15. Jh.), die „Alte Mühle" (Ende 16. Jh.), das „Kornhaus" (1693, heute Museum) und schließlich der „Spittel" (vom 15. Jh. bis 1863 Spital, Hospiz und Herberge) sind nur einige Beispiele der zahlreichen mittelalterlichen Gebäude, auf die wir bei unserem Bummel durch die engen Gassen treffen.

**OLTEN, 2 M, 5 Std.**

Von hier, mit dem Fluss zur Linken, nach Schönwerth.

Dort, wo die „Alte Brücke" (1295 erwähnt, die heutige ist von 1803) die Aare überspannt, gründeten die Römer ein Kastell zum Schutz des Flussübergangs. Die Grafen von Froburg erhoben den Ort im 13. Jahrhundert zur Stadt. Die Pfarrkirche St. Martin (1240 erwähnt) war eine Eigenkirche der Froburger, die Burgruine nahe der Stadt war ihr Stammsitz. Der Ort, der seit 1426 unter der Herrschaft des nahen und mächtigen Solothurn stand, bildete sich am rechten Ufer der Aare. Von der Brücke gelangt man direkt in den alten Kern. Dort gruppieren sich die schönen alten Häuser (Rathaus, Schultheissenhäuser, ehemalige Kaplanei, altes Schulhaus etc.) um den Stadtturm (früher Glockenturm der Stadtkirche) und den „Hexenturm" (das ehemalige Gefängnis). Zusammen bilden sie ein sehenswertes, harmonisches Stadtbild.

**SCHÖNENWERD, 1 M, 2 Std.**

Eine vornehme Propstei samt gar schönem Gotteshaus und Chorherrenhäusern, in luftiger Höhe gelegen. Hier hat mir Herr Johann Rudolph, es war die Vigil des Festtags Allerheiligen, aufrichtige priesterliche Liebe erwiesen.

Eine wunderbare Entdeckung ist hier für mich die Chorherren-Stiftskirche St. Leodegar aus dem Jahr 1040! Der Kreuzgang (17. Jh.) strahlt eine solche Stille, einen solchen Frieden aus, dass ich dort länger verweile, als ich vorhatte, und mir auch dann die Weiterfahrt schwerfällt.

**AARAU, 1/2 M, 1 Std.**

Ist eine feine Stadt am Fluss. Am Weg dorthin sah ich einen Teil des jüngst gevierteilten Anführers der rebellischen Bauern.

*Die Barockstadt Solothurn*

*Die Pfarrkirche von Wiedlisbach*

Aarau ist die Hauptstadt des Kantons Aargau, etwa zwei Drittel ihrer Bewohner sind protestantisch. Die Stadt wurde 1248 von den Grafen von Kyburg gegründet, kam aber nicht einmal 20 Jahre später nach deren Aussterben an die Habsburger. Ihre Herrschaft dauerte ebenfalls nicht lange: 1415 wurde Aarau von Bern erobert und gehörte damit zur Eidgenossenschaft. Auch hier empfehle ich einen Rundgang durch die Altstadt. Er führt uns vorbei an der gotischen Stadtkirche (15. Jh.) mit dem barocken Turmaufbau (17. Jh.); dem Turm Rore (13. Jh.); der alten Burg der Kyburger, später erstes Rathaus; dem ehemaligen Ursulinenkloster (1270), das während der Reformation aufgelöst wurde und in der Folge als Schule, Spital und Altersheim diente; dem „Saxerhaus" (17. Jh.); dem „Schlössl" (heute Stadtmuseum) und einem uralten Turm (vermutlich 11./12. Jh.), dem ältesten erhaltenen Gebäude der Stadt.

1653, nur ein Jahr vor Guntzingers Durchreise, erhoben sich die Bauern des Aargaus gegen das unterdrückerische Regime der Landesherrn. Ihr

*Olten*

Aufstand wurde blutig niedergeschlagen. Guntzinger kommt am Leichnam eines hingerichteten Bauernanführers vorbei.

**LENZBURG, 1 M, 2 Std.**

Ist auch fein. In diesem Land geht es in Glaubenssachen von Ort zu Ort hin und her. Die rechten Christen verehren das Kreuz unseres Herrn Jesus Christus über alle Maßen (Gal. 6), während die Widersacher das Kreuzeszeichen nit sehen wollen, ganz wie ihr Vetter, der Teufel. Deshalb sieht man in jedem katholischen Ort öffentlich hohe Kreuze aufgerichtet. Dagegen in den unkatholischen nit den Beistrich eines Hinweises auf Christus. So dulden sie auch nit das kleinste Heiligenbild, weder bei sich zu Hause noch in ihren Bethäusern. Doch Venusbilder und dergleichen habe ich selbst in vielen Häusern gesehen. *Oh der verblendeten Welt!* Sie halten's wie jene, die, als sie die Wahl hatten, sich für den Herrn Christum oder aber für Barabbas zu entscheiden: *„So beschlossen sie, tolle hunc et dimitte nobis Barabbam" (Luc. 23). („Nehmt ihn und gebt uns Barabbas!")*

Wir sind immer noch im damaligen Machtbereich der Herren des Aargaus, der Grafen von Kyburg, die die Burg der 1173 ausgestorbenen Grafen von Lenzburg übernommen hatten. Um 1230 gründeten sie den Ort, der sich am Fuß des Burghügels ausbreitet. Die Burg zählt heute zu den größten Anlagen dieser Art in der Schweiz. Nach dem Tod des letzten Kyburgers, Ulrich IV., erbte sie Kaiser Friedrich Barbarossa. Mit der Eroberung des Aargaus durch die protestantische Hochburg Bern wurde Lenzburg Sitz eines bernischen Landvogts. So erklärt sich, dass heute 75 % seiner Einwohner protestantisch sind. Guntzinger würde sich also in diesem schönen Städtchen jetzt auch nicht wohlfühlen, auch wenn das „Stapferhaus", ein Teil der Burg, mittlerweile von einer Stiftung als Stätte der menschlichen Begegnung und der geistigen Auseinandersetzung betrieben wird.

**DOTTIKON, ½ M, 1 Std.**

**BREMGARTEN, 1 M, 2 Std.**

An aller Christgläubigen Seelentag reiste ich durch Bremgarten. Am Tag der Seelen im Fegefeuer wurde nach gehaltenem Gottesdienst hier eine Spende an die Armen verteilt. Hohe Häuser, saubere Plätze und Gassen schmücken die Stadt, die von wohl situierten Edel- und auch ehrsamen Bürgersleuten bewohnt wird. Sie liegt an einem fischreichen Strom auf einer sanften Anhöhe. Der Name der Stadt kommt vom kaiserlichen Ehrentitel *Prima Guardia, Premguarden*. Denn sie war nit so wie alle anderen Städte vom durchlauchtesten Erzhaus Österreich abgefallen und dem Schweizerischen Bündnis beigetreten, sondern musste von den unkatholischen Rotten erst dazu gezwungen werden. Dermaßen gehaltener Treue wegen hatte sie sich unschätzbaren Ruhm und Ehre erworben und sich auch hoch verträgliche Privilegien verdient. Es gibt hier ein Kapuziner- und ein Frauenkloster und eine mit besonderen Gnaden für büßende Seelen ausgestattete Kapelle Zu Unserer Lieben Frau. In der Pfarrkirche befindet sich in einem Seitenaltar der Corpus eines lokalen Heiligen, welcher unlängst von der ganzen Stadt höchst feierlich und voller Freude empfangen und in die Kirche geleitet worden war.

Von Seiten der Bürger widerfuhr mir unverdiente vielfältige Guttat. Dafür bedankte ich mich später bei der Wallfahrt nach Maria Einsiedeln.

Nach einer halben Meile Weg stand früher auf der Höhe ein Kreuz, unter dem aus einem Rohr Wasser floss. Einem in der Gegend wohnenden *Wortdiener* (Anm.: Protestant) war dies ein Greuel und er beschwerte sich bei der

Obrigkeit (Johannes 19, *„Tolle, tolle"* – *„Nehmt es hinweg"*), indem er behauptete, die von Bremgarten hätten es nur aufgerichtet, um ihn zu verspotten. Obwohl es noch in ihrem Amtsbereich lag, kam man dem Wunsch des *Lärmenblasers* (Anm.: Unruhestifters) nach und entfernte des Kreuz. Wohl auch, um Aufruhr zu vermeiden.

Großes Aufatmen bei Guntzinger! Endlich eine katholische Insel im „Ketzerland"! Die Reformation war auch in Bremgarten, einer Gründung der Habsburger (Anfang 13. Jh.), eingeführt worden. Doch nach der Schlacht bei Kappeln (1531), bei der der Züricher Reformator Ulrich Zwingli fiel, erfolgte die Rekatholisierung des Ortes. Sie war erfolgreich, wie schon Guntzinger anmerkt, heute sind etwa 75 % seiner Bewohner katholisch.

**ZÜRICH, 2 M, 4 Std.**

Eine Stadt an einem viele Meilen langen See gleichen Namens mit schönen Gebäuden und ordentlichem, höflichem Volk. Auch Brot und Wein waren köstlich und gut. Das meiste aber ermangelte der einzig wahren Labsal für die Seele: dass es aus der Hand von rechtmäßig berufenen Hirten kam …

Auf einer Siedlung der keltischen Helvetier errichteten die Römer im 2. Jahrhundert einen *Vicus* (unbefestigtes Dorf) und eine Zollstation, die *statio Turicensis*, und später ein Kastell. Ab dem 5. Jahrhundert siedelten sich die Alemannen am Zürchersee an. Bis zum 9./10. Jahrhundert entwickelte sich eine blühende Handelsstadt, die 929 erstmals *Turicina civitas* genannt wurde und zum Ottonischen Reich gehörte. 853 gründete Ludwig der Deutsche die Frauenmünsterabtei und das Chorherrenstift am Großmünster. Das gotische Frauenmünster mit den romanischen Chortürmen des Vorgängerbaus wurde zu Beginn des 18. Jahrhunderts teilweise erneuert, vom Chorherrenstift steht noch die romanische Basilika (11.–13. Jh.) mit zwei gotischen Türmen. Das Klostergebäude musste im 19. Jahrhundert einem Schulhaus weichen. 1351 schloss sich die reiche Stadt der Eidgenossenschaft an, sie wurde seit 1336 mittels einer Zunftverfassung (gültig bis 1798) durch einen von den Handwerkern gewählten Bürgermeister regiert.

Zürich wird als die Wiege der Schweizer Reformation betrachtet. Sie wurde auf der Basis einer Schrift von Ulrich Zwingli 1523 durch einen Beschluss des Züricher Rates eingeführt. Zwinglis Reformwerk wurde von Heinrich Bullinger, seinem Nachfolger als Prediger in Zürich, fortgesetzt. Seine

*Confessio Helvetica* (1536) wurde 1566 von der Schweizer Kirche offiziell angenommen (Basel erst 1624), später auch von anderen Kirchen in Europa.

Widerwillig gesteht Guntzinger, dass ihm Zürich eigentlich gefällt. Den Seitenhieb auf dessen „falschen" Glauben kann er sich aber doch nicht verkneifen.

**WÄDENSWIL, 2 M, 4. Std.**

Von Zürich aus gibt es regelmäßige Schiffsverbindung nach *Wädenswil*. Hier gibt es nit mehr so viele Häuser und es geht jetzt immer bergauf, vorbei an Häusern, Kapellen und einem trefflich frischen Dorfbrunnen.

Der kleine Ort am Südufer des Zürichsees hat seinen Namen von der Burg (heute Ruine), die im 12. Jahrhundert Sitz eines lokalen Adelsgeschlechts war. Für die Schweizer Reformbewegung spielte das Städtchen insofern eine wichtige Rolle, als seine Kirche (1764–1767 erbaut) zum Modell für zahlreiche reformierte Predigtkirchen in der ganzen Schweiz wurde.

**MARIA EINSIEDELN, 2 M, 4 Std.**

Bergab geht es durch schattiges Gehölz nach Maria Einsiedeln. Der Name des für sein Alter und seine Wunderzeichen in der Christenheit weit und breit bekannten Gotteshauses kommt vom hl. Meinrad und anderen heiligen Männern, die hier als Einsiedler lebten. Die uralte Kapelle zu Unserer Lieben Frau, etwa so groß wie die in Loretto, steht auch in einer großen Kirche, ringsherum ist alles frei, aber nit wie in Loretto oben beim Chor, sondern unten beim großen Tor. Sie wurde schon vor 700 Jahren zur Regierungszeit von Papst Agapitus II. und von Kaiser Otto dem Großen von Bischof Konrad von Konstanz geweiht. Mit ihm kam auch Ulrich, Bischof von Augsburg, es war im Jahre 948. In der Nacht vom 13. auf den 14. September stand der hl. Konrad um Mitternacht auf, um sein gewohntes Nachtgebet zu verrichten. Da hörten, nit nur er, sondern auch etliche Brüder aus dem Konvent und alle damals anwesenden Geistlichen und Weltlichen, einen unaussprechlich lieblichen Gesang. Bischof Konrad wollte der Sache auf den Grund gehen und hörte klar, dass in der Kapelle, die er weihen sollte, wahrhaftig die Engel sangen. Ebenso sah er, dass sie in einer Prozession die Kapelle betraten und alles, was für die Weihe einer Kirche gebraucht wurde, ordentlich richteten. So kommt es, dass man heute noch von der Engelweihe spricht. Diese von Jesus Christus selbst vollzogene Weihe beschreibt der genannte Bischof im

*lib. de Secretis Secretor*, wie im Maria Einsiedler Dokument *monumentis* neben anderen Begebenheiten erzählt wird. Als am Tag der Kreuzerhöhung danach der Bischof die Weihe nit vornehmen wollte und erst dazu überredet werden musste, hörten alle eine Stimme, die da rief: „Höre auf, Bruder, diese Kapelle ist von Gott geweiht!" Dies wurde dreimal wiederholt. Vierzehn Jahre später hat Papst Leo VIII. dies in Rom im Beisein beider Heiliger, Konrad und Ulrich, bekräftigt. Auch die Erzbischöfe von Mainz und Köln, die Bischöfe von Worms, Hildesheim, Minden, Straßburg und Chur sowie die Äbte von St. Gallen und Reichenau waren mit all ihren Insignien anwesend.
Der Abt des Klosters ist ein Fürst, so ist auch das Kloster mit fürstlichen Renten und Freiheiten ausgestattet. Vor allem aber ist die von Gott geweihte Kapelle der übergebenedeiten allerheiligsten Jungfrau mit himmlischen Gnaden erfüllt. Welch herzrührende Andacht und Inbrunst der Mensch dort empfindet, ist nit wohl auszusprechen. Zu meinem unsagbaren Glück und innigsten Trost gestatteten mir die vortrefflichen und liebreichen Männer des Benediktinerordens, die Hüter des Heiligtums, während meines dreitägigen Aufenthaltes auf dem Gnadenaltar das Messopfer zu verrichten. Auch gewährte man mir auf die Kronen unseres Herrn (Anm.: Guntzinger kaufte einen Ablass, wie es damals üblich war) den gleich bedeutenden Ablass wie die *Camaldolenser* in Italien (Anm.: Loretto). Welch Gnadenhilfe aber sonst jedermann an diesem heiligen Ort empfängt, bezeugen unzählige Mirakel- und Votivtafeln, die man in der ganzen weiten Kirche sehen und lesen kann. Draußen auf den Wiesen stehen viele schöne Kapellen und andächtige Kreuzwegstationen, die die Geburt, das Leben und das Leiden Christi darstellen.

Über der Zelle des 861 ermordeten Einsiedlers Meinrad wurde 934 ein Benediktinerkloster gegründet. Otto I. erhob es zum Reichskloster und stattete es großzügig mit Grundbesitz aus, bei der Klosterreform des 10./11. Jahrhunderts sollte es eine bedeutende Rolle spielen. Bis 1394 herrschte ein von Österreich eingesetzter Vogt über Einsiedeln, danach ging die Landeshoheit an den Kanton Schwyz über. Im 13. Jahrhundert erfolgte ein Patroziniumswechsel von St. Salvator zur Jungfrau Maria, damit wurde der Ort, ab nun Maria Einsiedeln, zu einem der wichtigsten Marienwallfahrtsorte Europas (mit Pilgern sogar aus Skandinavien!). 1466 wurden in nur zwei Wochen, vom 14. zum 29. September 130.000 Pilgerabzeichen verkauft! Der 14. September ist der von Guntzinger geschilderte Festtag der „Engelweihe".

Ab dem 14./15. Jahrhundert war Maria Einsiedeln Treff- und Sammelpunkt der Jakobspilger aus dem Osten und Südosten Europas. Hier begann die „Obere Straß“, schon Ende des 15. Jahrhunderts gab es einen Pilgerführer für die gesamte Strecke von Maria Einsiedeln nach Santiago, verfasst von Künig von Vach. Guntzinger muss das gewusst haben, aber er verliert kein Wort darüber – er sieht sich schon lange nicht mehr als Jakobspilger.

Die Wallfahrtskirche, die wir heute sehen, ist ein prächtiger Barockbau des 18. Jahrhunderts. Maria Einsiedeln besitzt mit 1200 Handschriften, 600 Inkunabeln („Wiegendrucke“, bis einschließlich 1500 erzeugt, sind die ersten Erzeugnisse der Buchdruckerkunst) und über 70.000 Bänden eine der umfangreichsten Klosterbibliotheken.

**RAPPERSWIL, 3 starke Std.**

Von Einsiedeln geht es auf den Berg, zuerst sehr hoch und steil, dann bergab hinunter zum Zürcher See, über welchen eine gar sehr lange Brücke zum Städtlein Rapperswil führt. Ein gut katholischer Ort.

Die Stadt liegt malerisch am Nordufer des Zürichsees an dessen engster Stelle. Seit 1358 wird sie mit dem Südufer durch einen fast einen Kilometer langen Damm (früher die „Zollbrücke“) verbunden, auf dem heute die Straße, die Eisenbahn und ein eigener Fußgängersteg verlaufen. Wie Guntzinger gelange ich auf ihm in die Stadt, eine schöne, seltene Annäherung an eine Stadt – vom Wasser her und doch zu Fuß!

Sie entwickelte sich am Fuß des Burghügels, wo seit etwa 1200 die Grafen von Rapperswil residierten. Nach deren Aussterben (1283) kamen Burg und Stadt an die Grafen von Habsburg-Laufenburg, die sie 1350 ins Herzogtum Österreich eingliederten. Das katholische Rapperswil war zur Zeit der Reformation ein oft und heftig umkämpfter Vorposten des katholischen Teils der Eidgenossenschaft. Das Rathaus mit dem Ratssaal (1471), das Kapuzinerkloster (Anfang 17. Jh.) und die alten Bürgerhäuser mit den Laubengängen machen das durch seine Lage am See schon reizende Städtchen noch attraktiver.

Was das Schloss betrifft, so hat es eine ganz besondere Beziehung zu Polen, die zu erwähnen mir wichtig ist. In der Zeit, als Polen als eigenständiger Staat nicht existierte, bemühten sich polnische Exilanten in ganz Europa, das Leiden ihrer Heimat nicht vergessen zu lassen. In der seit 1815 neutralen Schweiz fand ihr Engagement einen besonders großen Widerhall und so

*Über den See nach Rapperswil*

konnten sie 1869 im Schloss von Rapperswil das polnische Nationalmuseum einrichten, wo es bis zur Unabhängigkeit blieb. Diese war am 15. August 1917 vom in Lausanne gegründeten Polnischen Nationalkomitee ausgerufen worden. Das Polendenkmal vor dem Schloss wurde 1868 von polnischen Emigranten errichtet.

**ESCHENBACH, 2 Std.**

Ist auch katholisch, so wie danach das feine Dorf *St. Gallenskappel.*

**WATTWIL, 3½ Std.**

Unkatholisch, etwas abseits des Weges rechterhand. Zur Linken hingegen ein schönes Frauenkloster, gar lustig auf einem Hügel gelegen.

**LICHTENSTEIG, ½ Std.**

Ein hübsches Städtlein, wo die Katholischen ihren sonntäglichen Gottesdienst vorher hielten, und danach die *Widerwärtigen* ihr *Exercitium*. Das Wirtshaus „Zum Rössel" ist katholisch.

Die beiden Orte Wattwil und Lichtensteig an der Thur sind Gründungen der Grafen von Toggenburg, die 1436 ausstarben. 1468 kam ihr Herrschaftsgebiet durch Kauf an das reiche und mächtige Stift St. Gallen. Da aber die Mehrheit der Toggenburger sich der Reform anschloss, begann für sie ein langer Kampf um ihren protestantischen Glauben und ihre Rechte, der erst mit dem Sieg der – protestantischen – Städte Bern und Zürich im „Toggenburger Krieg" (1712) endete. Deshalb schreibt Guntzinger auch von den „Unkatholischen" in Wattwil und fast schon hasserfüllt von den „Widerwärtigen" in Lichtensteig. Wobei die Lichtensteiger den Glaubenskonflikt salomonisch gelöst hatten – von 1593 bis 1967 (!) wurde die Kirche von beiden Gruppen paritätisch genutzt. Das „schöne Frauenkloster", das Guntzinger erwähnt, war zu seiner Zeit beinahe ein Neubau. Das Franziskanerinnenkloster St. Maria der Engel ersetzte nämlich 1621 einen älteren Bau. Die Lichtensteiger Kirche von 1453 musste hingegen 1870 dem Bau einer Bank weichen (ein typisches Schweizer Schicksal?).

An die früheren Gebieter des Toggenburg erinnert das Rathaus, wo vorher seit 1469 das „Kornhaus" stand, in dessen 1. Stock (im Erdgeschoß befand sich der Kornmarkt) der Fürstabt von St. Gallen bei seinen Aufenthalten in Lichtensteig residierte und regierte.

### ST. PETERSZELL, 2 Std.

Der übliche Weg von Lichtensteig führt an sich über das Dorf *Degersheim* (3 Std.), ich aber wich nach rechts ab und kam nach St. Peterszell, wo wie in Lichtensteig zwei verschiedene Gottesdienste gehalten wurden.

Sein Name weist schon darauf hin, dass der kleine Ort auf eine Einsiedlerzelle zurückgeht. Aus dieser wurde 1178 eine Propstei des Benediktinerklosters von St. Johann, die 1555 in den Besitz des Stiftes St. Gallen überging. Dem Besucher fällt sofort ein Haus wegen seiner auffälligen roten Farbe auf. Das „Rote Haus" (1622) war der Sitz des „Amtsmannes", des Vertreters des Abtes von St. Gallen.

### HERISAU, 3 Std.

Es ist ein gar lustig und schön gelegener Ort, wo die Häuser wie eine Kirche mit allerlei frischen Farben und Figuren bemalt sind, die aber an der eigentlichen Kirche fehlen. Ich kam an einer neu erbauten Ketzerkirche vorbei, wo anstatt des Altars eine *Cathedra pestilentiae* stand.

Mit seinen beinahe 16.000 Einwohnern ist Herisau immer noch ein Dorf – es wird als größtes Dorf der Schweiz bezeichnet. Hier stand vermutlich schon in der zweiten Hälfte des 8. Jahrhunderts eine kleine Kirche (urkundlich erwähnt im 10. Jh.), womit sie eine der ältesten im Einflussbereich des Stiftes St. Gallen war. Die heutige – reformierte – Kirche ist ein spätgotischer Bau (1517), an ihr führt seit einigen Jahren der Jakobsweg vom Bodensee nach Maria Einsiedeln vorbei.

Robert Walser, ein bedeutender deutschsprachiger Schriftsteller des 20. Jahrhunderts, verbrachte die letzten 23 Jahre seines Lebens (1933–1956) als Psychiatriepatient in Herisau. Seinem Gedenken ist seit 1986 der Robert-Walser-Pfad, der erste Schweizer Literaturweg, gewidmet. Auf einer Wanderung von zweieinhalb bis drei Stunden können wir seine wichtigsten Lebensstationen erkunden.

Wenn Guntzinger gewusst hätte, dass ausgerechnet in Herisau dieser große „Mann des Wortes" leben würde, hätte er vielleicht nicht von der *Cathedra pestilentiae,* dem Gestank verbreitenden Rednerpult, gesprochen.

**ST. GALLEN, 3 Std.**

Ist ganz *sektisch* (Anm.: protestantisch), außer dem herrlichen Benediktinerkloster, in welchem ich für die Nacht äußerst wohltätige Gastfreundschaft genossen habe. Ein Stück außerhalb liegt ein katholisches Dorf mit der Kirche St. Fides.

Der hl. Gallus war einer der zwölf irischen Mönche, die den hl. Kolumban um 590 auf das Festlandeuropa begleiteten, um dem nach den Wirren der Völkerwanderung darniederliegenden christlichen Glauben neue Impulse zu verleihen. Er gründete 612 am Bodensee eine Mönchsgemeinschaft, die sich bis zur Mitte des 8. Jahrhunderts zum Kloster St. Gallen entwickelte. Vom 9. bis zum 11. Jahrhundert wuchs das Stift zum herausragenden Zentrum für Kultur und Geisteswissenschaft heran, seine Bedeutung reichte weit über die Grenzen des Landes hinaus. Seine Äbte, seit 1206 mächtige Reichsfürsten, herrschten auch über den Appenzell (bis Anfang 15. Jh.) und seit 1568 über die Grafschaft Toggenburg. Die Stadt St. Gallen, vom Kloster gegründet, löste sich im 15. Jahrhundert von diesem und führte 1524 sogar die Reformation ein

*St. Peterszell, das „Rote Haus“*

*Die Stiftskirche von St. Gallen*

– doch nur für kurze Zeit. 1531 wurde die katholische Hoheit wiederhergestellt. 1798 beendeten die Franzosen die Herrschaft des Klosters, 1805 wurde es aufgehoben. Die Klosteranlage – die Atmosphäre ist beeindruckend! – wurde nach einem Plan von 820 gebaut, während die ehemalige Stiftskirche und die Klosterbibliothek aus dem Barock stammen.

St. Gallen liegt nicht nur an einem alten Jakobsweg, der in Maria Einsiedeln in die „Obere Straß“ mündet. In der Stadt steht auch die barocke Kirche St. Fiden (1777), die an der Stelle eines frühgotischen Vorgängerbaus errichtet wurde. Sie weist auf einen ganz besonderen Bezug des Stiftes zur *Via Podiensis* in Frankreich hin: Ulrich von Eppenstein, Bruder des Herzogs von Kärnten, wurde 1077 Abt von St. Gallen. Um die enge Verbindung seines Klosters mit dem Jakobsweg zum Ausdruck zu bringen, ließ er Teile der Reliquien der damals sehr verehrten hl. Fides (Französisch Ste.-Foy) aus der Abtei Conques in Südfrankreich nach St. Gallen bringen und ihnen eine eigene Kirche bauen. (Die aus dem 11. Jahrhundert stammende romanische Kirche

*Der Hafen Rorschach*

*Der Hafen Lindau*

von Conques zählt zu den Höhepunkten der *Via Podiensis*.) Die Mönche von Conques waren übrigens durch einen schnöden Diebstahl in den Besitz der begehrten Reliquien gekommen.

**RORSCHACH, 3 Std.**

Ist ein angenehmes katholisches Städtlein. Am gleichen Tag in aller Früh konnte ich im Boot des Nürnberger *Ordinarius* mitfahren. Der See war diesmal *wütig*.

Schon im 9. Jahrhundert soll hier eine erste kleine Kirche gestanden haben. Dass die Wahl für ihren Patron auf den hl. Kolumban fiel, ist nur logisch, wenn wir bedenken, dass Gallus ein Gefährte Kolumbans und Rorschach Besitz von St. Gallen war. Bis 1833 stand im Ort eine Jakobskapelle. An sie und an die Pilger, die hier vorbeikamen, erinnert heute der Jakobsbrunnen. Das Wahrzeichen der Stadt ist das „Kornhaus", das der Abt von St. Gallen um die

Mitte des 18. Jahrhunderts bauen ließ und das auf ihre Bedeutung als Hafen und Handelsplatz hinweist. So wie Guntzinger können auch wir vom Südufer des Bodensees nach Lindau übersetzen. Der Hafen ist nach wie vor wichtiger Stützpunkt der Bodenseeschifffahrt.

# VIERTER ABSCHNITT: DEUTSCHLAND

### LINDAU, 4 Std.

Ist eine feste, zur Gänze lutherische Reichsstadt am Bodensee, schon zum Schwabenland gehörend. **N** Man wollte mir hier kein Frühstück geben, also reiste ich weiter und kam etwa eine halbe Stunde später in katholische Dörfer. Dort erzählten mir in einem Wirtshaus zwei lutherische Bürger aus Lindau, dass dort vergangene Nacht ein großer Diebstahl von Silbergeschmeide geschehen sei. Worauf ich sagte, die Katholischen können es ja nit getan haben, die man ja unverzüglich durchgeleitet habe. Hingegen wundere ich mich bei denen nit, die sich weigern, Gottes Gebote zu halten.

Dass schon im 9. Jahrhundert auf der Bodenseeinsel ein Nonnenkloster gegründet wurde, ist mit Sicherheit auf das Wirken der irischen Wandermönche zurückzuführen, von denen mindestens vier im Bodenseeraum lebten, missionierten oder gar Klöster gründeten (Gallus, Findan, Pirmin und Eusebius). Das Kloster wurde im 11. Jahrhundert zum Damenstift (mit der Marienkirche, nach einem Brand im 18. Jahrhundert neu aufgebaut), mit welchem, weil reichsunmittelbar, die Stadt immer wieder im Streit lag. Diese war seit dem 14. Jahrhundert eine durch Handel – mit dem Mittelmeerraum – und Schifffahrt reich und mächtig gewordene Reichsstadt. 1805 kam sie zu Bayern.

Die zum Großteil noch erhaltene Stadtbefestigung, zahlreiche Patrizierhäuser, das Rathaus (1422) sowie zwei weitere Gotteshäuser (St. Peter, um 1000 gebaut, und St. Stefan, 12. Jh., seit 1528 evangelische Pfarrkirche, Ende des 18. Jh. barockisiert) machen Lindau zu einer der schönsten Städte am Bodensee.

### WANGEN IM ALLGÄU, 2 Std.

Ist eine katholische Reichsstadt, wo gerade das Fest des Patrons St. Martin gefeiert und aus diesem Anlass in der Stadt Jahrmarkt abgehalten wurde. Im „Schwarzen Adler" bescheidenes Wirtsvolk. Von hier aus ein guter, richtiger Weg, obgleich durch Wälder.

Die Kreisstadt gehört zu den Kleinoden, deren Schönheit ich im Verlauf meiner Recherchetätigkeit im Süden Deutschlands entdecke. Die Geschichte der Stadt geht ins 12. Jahrhundert zurück, sie wurde 1182 gegründet und schon 1217 als Stadt urkundlich erwähnt. Seit 1347 war sie Freie Reichsstadt. 1802

*Der Hauptplatz von Memmingen*

kam sie für kurze Zeit zu Bayern, seit 1810 gehört sie zu Baden-Württemberg. Der historische Stadtkern ist geprägt von Bauten, die zum Großteil zwischen dem 13. und 16. Jahrhundert entstanden sind: die Martinskirche (13.–15. Jh.), die auch Guntzinger erwähnt, die Rochuskapelle (15.–18. Jh.), das Spital (1446), die zwei spätgotischen Stadttore und ein prächtiger Renaissancebau (1542), in dem heute das Landratsamt untergebracht ist. Die Fachwerkhäuser, die Wandmalereien, die schmiedeeisernen Schilder, die zahlreichen Brunnen sowie die verwinkelten, oft noch gepflasterten Gassen vervollständigen das Bild einer Stadt, in der sich Romanik, Gotik, Renaissance und Barock zu einem reizvollen Ensemble vereinen.

### GEBRAZHOFEN, 3 Std.

Wo vorher eine Wehrkirche des 13. Jahrhunderts stand, wurde die ursprünglich gotische Pfarrkirche Mariä Himmelfahrt (Weihe 1421) gebaut. Aber auch

*Die drei Patrone des Allgäus: Gallus, Kolumban und Mang*

*Mindelheim*

von ihr ist nur mehr das gotische Sakramentshäuschen erhalten, denn im 17. Jahrhundert wurden zuerst die Wehrmauer und der Turm neu gebaut, dann das ganze Kirchenschiff. Die Jahreszahl 1697 über dem Eingangstor weist auf das Jahr ihrer Einweihung hin. Die barocke Renovierung (1801–1803) ergab schließlich das Erscheinungsbild der heutigen Kirche.

Seit 1443 ist sie durch die Stiftung einer Wallfahrtspfründe auch Ziel einer lokalen Marienwallfahrt. Ganz in der Nähe stoße ich auf die Statue eines Spielmannes. Sie erinnert an die Familie Munding, aus der seit dem 13. Jahrhundert viele berühmte Spielleute hervorgegangen sind.

**LEUTKIRCH, 1 Std.**

Ein unkatholisches Reichsstädtlein. Altmannshofen, eine Stunde weiter, ist katholisch.

Auf der Spitze eines Hügels vor der kleinen Stadt steht eine moderne Kapelle aus dem Jahr 2000. Sie ist den Patronen des Allgäus geweiht, deren Statuen sich vor der Kapelle erheben. Es sind die zwei Iren Kolumban und Gallus sowie der hl. Mangold (im Allgäu „Mang“ genannt), Graf und Gründer bzw. erster Abt (1096) des Allgäuer Benediktinerklosters Isny (etwa 15 km weiter südlich). Leutkirch ist eine schöne, gepflegte Stadt, ihr Name weist auf die schon 848 erwähnte „Leutkirche“ hin, um die herum sich der Ort gebildet hat. Ende des 13. Jahrhunderts bekommt der Markt, mittlerweile mit Mauern und Toren, das Stadtrecht und in der Mitte des 14. Jahrhunderts eine eigene Gerichtsbarkeit und das Zollrecht. Damit wird Leutkirch zur Freien Reichsstadt, was sie bis 1803 – sie wird Teil von Bayern – auch bleibt. Auch hier setzt sich die Reformation durch (1546), doch die Pfarre St. Martin bleibt katholisch, obwohl nur 25 katholische Bürger in der Stadt leben. Da aber auch die Menschen aus dem katholischen Umfeld der Stadt – sie war eine protestantische „Insel“ – die Kirche besuchten, war sie immer gut gefüllt. Beide Religionen existierten relativ friedlich nebeneinander, der katholische Pfarrer lud den evangelischen Rat am Neujahrstag zum Festmahl zu sich, der gemeinsame Umtrunk danach fand im evangelischen Rathaus statt. Im Dreißigjährigen Krieg eroberten die Schweden 1632 Wangen, eine Zeit der Not und der Seuchen (Pest) führte zum Niedergang der einst blühenden Handels- und Handwerksstadt (Leinenweberei).

Die Pfarrkirche St. Martin ist ein gotisches Juwel, die evangelische Dreifaltigkeitskirche wurde zu Beginn des 17. Jahrhunderts errichtet, doch Erdbebenschäden machten einen fast vollständigen Neubau (1860, neugotisch) nötig.

### MEMMINGEN, 4 Std.

Auch eine unkatholische Reichsstadt, die von den Schweden leicht erobert und von den churfürstlichen Bayern mit großer Macht wiedereingenommen wurde. Der bei den Kämpfen zerstörte Geschützturm wurde wieder repariert.

Die Stadt entstand am Schnittpunkt alter Handelsstraßen. Guntzinger war auf der Salzstraße unterwegs, auf der das Salz von Bad Reichenhall (bei Salzburg) bis in die Schweiz transportiert wurde. 1286 wurde sie – mit allen dazugehörenden Privilegien – zur Freien Reichsstadt, 1803 kam sie zu Bayern. Memmingen war eines der Zentren der Reformation, nicht von ungefähr nennt Guntzinger die Stadt „unkatholisch“. Das Selbstbewusstsein der Bürger dieser blühenden und reichen Stadt hatte sie zu Anhängern der Reformation gemacht, schon 1525 erfolgte hier die erste Menschenrechtserklärung Europas, zusammengefasst in den „Zwölf Bauernartikeln“. Entsprechend erbittert wurde die Reformation in Memmingen bekämpft. So ist es kein Wunder, das Guntzinger im Zusammenhang mit der Stadt zum ersten Mal überhaupt in seinem Bericht den Dreißigjährigen Krieg (1618–1648) erwähnt. Wenn wir bedenken, wie grausam dieser Religions- und Machtkrieg besonders ab 1630 geführt wurde, können wir vielleicht besser nachvollziehen, wie groß der Hass auf beiden Seiten war.

Die bedeutendste Kirche dieser ausnehmend schönen Stadt ist wohl St. Martin (13.–16. Jh.) mit dem berühmten Chorgestühl (Anfang 16. Jh.) aus der Memminger Schnitzerschule und den Wandmalereien aus dem 17. Jahrhundert. Werke der Künstlerfamilie Strigler können wir auch in der ehemaligen Klosterkirche des Antoniterordens (14./15. Jh.), heute „Kinderlehrkirche“, bewundern. Das Klostergebäude beherbergt ein eigenes Strigler-Museum und ein Museum über den Pflegeorden der Antoniter (gegründet 1095 in Südfrankreich).

Das vermutlich älteste Gotteshaus der Stadt ist aber die Kirche „Unser Frauen“ (1295 erstmals erwähnt) mit den gut erhaltenen spätgotischen Fresken. Von den zahlreichen zivilen Bauten aus dem Mittelalter möchte ich den „Kempter Turm“ (1393) mit dem gleichnamigen Tor, das „Siebendächerhaus“ der Gerber sowie das Renaissance-Rathaus (1589) hervorheben.

**MINDELHEIM, 5 Std.**

Sontheim liegt auf halbem Weg nach Mindelheim.

Mindelheim ist eine kleine, doch gar feine katholische Stadt, an einem Berghang gelegen. Auf dem Platz steht über dem Brunnen eine schöne Statue von Unserer Lieben Frau mit dem Kindl. Das Abbild der wertesten Muttergottes wie auch anderer Heiliger ist den Anhängern dieser *Landsekte* (Anm.: Protestanten) dermaßen feind, dass sie es nirgends dulden, nit einmal sehen wollen. Aber sehr wohl eitle Werke von unheiligen oder sogar liederlichen Dingen. Wahrhaftig, welch blinde Eigensinnigkeit oder eigensinnige Blindheit!

Hier reiht sich anscheinend ein Stadtjuwel an das nächste. In Mindelheim, wie Memmingen an der Salzstraße gelegen, gibt es sogar einen engen Bezug zu Tirol!

Im 13. Jahrhundert wurde aus der Siedlung am Fluss Mindel (mit der ersten Kirche St. Stephan, 1046) ein Markt, zu seinem Schutz wurde die Mindelburg errichtet. Um 1250 bekam der Ort das Stadtrecht verliehen, im 14. Jahrhundert erfolgte der Ausbau der Stadtbefestigung sowie der Bau einer neuen Kirche St. Stephan, der Silvesterkirche und des Spitals.

1467 wurden Ulrich und Hans von Frundsberg aus Schwaz in Tirol durch Kauf Herren von Mindelheim und blieben es bis 1586. Georg von Frundsberg, genannt „Vater der Landsknechte", dessen Standbild sich vor dem Rathaus erhebt, war als Ritter, am Ende seines Lebens sogar als Feldhauptmann von Maximilian I. und Karl V., in viele kriegerische Auseinandersetzungen in Europa verwickelt. Er starb auch entsprechend jung, knapp 35-jährig, im Zuge eines Landsknechtaufstandes, im Jahr 1528.

Seit 1616 gehörte Mindelheim zu Bayern, war also katholisch, wie Guntzinger freudig anmerkt. Nichtsdestotrotz hatte der Dreißigjährige Krieg auch für die Stadt verheerende Folgen, von denen sie sich nur langsam erholte. Mit seinen Klöstern (Jesuiten und Franziskanerinnen, beide 17. Jh.), Kapellen (Liebfrauen- und Katharinenkapelle), Kirchen, Türmen, Toren, Plätzen und Gassen reiht sich Mindelheim nahtlos in die Reihe der sehens- und besuchenswerten Allgäuer Städte ein.

Guntzinger verlässt hier die Salzstraße für einen Abstecher nach Norden, um in Augsburg gleich zwei bedeutende Pilgerstätten zu besuchen.

### TÜRCKHEIM, 3 Std.

### SCHWABMÜNCHEN, 4 Std.

Von hier aus führt ein gar lieblich ebener Weg bis Augsburg, zu beiden Seiten liegen viele annehmliche Flecken und Dörfer.

Die ursprünglich spätromanische Pfarrkirche St. Michael (Ende 13. Jh.) des Städtchens war 1945 durch Bomben zerstört worden, nur der Turm blieb erhalten. Nach dem Krieg (1945–1947) wurde sie neu errichtet. Die evangelische Frauenkirche am Ulrichsberg stammt aus dem 15. Jahrhundert.

### BOBINGEN, 2 Std.

Die Kirche St. Felicitas, ursprünglich romanisch (1090), gehörte zum Kloster St. Afra in Augsburg. In der ersten Hälfte des 16. Jahrhunderts erfolgte eine

Erweiterung nach Osten, im Zuge derer die schöne Kreuzigungsgruppe aus Sandstein entstand. Seit 1476 steht unweit der Kirche die Wallfahrtskapelle „Zu Unserer Lieben Frau“, welche 1850/51 im Rokoko-Stil umgebaut wurde.

**AUGSBURG, 2 Std.**

Von Aarberg (Anm.: Sprachgrenze) bis Augsburg sind es 35 Stunden. Bei zwei Stunden pro Meile sind das 42½ Meilen.

*Augusta*, ihres lateinischen Namens wohl würdig, ist eine herrliche, schöne, große Reichsstadt, wo katholische und unkatholische Religion sich vermengen. Sie liegt in einer weiten Ebene und wird von stattlichen Gebäuden, vielen hohen, gar zierlichen Türmchen sowie geräumigen Plätzen und Gassen geziert, ist in Summe also eine durchaus saubere und ansehnliche Stadt. Sie hat einen eigenen Bischof, eine ehrwürdige Priesterschaft und einen vornehmen Dom sowie unterschiedliche religiöse Gemeinschaften, Kirchen und Klöster. In der schönen Kirche zum Heiligen Kreuz wird seit fünfeinhalb Jahrhunderten eine wundersame Hostie verehrt, die während des jüngst erfolgten schwedischen Unwesens einen von dem Prediger öffentlich wahrgenommenen und zugleich vor allem Volk vermeldeten Glanz ausgestrahlt hatte. ✷

Worauf sich alsbald auf katholischer Seite viel glücklicher Erfolg einstellte.

Das Wunder des heiligsten Sakraments wie unzählbare andere, die sich täglich ereignen (manchmal sogar mit Unkatholischen!), zeugen in solcher Häufigkeit von der Gegenwart des verborgenen Gottes, dass es an dieser Stelle angebracht ist zu schweigen.

Im herrlichen Gotteshaus St. Ulrich ruhen seine heiligen Gebeine in der Mitte der Kirche, wie gegenüber die der hl. Afra. Der ganze Leib ihrer Magd, der hl. Digna, wird samt vielen anderen Hochwichtigen und Würdigen in und um den Sakristeialtar herum aufbewahrt. ✷

Von dem gewaltigen, prächtigen Rathaus (das dem gerade neu erbauten in Lyon in Frankreich nit viel nachsteht) und anderen Sehenswürdigkeiten lasse ich andere schreiben und erzählen.

Von Augsburg reiste ich zum Heiligen Berg nach Andechs. Auf dem Weg dorthin kam ich nach Merching (3 Std.).

Die Stadt Augsburg entwickelte sich aus der römischen Militärkolonie *Augusta Vindelicorum* und war schon in der Spätantike Bischofssitz, der 450 nach Säben (in Südtirol) verlegt wurde. Im frühen 8. Jahrhundert wurde ein neues Bistum geschaffen, dessen berühmtester Bischof der hl. Ulrich war. Er verteidigte die Stadt 955 gegen die Magyaren, die später von Kaiser Otto I. auf dem Lechfeld entscheidend besiegt wurden. Seit 1276 Reichsstadt, war Augsburg im 15. und 16. Jahrhundert eines der wirtschaftlichen und geistigen Zentren Deutschlands. Es war die Stadt der Künstler (Holbein d. Ä., Peutinger), die Heimat der mächtigen Handelshäuser der Fugger und der Welser. Sie spielte in der Reformation eine bedeutende Rolle (die „Augsburger Konfession" von 1530, der „Augsburger Religionsfriede" von 1555).

Der romanisch-gotische Dom, die St.-Anna-Kirche (1321) mit der Grabkapelle der Fugger (Frührenaissance) sowie das St.-Ulrichs-Münster (1012) mit dem Afra-Altar sind die wichtigsten Kirchenbauten der Stadt. (Die hl. Afra wurde 304 auf einer Lechinsel bei Augsburg verbrannt.)

Die zivile Architektur der Stadt ist stark geprägt von den Fuggern und Welsern: die Renaissance-Häuser in der Maximilianstraße, die „Fuggerei" (eine Siedlung für arme Bürger aus dem Jahr 1519), das Rathaus (1615–1620).

**MOORENWEIS, 3 Std.**

Im dichten Wald irrte ich durch tiefen, frisch gefallenen Schnee. Beim Einbruch der Nacht ward mir ganz bang, da ich ohne Gewehr den Tieren, und wenn nit ihnen, dann der Kälte zum Opfer fallen könnte. **N** Nit wissend, wo ein oder aus, betete ich die Josephslitanei. Kaum hatte ich sie vollendet, stand ein großer, ehrbarer Mann vor mir und wies mich in eine Richtung, an die ich gar nit gedacht hatte. Er verschwand wieder, ich aber kam aus dem Holz und sah die Lichter eines Dorfes, auf das ich zuging und wo ich auch eine Herberge fand.

Trocken, wie es seine Art ist, schildert Guntzinger, dass er dem Tod – wahrscheinlich durch Erfrieren – nur knapp entronnen ist. Diesen wenigen Zeilen entnehme ich, dass er zu Fuß und alleine unterwegs war. Und ich werde wieder daran erinnert, dass seine Reise mühsam, beschwerlich und gefährlich war, in einem Ausmaß, wie es für uns heute kaum vorstellbar ist. Das darf ich nicht vergessen, wenn ich mir ein Bild von ihm mache. Guntzingers Schilderung erinnert mich an die Arie „Hier steht der Wand'rer nun" im Oratorium „Die vier Jahreszeiten" von Joseph Haydn. Librettist Gottfried van Swieten muss ähnliche Erfahrungen im kalten, dunklen Winter auch gemacht haben:

Hier steht der Wand'rer nun,
Verwirrt und zweifelhaft,

Wohin den Schritt er lenken soll.
Vergebens suchet er den Weg;
Ihn leitet weder Pfad noch Spur.
Vergebens strenget er sich an
Und watet durch den tiefen Schnee;
Er find't sich immer mehr verwirrt.
Jetzt sinket ihm der Mut,
Und Angst beklemmt sein Herz,
Da er den Tag sich neigen sieht,
Und Müdigkeit und Frost
Ihm alle Glieder lähmt.
Doch plötzlich trifft sein spähend Aug'
Der Schimmer eines nahen Lichts.
Da lebt er wieder auf;
Vor Freuden pocht sein Herz.
Er geht, er eilt der Hütte zu,
Wo starr und matt er Labung hofft.

**STEEGEN AM AMMERSEE, 2 Std.**
Ein gutes Wirtshaus mit Wein und Bier und einem eigenen Fischerhaus am See.

Es ist ein strahlender Septembertag, typischer Altweibersommer, nur vereinzelte kleine Wolken kleben wie weiße Farbtupfer auf einem riesigen dunkelblauen Teppich. Vor mir erstreckt sich ein etwas kleinerer, ebenfalls blauer Teppich, der Ammersee, auch er ist mit weißen Tupfern übersät. Es sind die Segel der vielen Boote, die an diesem Traumtag den See bevölkern.

**ANDECHS, DER HEILIGE BERG, 3 Std.**
Eine auserwählt schöne Kirche in Oberbayern mit zwei berühmten Reliquiengemächern. Die Schlüssel dazu bekommt man allzeit bei Ihrer Durchlaucht in Bayern, an Christi Himmelfahrt und am Sonntag vor St. Michael sind sie aber öffentlich zugänglich. ✱ Von den in großmächtiger Anzahl vorhandenen Heiligtümern, die alle in einem gedruckten Büchlein aufgezählt werden, das man hier selbst oder in München bekommt, ist in Kürze zu wissen: Hier gibt es (ähnlich wie in Cebrero in Galicien und in Augsburg in Schwaben) drei hochwürdige Hostien, von denen der heilige Papst Gregor

Andechs, der „heilige Berg“

Gauting, Geburtsort von Karl dem Großen

vor mehr als tausend Jahren zur Abwendung der Pest zwei *konsekriert* (Anm.: geweiht) hat. Auf ihnen ist jetzt zu lesen: *Sacramentum S. Gregorii*. In einer erschien ein blutrotes Kruzifix in Fleischgestalt, in der anderen ein Fingerglied, auch aus Fleisch und blutfarben. In der dritten, mit der Inschrift *Leonis Pap.*, also Papst Leo IX., die nach 600 Jahren immer noch frisch ist, zeigte sich der allerheiligste Name IHS blutfarben, um den damals neu entstandenen Ketzern die wahre Wesenheit des gegenwärtig verwandelten Leibes Christi darzutun. Alle drei lagen über hundert Jahre unter der Erde vergraben, und wenn sie ausgestellt werden, kommen 20.000 Menschen, um sie zu sehen, früher waren es sogar 60.000.

Von den vielen großen Wundern, die sich zugetragen haben, berichte ich nur von einem: Graf Otto von Andechs hatte das hochwürdige Heiligtum eines Tages zur Aufbewahrung an einen anderen Ort gebracht. Als er es zu Christi Himmelfahrt zur *Non* (Anm.: die neunte Stunde) auf den Altar stellen und es dafür aus der Lade holen wollte, war diese leer. Der heilige Schatz stand nämlich in der Kapelle zu Andechs, als wäre er nie entführt worden. Siehe, wie Gott lieber an einem als etwa einem anderen Ort verehrt werden will und wie unrecht diejenigen haben, die das Wallfahren verachten und behaupten, Gott erteile überall Audienz. Freilich wohl überall, aber nit überall die gleich gnädige Audienz.

*„Der Herr ist groß und hochberühmt in der Stadt Gottes auf seinem heiligen Berge (Psal. 47).“*

Die Menge der anderen allervortrefflichsten Reliquien ist an dieser Stelle nit aufzuzählen: Es sind allerhand Waffen des Leidens Christi, vom Gewand Unserer Lieben Frau der halbe Gürtel und viel anderes – von Johannes dem Täufer, von allen heiligen Aposteln, von hundert und mehr Märtyrern, von gar vielen Beichtigern, heiligen Jungfrauen und Frauen. Wohl ein recht heiliger Berg.

Anfangs herrschten hier die Grafen von Andechs. Aus ihrem gräflichen Geschlecht stammen über zwölf Heilige wie z. B. der heilige Kaiser Heinrich, der ein Herr von Andechs war; wie auch Sankt Graffrath; wie Sankt Otto, Bischof von Bamberg oder der selige Priester Rathard und andere: beide Königinnen Elisabeth, die hl. Wiltraud, die hl. Hedwig und andere.

Von den vielen wundersamen Heilungen an diesem Ort, Zuflucht aller Presthaften, die hier regelmäßig geschehen, wird in der Chronik Zeugnis abgelegt, auf die ich den gutherzigen Leser verweise. Der brüderlich geliebte Pilger kann sich am Ort selbst ein Bild davon machen.

Das Gotteshaus ist der allergnädigsten Himmelskönigin Maria geweiht und ist die Stiftskirche des Benediktinerordens, das sich armen Pilgern gegenüber als sehr wohltätig erweist. Zur Zeit des schwedischen Einfalls vor 23 Jahren waren die beiden Bilder Unserer Frau in diesem Kloster dank göttlicher Wundertätigkeit unversehrt geblieben und die Ehrenneider Gottes und seiner Heiligen, Bilderstürmer und Brandstifter, zogen unverrichteter Dinge wieder ab und den ewigen Spott auf sich und die ganze Welt erfuhr davon.

Am Tag Mariä Opferung ging es weiter nach Gauting.

Auf dem „Heiligen Berg“ der Bayern stand ursprünglich die Stammburg der Grafen von Andechs (schon seit dem 9. Jh. bezeugt). Sie waren mächtige Markgrafen mit Besitzungen in Istrien und Dalmatien. Auch Innsbruck gehörte den Andechsern, die im 12. Jahrhundert in den Reichsfürstenstand erhoben worden waren. Der von Guntzinger erwähnte Graf Otto war vermutlich Otto I., der 1208 die Pfalzgrafschaft Burgund „erheiratete" und damit den Höhepunkt der Macht seines Geschlechts erreichte. 1248 starben die Andechser aus. (Innsbruck kam in den Besitz der Grafen von Tirol, an ihre Vorgänger erinnert die „Ottoburg" in der Altstadt.)

An der Stelle der Stammburg wurde ein Benediktinerpriorat gegründet, die Burgkapelle wurde zur gotischen Wallfahrtskirche ausgebaut (Umbau im Rokoko-Stil im 18. Jh.).

**GAUTING, 4 Std.**

Seine Kirche ist auch Unserer Lieben Frau geweiht, Herr Johann Neumayr ist dort Pfarrer.

Vor den Toren von München erwartet mich eine große Überraschung. Dass Gauting an der alten Römerstraße liegt, ist noch keine Überraschung, vielmehr eine Bestätigung. Guntzinger ist wieder auf der Salzstraße unterwegs, die wie so viele andere Fernstraßen Europas im Mittelalter auf der Trasse der immer noch gut erhaltenen Römerstraße angelegt wurde. Die Überraschung ist vielmehr, dass ich auf den Ort stoße, in dem aller Wahrscheinlichkeit nach Kaiser Karl der Große im Jahr 743 das Licht der Welt erblickte!

Guntzinger erwähnt die Kirche „Zu Unserer Lieben Frau" – es ist die spätgotische Pfarr- und Wallfahrtskirche von Gauting (15. Jh.).

**MÜNCHEN, 3 starke Std.**

Von Augsburg her sind es 18 Stunden, also neun Meilen, in Summe von Aarberg nach München 51 Meilen.

Die Residenzstadt seiner Durchlaucht, des Kurfürsten von Bayern liegt lustig in einem weiten, ebenen Land, ist durchaus sauber, mit weiten, geraden Gassen, gepflasterten Plätzen und hohen, zierlichen Palästen und Häusern. Die über alle Maßen stattliche fürstliche Burg ist in- und auswendig auf das Kostbarste gebaut und möbliert, in allen Gemächern und an den Säulen sieht man allerlei Marmor, unterschiedliche Kunststücke und allerschönste Werke. In Summe, in seiner lauteren Lust ein irdischer Entwurf dessen, wie man sich die Wohnungen im himmlischen Staat Gottes vorstellt. Auf dem vornehmsten Stadtplatz steht eine ansehnliche hoch aufgerichtete Säule der unbefleckt empfangenen engelreinen Muttergottes und Jungfrau Maria.

Was Gotteshäuser anbelangt, hat München sehr viel, fast alle sehr schön. ✱ Vor allem die Hauptkirche Zu Unserer Lieben Frau mit ihren zwei ganz herr-

lich großen und gezierten Türmen. Die St.-Peter-Pfarrkirche ist ebenfalls sehr fein. Erst Ende letzten Jahres war aus Rom, versehen mit päpstlichen Briefen und Insignien, der Leichnam des hl. Märtyrers Honoratus hierher überführt worden. In der gleichfalls stattlichen Kirche der Augustiner, geweiht den beiden Johannes, dem Täufer und dem Evangelisten, befindet sich ein wundertätiges Bild Unserer Lieben Frau. Und die ehrwürdige Kirche der *Societas Jesu* (Anm.: Jesuiten) findet an Kunst und Schönheit nit leicht ihresgleichen. Dieser ohne die Sicht verstellende Säulen große, weite und majestätische Bau kann ohne Übertreibung ein Muster an reiner Zierde und Holdseligkeit genannt werden, von allem übrigen schweige ich.
Weiter ging die Reise nach Altötting.

Heinrich der Löwe gründete 1158 an der Stelle der früheren Siedlung *Munichen* einen Markt, der, versehen mit dem Zollprivileg, rasch an Größe und Bedeutung gewann und 1294 zur Stadt erhoben wurde. Sie wurde 1255 zum Stammsitz der Wittelsbacher, ein Geschlecht, das bis 1918 die Geschichte Bayerns und seiner Hauptstadt schreiben sollte. 1632 wurde München von den Schweden erobert und im Spanischen Erbfolgekrieg (Anfang 18. Jh.) von den Österreichern besetzt, die 1705 in der „Sendlinger Mordweihnacht" einen Volksaufstand grausam unterdrückten. Die Zeit, in der sich München zur Großstadt entwickelte, war das 19. Jahrhundert. Wirtschaft, Kunst und Wissenschaft erlebten eine Blütezeit, die erst mit dem Ausbruch des Ersten Weltkriegs endete.

Die Stadt wurde im Mittelalter durch zwei Mauerringe geschützt. Der innere entstand 1175, er umschließt die „Welfenstadt", in der wir das Rathaus (1310, 1470–1480 neu gebaut) und die zwei ältesten Kirchen der Stadt finden (St. Peter, um 1050, und die Frauenkirche, 1271, Neubau 1468–1488). Der zweite Mauerring entstand um 1300, er umschließt die „Altstadt" mit der Michaelskirche der Jesuiten (Ende 16. Jh.), der Theatinerkirche (2. Hälfte 17. Jh.) sowie die Johann-Nepomuk-Kirche (Mitte 18. Jh.) der beiden großen Barockbaumeister Cosmas und Egid Asam. Auch das Jesuitenkolleg (Ende 16. Jh.) und zahlreiche Adelspaläste, darunter die Residenz der bayrischen Herzöge und Könige (1560, letzte Erweiterung unter König Ludwig 1826–1842) und das Erzbischöfliche Palais (1733–1737) befinden sich in der „Altstadt".

## ANZING, 3 M

Es gab schon eine Meile vorher ein Dorf und zwei Meilen nachher auch eines.

Erstaunlich, wie lange ein funktionierendes Straßennetz gültig ist! Guntzinger ist auf der Poststraße unterwegs, die aus einer Römerstraße, dann Salzstraße, hervorgegangen ist. Auch Anzing liegt an dieser Straße und ich stelle fest, dass sie zur – vor allem vom Schwerverkehr – stark frequentierten Verbindung nach Passau geworden ist.

Zu Guntzingers Zeit gab es im Ort eine kleine Marienkirche (1320 erbaut), die im 17. Jahrhundert für die seelsorgerischen Bedürfnisse als zu klein befunden wurde. Besonders auf Betreiben der vom Pfarrer 1624 gegründeten „Skapulierbruderschaft", einer religiösen Vereinigung von Laien, wurde dann der Neubau der Kirche beschlossen, der 1681 erfolgte. (Das Skapulier, das „Schulterkleid", ist Teil der Ordenstracht der Benediktiner und Dominikaner.) Die Anzinger Marienwallfahrt geht auf ein Bild der Jungfrau Maria, das „Gnadenbild" zurück, das 1625 drei Münchner Frauen auf der Heimreise von ihrer Wallfahrt nach Altötting in der Anzinger Kirche entdeckt hatten.

### HAAG, 3 M

Ein feiner Marktflecken mit einem ansehnlichen herrschaftlichen Schloss in einer gar schönen Gegend.

Seit 980 thront die Burg der Edlen von Haag über dem sympathischen Städtchen an der alten Straße. Die Freie Reichsgrafschaft von Haag kam mit dem Aussterben des Geschlechts 1566 in den Besitz der Wittelsbacher, seit 1804 gehört sie zu Bayern.

### MÜHLDORF AM INN, 2 M

Eine ziemlich große Stadt am Innstrom, den wir auf einer Brücke überqueren. Die Stadt hat wegen eines schlechten Hauptmanns bei einem schwedischen Angriff wenig Ehr eingelegt. Wasserburg (Anm.: die Nachbarstadt) hingegen hat sich seine Heldentreue ruhmeswürdig erhalten.

Wieder eine dieser schönen, gepflegten, mittelalterlichen Städte, die Bayern in so reichem Maß besitzt! Wobei Mühldorf über neun Jahrhunderte zum Erzbistum Salzburg gehörte (seit 935), nicht nur kirchen-, sondern auch landesrechtlich, zum Schluss als Salzburger Enklave in bayrischem Hoheitsgebiet, ehe es 1802 zu Bayern und kirchlich zur Erzdiözese München-Freising kam.

Von der ursprünglich romanischen Pfarrkirche (1251) ist nur mehr der Turm erhalten, denn im 15. Jahrhundert erfolgten einige Umbauten im gotischen Stil. Am 17. März 1768 stürzte die Kirche wegen schwerer statischer Fehler bei der Renovierung zum großen Teil ein und ein Neubau wurde notwendig. Der Patron der Pfarrkirche ist der hl. Nikolaus, als Patron der Schiffer, Flößer und Fährleute häufig in Orten zu finden, die an Flüssen liegen. Die Frauenkirche (17. Jh.) am Stadtplatz war die Kirche des Kapuzinerklosters, bis 1815 war sie den hll. Jakob und Ursula geweiht, den Patronen der für den Bau der Klosterkirche abgebrochenen Jakobskapelle. Mit der Johanneskapelle (14. Jh.) neben der Pfarrkirche und der Katharinenkirche (15. Jh.) kommt Mühldorf auf eine für ein so kleines Städtchen doch beachtliche Zahl an schönen, sehenswerten Gotteshäusern.

**ALTÖTTING, 1 I M**

Großer Jahrmarkt (Haar- oder Flachshandel) am Vorabend des Festes des hl. Andreas in Neuötting. Ich verfüge mich auf einem kleinen Weglein nach Altötting, um dort Gott für die mir durch seine würdigste Mutter erwiesene Gnade meine Dankbarkeitspflicht abzuleisten. ✷ Diese nit als Bauwerk, aber in ihrer Heiligkeit große Kapelle genießt seit uralten Zeiten bis zur heutigen Stund wegen der hier geschehenen unzähligen Wunder unterschiedlichster Art in der ganzen Christenheit so großen Ruhm und ist so bekannt, dass es nit nötig ist, dem hier auch nur das Wenigste hinzuzufügen.

An sich war geplant, am Inn entlang bis zur Wallfahrtskirche Mariahilf auf dem Kapuzinerberg in Passau zu reisen, eine herzlich liebwürdige Kirch, auch für ihre Wunder bekannt. Aber die hart einfallende Winterszeit ließ mich den Plan ändern und die Gelegenheit nutzen, nach vielen Jahren der Abwesenheit alte Freunde in Burghausen, Braunau und anderen Orten zu besuchen.

In der karolingischen „Heiligen Kapelle“ (9./10. Jh.) wird seit dem 14. Jahrhundert ein wundertätiges Marienbild verehrt – die „Schwarze Muttergottes“. Außerdem werden dort auch die Herzen der Wittelsbacher aufbewahrt. So ist Altötting in der Bedeutung durchaus vergleichbar mit Mariazell oder Maria Einsiedeln, seit Jahrhunderten der wichtigste Marienwallfahrtsort Süddeutschlands. Der Strom der Pilger reißt auch im 21. Jahrhundert nicht ab, der Devotionalienhandel blüht wie eh und je. Die Religion als wichtiger Wirtschaftsfaktor, und das in Zeiten des rasanten technologischen Fortschritts, des informierten aufgeklärten Menschen, der leeren Kirchen. Erstaunlich ...

**BURGHAUSEN, 2 M**

Eine größere Stadt in Niederbayern mit höflichen Einwohnern, am Ufer der schiffreichen Salzach gelegen. Im festen, gar großen und hohen Schloss sitzt die churfürstliche Regierung und meistens auch der Korps der höheren und niederen Offiziersränge. Hier befand sich vor etlichen Jahren der schwedische General Horn mitsamt seinen Leuten in langer Gefangenschaft. Der Patron der Pfarrkirche ist der hl. Jakobus, der der Jesuitenkirche der hl. Joseph. Beide zählen zu meinen Lieblingspatronen, umso lieber verbrachte ich hier den ganzen Advent und die folgenden Heiligen Weihnachten. Der Stadtpfarrer, hier Kirchherr genannt, befindet sich bei einer Sitzung der löblichen Regierung in München, so betreuen mich sein von mir vielgeehrter Stellvertreter Johann Baptist Geißler sowie der nit weniger verehrte churfürstliche Redenschreiber Herr Johann Silbernagel. Beide geistlichen Herren sind von exemplarischem Lebenswandel. (Anm.: Mit Sicherheit wohnte Guntzinger in dieser Zeit bei seinem Bruder, dem Stadtschreiber von Burghausen.)

Auf halbem Weg nach Braunau steht im Wald eine Martersäule mit dem Abbild eines dort unlängst mit über zwanzig Wunden aufgefundenen ermordeten Jünglings. Die Bösewichte hatten sich als Pilger verkleidet.

Eine erste Siedlung mit Wasserzollstation an der Salzach am Fuß des Burghügels gab es schon im 7./8. Jahrhundert, im 11. Jahrhundert wurden die Grafen von Burghausen als Verwalter des nunmehr zum Reich gehörenden Guts eingesetzt. Im 13. Jahrhundert wurden die Wittelsbacher Herren von Burg und Stadt, die insbesondere durch den Handel mit Salz reich geworden war. So wurde Burghausen auch zur zweiten Residenz der niederbayrischen Herzöge und es begann unter deren Herrschaft eine bis zum Ende des 16. Jahrhunderts währende Blütezeit. Der Niedergang begann mit dem Verlust der Haupteinnahmequelle aus dem Salzhandel und wurde mit den Folgen des Dreißigjährigen Kriegs, später der Erbfolgekriege (1701–1714 und 1740–1745) und der Napoleonischen Kriege für lange Zeit fortgesetzt. Der Verlust des Titels „Hauptstadt“, des wirtschaftlich wichtigen Hinterlandes und die Einstellung der Flussschifffahrt hatten das Absinken zur unbedeutenden – aber besuchenswerten – Kleinstadt zur Folge.

*Altötting*

Schon der Besuch der Altstadt mit der Pfarrkirche St. Jakob (1140 geweiht), dem „Chorregentenhaus“ (1. Hälfte 16. Jh.), dem ehemaligen Stadthaus der Herzöge (2. Hälfte 15. Jh.), der ehemaligen Jesuitenkirche (17. Jh.), heute Studienkirche St. Joseph, sowie den vielen Bürgerhäusern und Palästen zeigt uns Burghausen als mittelalterliches Kleinod. Was aber die Stadt an der Salzach einzigartig macht und uns vollends ins Mittelalter eintauchen lässt, ist ihre Burg mit den sechs (!) Höfen, eine Stadt in der Stadt, die in der Länge 1043 Meter misst und damit als längste Burg Europas gilt.

*Der Hauptplatz von Braunau*

# FÜNFTER ABSCHNITT: ÖSTERREICH

**BRAUNAU, 2 M**

*Hic amor, hic Patria est. („Hier ist die Liebe, hier ist das Vaterland.")*

Eine lustig am Inn gelegene, nit große, aber feste Stadt mit gar ehrbarem Volk und schönen Behausungen, vor allem die ganz herrliche Pfarrkirche St. Stephan mit einem starken, gar zierlichen, schön hochgeführten Turm. Nit weniger ist das Gotteshaus innen, das vor kurzem mit großen Kosten aufs Beste renoviert wurde, wo am mit besonders trefflicher Kunst gestalteten Hauptaltar die Steinigung des heiligen Erzmärtyrers dargestellt ist.

Guntzinger kommt wieder nach Österreich und gleich in seine engere Heimat – er ist ja gebürtiger Oberösterreicher. Auch hier hat der Dreißigjährige Krieg gewütet und er hat ihn wahrscheinlich bis zu seinem 15. Lebensjahr (als er nach Graz ging) ziemlich nahe miterlebt. So lehnten sich 1625 in Oberösterreich die Bauern gegen die – katholische – bayrische Besatzung auf, was wie in der Schweiz mit einem Blutbad endete. Ihr Anführer Stephan Fadinger fiel 1626 bei Linz im Kampf, Guntzinger war zu diesem Zeitpunkt zwölf Jahre alt. Auch hier, ähnlich wie in der Steiermark, verliert er kein Wort über diesen Konflikt. Warum auch? Die Dinge sind wieder so, wie sie sein sollten.

Braunau ist eine schöne alte Stadt am Inn, sie wurde 1260 vom Bayernherzog Heinrich XIII. als strategisch wichtiger Brückenort gegründet. Die Innschifffahrt, der Salzhandel und das Tuchmachergewerbe machten sie rasch zu einer reichen und bedeutenden Handelsstadt. Die Festungsanlage wurde auf Befehl Napoleons Anfang des 19. Jahrhunderts geschleift, die Mehrheit der prächtigen gotischen Bürgerhäuser fiel dem großen Brand von 1874 zum Opfer. Doch was stehen blieb, ist immer noch sehr ansehnlich. Der Turm der gotischen Pfarrkirche St. Stephan (15. Jh.) ist, wie auch Guntzinger anmerkt, tatsächlich sehr hoch. Mit seinen 99 Metern ist er der höchste weit und breit. Die Bürgerspitalkirche stammt ebenfalls aus dem 15. Jahrhundert. 1779 kam Braunau durch den „Teschner Frieden" an Österreich.

**MATTIGHOFEN, 2 k M**

Ein vornehmes Dekanat und gewerblicher Marktflecken. Hier sind meine Wohltäter der Herr Dekan Doktor Johann Galgenmüller und der churfürstliche Forstmeister Herr Caspar von Mühlheim.

Die alte Handwerkersiedlung an der Mattig ist ihrer Tradition treu geblieben. Heute beherbergt sie zahlreiche Industrieunternehmen, darunter einen Motorradproduzenten von Weltruf.

**HEILIGENSTATT, 1 M**

Abermals eine schöne Kirch. Vor langer Zeit stand hier ein Wald, in dem eine Frau eine von Kirchenräubern weggeworfene konsekrierte Hostie gefunden hatte. ✸ Sie hatte diese mit ihrem Hut bedeckt und es dem Pfarrer in Mattighofen gemeldet. Selbiger war aber nit imstande, die heilige Hostie aufzuheben, ehe er nit gelobt hatte, an dieser Stelle eine Kirche zu bauen. Außer diesem Heiligtum gibt es hier noch zwei Spänlein vom Kreuz Christi. Es war ursprünglich ein Span, und als man ihn spaltete, floss aus einem Blut. Dieser wurde bei der Kirchweihe im Altar eingeschlossen, den anderen bewahrt man in der Sakristei auf.

Das von Guntzinger erwähnte Hostienwunder soll sich im Jahre 1400 zugetragen haben. Was mich in der kleinen Kirche überrascht und berührt, ist die fast lebensgroße Statue des hl. Jakobus, wie ein Pilger ausgestattet mit Trinkkalebasse (Flaschenkürbis), Stab und breitkrempigem Hut. Vor ihm ein Buch, in dem man sich eintragen kann, und Trinkwasserflaschen zum Kauf. Offensichtlich liegt diese heimelige Wallfahrtskirche an einem Pilgerweg. Es könnte der „Wolfgangsweg" sein, der nach Süden nach St. Wolfgang führt – übrigens auch Guntzingers Route.

### LENGAU

Eine Stunde von Heiligenstatt steht die bekannte St.-Jakobs-Pfarrkirche von Lengau, die sich von Neuem in inniglicher Schönheit erhebt. Herr Berthold Reyser ist der würdige Seelsorger des Ortes.

Die im Ursprung gotische Kirche St. Jakob wurde im 17. Jahrhundert barockisiert, doch die erste urkundliche Erwähnung einer Vorgängerkirche erfolgte schon im 11. Jahrhundert. Hier ließen sich im Frühmittelalter viele Franken aus dem Norden nieder, was möglicherweise die Wahl von Jakobus als Patron der Pfarrkirche erklärt. Dieser war nämlich der Nationalheilige der Franken.

Aus Lengau stammte Franz Winkelmeier, der berühmte „Riese von Lengau". Seine Körpergröße, er maß unvorstellbare 2,58 Meter, war die Folge einer Drüsenfehlfunktion, er starb entsprechend jung im Alter von 27 Jahren 1877. Sein Grab befindet sich im Friedhof neben der Kirche.

### STRASSWALCHEN, 1 M

Der Weg nach St. Wolfgang, das mein Ziel war, führt normalerweise von Burghausen aus über Gundertshausen (2 k M) und Feldkirchen (2 l M) nach Straßwalchen, von Heiligenstatt aus kam ich aber direkt nach Straßwalchen.

Wie der Name verrät, liegt der Ort an einer Kreuzung von uralten wichtigen Nord-Süd- und Ost-West-Verkehrswegen. Karl der Große ließ die Römerstraße, die hier durchführte, für den Feldzug gegen die Awaren im Osten zur Heerstraße ausbauen – aus ihr wurde Jahrhunderte später die Bundesstraße B1 nach Wien. Auch der Patron der Pfarrkirche weist auf die Karolinger hin (Karl der Große war Karolinger), es ist der hl. Martin, ebenso wie das Jahr ihrer ersten urkundlichen Erwähnung (799). Der spätgotische Bau (1444 geweiht) wurde zu Beginn des 18. Jahrhunderts durch barocke Seitenschiffe erweitert.

*Jakobus in der Wallfahrtskirche Heiligenstatt*

*Mondsee*

### MONDSEE, 2 M

Hier steht ein vornehmes Benediktinerkloster, wo mir viel Ehre angetan wurde. Es hat eine gar große und schöne Klosterkirch.

Das Benediktinerkloster Mondsee wurde 748 vom Bayernherzog Odilo gegründet und entwickelte sich rasch zum bedeutenden Zentrum mit einer weit über die engere Region hinausreichenden Ausstrahlung. (Ganz besonders, seitdem es der hl. Wolfgang reformiert hatte.) Joseph II. ließ es Ende des 18. Jahrhunderts säkularisieren, das Stift wurde zum Schloss, die Kirche zur Pfarrkirche. Der gotische Bau (15. Jh.) ersetzte die frühromanische Vorgängerkirche, die Westfassade wurde 1730 im Barockstil erneuert.

### ST. WOLFGANG, 2 M

Von Mondsee aus fährt man eineinhalb Stunden über den See, geht dann etwa eine halbe Stunde bergwärts übers Land und kommt schließlich zu Fi-

*Blick auf St. Wolfgang*

scherhäuschen am Abersee, wo man sich im Boot nach St. Wolfgang übersetzen lässt. Von dort erreicht man diesen heiligen Ort ✷, zu dem als ihrem besonders treuen Nothelfer die gottesfürchtigen Deutschen seit jeher bis zum heutigen Tag in großer Zahl und von weit her wallfahren, um ein Gelübde zu erfüllen. Dass dieser auch hilfreichen Beistand leistet, zeigen die dort angebrachten Votivtafeln. Unter anderem ist zu sehen die über alle Maßen große Kerze, die ihre christmildeste Kaiserliche Majestät Ferdinand II. anno 1621 gestiftet hat. Sie steht neben dem Sarg mit den Gebeinen des heiligen Bischofs, seinem Handbeil und anderen Gegenständen. Außerhalb der Kirche an einer Mauer, in der Nähe der eigentlichen St.-Wolfgangs-Kapelle, liegt jener Stein, an dem sich der heilige *Beichtiger* schmerzlich gestoßen und den er dann wie einen Teig geknetet hatte. Weit im Gebirge liegt der Ort, wo selbiges Handbeil von ihm eine halbe Meile weit geworfen worden war und etwas weiter der große Stein, den der böse Feind über ihn stürzen wollte. Noch weiter hinein erreicht man in der Tiefe des Gebirgs die dem

See zugewandte Felsenhöhle und die wundersam aus dem Felsen entspringende Quelle. Auch beim Gotteshaus steht ein gar schön aus Erz gegossener Brunnen, aus dem frisches Wasser hervorspringt.

Ich wage zu behaupten, dass sich heute Wallfahrer und Touristen in dem neben Bad Ischl berühmtesten österreichischen Sommerfrischeort so ziemlich die Waage halten. Wenn nicht gar Zweitere in der Mehrheit sind, besonders seit dem Welterfolg der Operette „Im Weißen Rössl". Das Bild, das sich mir bei meinem Besuch in St. Wolfgang bietet, spricht jedenfalls dafür. Es waren aber die Pilgerströme des 15., 16. und 17. Jahrhunderts, die den Reichtum des Wallfahrtsorts begründeten, den wir heute an der spätgotischen Pfarr- und Wallfahrtskirche St. Wolfgang (1414), vor allem an ihrer Innenausstattung ablesen können. Der Flügelaltar des Pustertaler Malers und Holzschnitzers Michael Pacher zählt neben dem Genter Altar der Brüder van Eyck (Belgien, 1432) und dem Altar der Marienkirche von Krakau (Veit Stoß, 1489) zu den drei berühmtesten, vollkommen erhaltenen Flügelaltären der Welt. Allein sein Transport ist schon rekordverdächtig: in Teile zerlegt vom Pustertal über den Brenner nach Innsbruck, auf dem Inn per Schiff bis Braunau, wieder über Land nach Mondsee und schließlich auf Booten an seinen Bestimmungsort, wo er 1481 wieder zusammengebaut wurde.

Der hl. Wolfgang (924–994) war Mönch und Lehrer in Maria Einsiedeln, später Bischof von Regensburg und Missionar. (Er versuchte vergeblich, Ungarn zu missionieren.) Der Legende nach verbrachte er einige Zeit als Einsiedler am Falkenstein oberhalb des Sees, wo er auch eine kleine Kirche baute.

### BAD ISCHL, 2 M

Ein trefflich schöner Marktflecken.

Zu Guntzingers Zeiten war Bad Ischl nur ein hübscher Markt, in dem seit 1595 die Salzsole aus dem Hallstätter Bergwerk zu Salz versotten wurde. Der Reichtum aus dem Salzhandel floss aber nicht nach Bad Ischl, die Knappen blieben arm. So wundert es nicht, dass sie sich in großer Zahl der Reformation anschlossen, deren soziale Ideen bei ihnen auf fruchtbaren Boden fielen. Ihr Aufstand gegen die gewaltsame Rekatholisierung wurde niedergeschlagen (1601), an ihrer Armut hatte sich nichts geändert. Erst zwei Jahrhunderte später (1823) begann mit der Errichtung eines Solebades der Aufstieg von Bad Ischl zum weltberühmten Kur- und Sommerfrischort. Als die kaiserliche Familie, zuerst der Bischof von Olmütz, Bruder von Kaiser Franz, dann dieser selbst Bad Ischl „entdeckte", ging es rasch und steil bergauf. Das Bad Ischl von heute strahlt immer noch die Atmosphäre jener Zeit aus, die Tourismuswirtschaft fördert auch ganz bewusst die „Monarchie-Nostalgie". Die „Kaiservilla" war von 1854 bis 1914 Sommerresidenz von Kaiser Franz Joseph, hier verlobte er sich mit der Wittelsbacher Prinzessin Elisabeth. In der „Lehárvilla" lebte der Komponist von 1912 bis zu seinem Tod 1948.

### LAUFFEN

Von Bad Ischl ging es weiter zum *Märktel* Lauffen. Gleich danach beginnt die Steigung auf die Pötschen, nit steil, sondern sich allgemach ziehend. Wegen der sanften Steigung und weil der Weg auch einer sehr guten Schlittenbahn gleicht, führten etliche Bauern die schwersten Holzlasten ohne die Hilfe von Pferden oder anderen Lasttieren von der Passhöhe hinunter, manchmal mit solchem Schwung, dass die Fuhren, in der Ebene angekommen, noch eine schöne Strecke von alleine weiterrollen. Auf halbem Weg zum Pass fließt aus dem Berg köstlich gesundes Wasser, im Sommer kälter als im Winter, von dem Mensch und Vieh erquickt werden. Oben scheidet sich das Land und es fanget die Steiermark an. Viel altes Gehölz liegt noch herum, seit man vor Jahren die Passhöhe gerodet hatte. **N** Unterwegs zeigte man mir die Stelle, wo kürzlich ein Knabe einem durchstreichenden Buben seinen Geldbeutel sehen ließ und dieser ihm bald mit seinem eigenen Messer die Gurgel abschnitt. (Das Messer hatte er ihm kurz vorher selbst geliehen gehabt.)

Abgesehen davon, dass sie im 20. Jahrhundert asphaltiert wurde, ist die kleine Straße, die durch Lauffen führt, identisch mit der Poststraße aus Guntzingers Zeiten. Nach dem Ort steigt sie an zum Pötschenpass, wo eine Gedenktafel an die letzte Postkutsche, die ihn im Jahr 1897 überquert hat, erinnert.

### BAD AUSSEE, 3 M

Ein gar namhafter, am Fuße des Berges gelegener Markt, reich durch den Salzhandel. In der Gegend gibt es viele Saiblinge, schön rötlich gestreifte, sehr gute Fische, wie auch in St. Wolfgang.

Seit dem Pötschenpass sind wir in der Steiermark, aber die durch den Salzabbau geprägte Region haben wir noch nicht verlassen. Bis ins 19. Jahrhundert war das Salz Haupteinnahmequelle der Bewohner des schon 1150 als „Oussa"

erstmals erwähnten Ortes. Es wurde im 20. Jahrhundert durch den Fremdenverkehr abgelöst – seit 1868 ist Bad Aussee Kurort.

Zwei gotische Kirchen (Pfarrkirche und Spitalskirche) sowie die gotischen Profanbauten wie der „Kammerhof" (das alte Salzamtsgebäude) und das „Hoferhaus" machen den Ort, zusammen mit den gepflegten alten Holzhäusern, zu einem der vielen Kleinode des Salzkammerguts.

### BAD MITTERNDORF

Von Aussee geht es durch die Dörfer Goisern und Bad Mitterndorf in Richtung Ennsbrücke (4 M).

Der wegen seiner Thermalquellen beliebte, schon sehr alte Kurort wurde zu Beginn des 20. Jahrhunderts durch den Aufschwung des Schisports und die damit verbundene Erschließung der Tauplitzalm sowie den Bau der Schiflugschanze „Kulm" bei Tauplitz zu einem der ältesten Wintersportplätze Österreichs. Am Eingang des Friedhofs neben der Pfarrkirche St. Margarethe entdecke ich drei Grabkreuze mit den Inschriften „Glaube", „Liebe", „Hoffnung", äußerst sinnvoll ergänzt durch ein viertes mit der Inschrift „Frieden". Gefällt mir ausnehmend gut!

### LIEZEN

Am Fluss liegt ein bekanntes Wirtshaus, aber erst in Liezen, eine starke Meile weiter, führt eine Brücke drüber.

In der Nähe der Bezirkshauptstadt (Stadternennung 1947) komme ich am Mahnmal am Ufer der Enns vorbei, das an die vielen Menschen erinnert, Soldaten und Zivilisten, die am Ende des Zweiten Weltkrieges auf der Flucht vor der Sowjetarmee im Fluss ertrunken sind. Genau genommen sind es zwei Mahnmäler, eines in deutscher, das andere in kyrillischer Sprache.

### BURG STRECHAU

Ich kam am schönen Schloss Strechau vorbei.

Strechau gehört zu den größten und ältesten Burganlagen der Steiermark. Ihre Besitzer hatten sich begeistert der Reformation angeschlossen und wurden im Zuge der harten Maßnahmen der katholischen Gegenreformation des Landes verwiesen. Ihre Burg kam in den Besitz des Klosters Admont.

*Enns, die Grenze zwischen den Besatzungszonen*

*Die Nikolauskirche von Rottenmann*

**ROTTENMANN, 2 | M**

Wo die Herren Regularkanoniker eine schöne Kirch und Kloster haben und mir freundliche Guttätigkeit erwiesen. Außerhalb liegt eine weiland zerstörte lutherische Synagoge, ein rundes, dem Anschein nach vorher schönes Gebäude.

Schon 927 wird der Ort urkundlich erwähnt, der Eisen- und Salzhandel sowie die Silbervorkommen in der Region machen ihn (Stadt seit 1320) reich. Doch die Begeisterung für die Ideen der Reformation – schon 1578 gab es die erste evangelische Kirche – kam Rottenmann teuer zu stehen. Nach insgesamt drei (!) militärischen Interventionen war die katholische Ordnung wiederhergestellt. Trotz der Verwüstungen durch mehrere Brände im 18. und 19. Jahrhundert blieben Teile des schönen mittelalterlichen Stadtkerns erhalten, insbesondere die spätgotischen Kirchen St. Nikolaus, die Spitalskirche und die Stiftskirche (alle 15. Jh.), das ehemalige Chorherrenstift (heute Schloss), der Hauptplatz und Teile der Stadtmauer.

*Kalwang*

*Gasthof Eberhard, schon seit Guntzingers Zeiten (St. Michael)*

### GAISHORN, 2 M

Beinahe unmerklich steigt die Straße in Richtung Schoberpass (849 m) an, malerische Dörfer säumen sie, meist am Sonnenhang des Paltentales gelegen. Eines davon ist Gaishorn mit der Pfarrkirche zur Heiligen Dreifaltigkeit, die nach dem Türkensturm 1520 wieder aufgebaut wurde. Von ihr führt ein wunderschöner Kreuzweg den Hügel hinauf zur Virgilkapelle.

### WALD AM SCHOBERPASS

Auf halbem Weg von Gaishorn nach Kalwang hat's ein Wirtshaus, das Wald (oder Grieß) heißt.

Wald ist heute als Höhensommerfrische und Wintersportort bei den Steirern beliebt, zu Guntzingers Zeiten war es eine wichtige Pferdestation. Hier wurde das zusätzliche Gespann, der Vorspann, das man für den Anstieg auf die

Passhöhe benötigte, ab- bzw. angespannt. Die Pfarrkirche St. Kunigunde stammt vom Beginn des 15. Jahrhunderts, der Gasthof im Ort ist ebenso alt. Die freundliche Wirtin bestätigt, dass der Gasthof sehr alt ist, zudem war hier früher die Pferdestation untergebracht. Vielleicht ist Guntzinger hier gar auf seiner Durchreise eingekehrt?

### KALWANG, 2 M

Am Berg steht die Kirche St. Sebastian und gerade am Festtag des hl. Märtyrers (Anm.: 20. Jänner) war ich eben dort. Auch etliche *Kreuzmennigen* (Anm.: Wallfahrer) kamen gerade an und es wurde gerade Kirchtag gehalten. Herr Johann Carolus Scheydel ist der Pfarrer.

*Alt Freund, alt Wein, alt Geldt: hat Preyss in aller Welt.*

Die erste urkundliche Erwähnung eines Ortes namens „Cheichelwang" erfolgt im Jahr 1171. In den darauffolgenden Jahrhunderten erreichte der Ort durch Bergbau (Kupfer) und Gewerbe (Hammerwerke) einen bescheidenen Wohlstand. Die Pfarrkirche St. Oswald (13./14. Jh.) mit dem spätgotischen Turm, die Sebastianskirche auf dem Hügel (mehrfach umgebaut, heutiger Bau 17. Jh.), der Pfarrhof (17. Jh.) wie auch die schönen alten Bürgerhäuser geben Zeugnis davon. Heute ist die Marktgemeinde, so wie ihre Nachbarn im Liesingtal, vor allem als Sommerfrische und Wintersportort bekannt.

### KAMMERN, 2 k M

Guter Freund hat niemand zuviel. (Anm.: Wahrscheinlich wurde Guntzinger von Freunden aus seiner Grazer Zeit verwöhnt.)

### ST. MICHAEL, 1 l M

Es überrascht mich nicht, dass die älteste Kirche des Liesingtals an dessen Ausgang steht, dort, wo der Liesingbach in die Mur mündet. Die Kirche „Liesnich", dem hl. Michael geweiht, schon 925 erwähnt, war nämlich die Mutterpfarre eines Gebietes, zu dem insgesamt zehn Kirchen gehörten. 860 hatte es König Ludwig der Deutsche dem Erzbischof von Salzburg geschenkt, dieser ließ die erste Kirche vermutlich an der Stelle einer uralten vorchristlichen Kultstätte errichten – wie es eigentlich zu Beginn der Verbreitung des Christentums in ganz Europa üblich war. 1178 kam St. Michael an das Stift Admont.

Die nach dem Türkeneinfall von 1480 vollkommen zerstörte Kirche wurde neu gebaut und 1512 geweiht, der Turm kam etwa hundert Jahre später dazu. 1728 wurden Schiff und Seitenkapelle neu errichtet, die sehenswerten Fresken aus dem 14. Jahrhundert wurden 1946 im Zuge von Restaurierungsarbeiten freigelegt.

An der Außenwand des Ortsgasthofs „Eberhard" entdecke ich ein altes Wirtshausschild aus dem Jahr 1658 – drei Jahre vorher kam Guntzinger hier durch. Ob er wohl eingekehrt ist?

### LEOBEN, 1 M

Ein in der Talebene liegender, lieblicher Ort, mit viel Gewerbe auf Grund des Eisenwerks.

### BRUCK AN DER MUR, 2 k M

auch eine feine Stadt, zur Zeit mit einem Erzpriester, ehrwürdiger Geistlichkeit und einer ganz ehrsamen Bürgerschaft. Von hier aus gab es die Gelegenheit, die sechs Meilen nach Graz per Schiff auf der Mur zurückzulegen.

### GRAZ

Klingt wie *Gratiae* (Anm.: Dank): Die Stadt ist Residenz des allerdurchleuchtigsten Erzhauses Österreich und fürstliche Hauptstadt der Steiermark, mit einem ansehnlichen Schloss am Berg und einer gewaltigen Festung. In der edlen Residenzstadt leben außer dem Fürsten noch viele andere Angehörige des hohen und niederen Adels, die sicherlich alle gemäß dem Sprichwort leben:

*Demüttig, freundlich, mild, ghört in deß Adels Schildt.*

So wird nit eine Stadt zu finden sein, deren bürgerliche Einwohner es den Grazern an Höflichkeit, Redlichkeit und Vertrauenswürdigkeit gleichtun könnten! Es gibt da auch unterschiedliche Tribunalien und eine der berühmtesten Universitäten, in der die freien Künste und alle Wissenschaften auf das Beste florieren. Deswegen ist die Stadt gar volkreich und dennoch ist durch Gottes Segen fast alles wohlfeil.

Im Übrigen öffnet sich gleich vor der Stadt das Land weit auf das lustbarste und das schöne, weite und fruchtbare Grazer Feld liegt vor uns. Ich erspare mir die Beschreibung der Stadt, ihrer vortrefflichen und würdigen Gotteshäuser, der namhaften Land- und Rüsthäuser und der herrlichen Schlösser, Paläste und stattlichen Gebäude samt all ihren wichtigsten Werken, sowohl

*Das Kornmesserhaus in Bruck an der Mur*

inner- als auch außerhalb, und wende mich dem Bericht von meiner Reise gen Mariazell zu.

Nach Graz kam Guntzinger per Schiff, seine vierte und wohl auch am wenigsten gefährliche Schiffsreise auf seiner Pilgerfahrt. Schade, dass die Murschifffahrt schon lange aufgegeben wurde, auch ich hätte mich der Stadt gerne auf dem Wasser genähert.

Aus der Fluchtburg (das slawische *Gradec* bedeutet Burg) der Völkerwanderung wurde 1130 die Herrschaftsburg der Markgrafen von Steier. Der Ort, der am Fuß des Schlossbergs an der seit der Spätantike bedeutenden Handelsstraße entstand, wuchs rasch zur Stadt heran (Stadtrecht 1281) und wurde im 14. Jahrhundert sogar eine der drei Residenzstädte (neben Wien und Innsbruck) der Habsburger. Besonders unter Kaiser Friedrich III. (1415–1493), Vater von Maximilian I., gewann Graz als seine Stadtresidenz eine Jahrhunderte überdauernde Bedeutung.

*Thörl, auf dem Weg nach Mariazell*

Die ab der zweiten Hälfte des 15. Jahrhunderts praktisch ständig drohende Türkengefahr machte bauliche Veränderungen notwendig, sodass sie, trotz der zahlreichen kirchlichen Bauten aus den Jahrhunderten vorher, auch als Renaissancestadt bezeichnet werden kann (Dom, erstmals 1174 erwähnt; Leechkirche, 13. Jh.; Stiegenkirche auf dem Schlossberg, 14. Jh.; Propstei und Hauptkirche „Zum Heiligen Blut", 15. Jh.). Aus dieser Zeit (17. Jh.) stammen das Zeughaus, das Mausoleum Kaiser Ferdinands II., die Katharinenkirche, die Franziskanerkirche und nicht zuletzt die Universität, Wirkungsstätte von Johannes Kepler, die, 1585 gegründet, zu den ältesten Österreichs zählt. Sie war – als Universität einer Habsburgerstadt fast logischerweise – eines der Zentren der Gegenreformation, Johannes Kepler war eines ihrer vielen Opfer. Er wurde ausgewiesen.

Die frühgotische Jakobskapelle (vermutlich aus dem Jahr 1272) im Osttrakt des Franziskanerklosters steht an der Stelle, wo sich noch vor der Gründung des Klosters (13. Jh.) und der Erweiterung der Stadt außerhalb der damaligen Stadtmauern eine kleine frühmittelalterliche Jakobskirche befunden hatte. Ein wichtiger Hinweis auf Jakobspilger, die als Fremde (*peregrinus*!) die Städte ja oft nicht betreten durften. (Wie auch Guntzinger in Auch erleben musste.)

### KAPFENBERG

Von Graz zurück nach Bruck an der Mur und Kapfenberg.

Schon seit dem 14. Jahrhundert wird in Kapfenberg Eisen verarbeitet, heute ist es die drittgrößte Stadt der Steiermark und Zentrum der Eisenindustrie. Sie entwickelte sich aus der Siedlung, die am Fuß des Burghügels, dem Kapfenberg, entstanden war. Die ehemalige Burg wurde nach dem Zweiten Weltkrieg zum Hotel umgebaut, im Zentrum dominieren neue Bauten und einige Gebäude aus dem 18. Jahrhundert, wie das „Alte Rathaus", das „Stadtamt" sowie die Pfarrkirche (ursprünglich 15. Jh.).

### THÖRL, 2 k M

Ich erreichte das Wirtshaus am Thörl.

Der Name des Industrieortes weist auf die Engstelle des Tales hin, die im 14. Jahrhundert zur Straßensperre zwecks Kontrolle des Verkehrs ausgebaut wurde. Im 15. Jahrhundert errichtete man dann noch zur weiteren Stärkung der Anlage die Burg Schachenstein. Auch hier wird seit dem 14. Jahrhundert Eisen verarbeitet, z. B. stammen die schweren Kanonenkugeln, die im Grazer Zeughaus ausgestellt sind, aus Thörl, wo sie im 15. Jahrhundert gegossen worden sind.

### AFLENZ, 2 k M

Von Thörl ging es nach Aflenz und von da über den Seeberg nach Mariazell.

Die Marktgemeinde auf dem sonnigen Plateau dürfte wohl eine der ältesten Siedlungen der Region sein. Schon 1066 wird eine Pfarre St. Peter erwähnt, seit 1103 gehörte sie zum Stift St. Lambrecht. Sie war auch die Mutterpfarre von Mariazell, von hier brach 1157 der Mönch Magnus mit dem Bild der Jungfrau Maria zu dem Ort auf, der heute Mariazell heißt. Die spätgotische Pfarrkirche St. Peter ist das Ergebnis einer umfangreichen Erweiterung der romanischen Vorgängerkirche, der romanische Karner St. Michael blieb aber zur Gänze erhalten.

*An der Pfarrkirche von Aflenz* *Mariazell*

Die Höhenlage und die Sonne machen Aflenz zum beliebten Luftkurort, die zahlreichen schönen alten Bauern- und Bürgerhäuser tragen das Ihre dazu bei, dass man sich hier rundum wohl fühlt.

### MARIAZELL, 4 M

Das wegen seiner Bedeutung auch Groß-Mariazell ✷ genannt wird. Das Unserer Lieben Frau geweihte Gotteshaus wird von den Benediktinern betreut und ist von einem ziemlich großen Marktflecken umgeben. Täglich geschieht hier eine so unbeschreiblich große Zahl von Wundern, dass ich gar nit zu erzählen beginne. Sie widerfahren Edlen und Unedlen, jung und alt, Personen beiderlei Geschlechts, die von weitem oder aus der Umgebung kommen, vor allem aus der deutschen Christenheit. Es ist offenkundig sogar für jene, die Augen haben, aber nit sehen wollen. Was meine unwürdige Person betrifft, so stehe ich im Gnadensaal der großmächtigsten Himmelskönigin in höchster Schuld und danke ihr untertänigst für die nun glücklich zu Ende gehende Pilgerfahrt.

Der Mönch Magnus aus dem Stift St. Lambrecht ließ sich hier als Einsiedler nieder. Aus der „Zelle“ des Einsiedlers wurde dank des wundertätigen „Gnadenbildes“ der Wallfahrtsort Mariazell, um 1330 erstmals erwähnt. Das Marienheiligtum wurde schon von den böhmischen und ungarischen Königen besonders verehrt. Als es dann auch vom Haus Habsburg zu „seinem“ Wallfahrtsort auserkoren wurde, dauerte es nicht mehr lange und Mariazell war der bedeutendste Marienwallfahrtsort der Monarchie, die *Magna Mater Austriae*. Zwischen 1644 und 1704 erfolgte, stark unterstützt durch die Habsburger, der barocke Um- und Neubau der Wallfahrtskirche. Niemand Geringerer als Johann Fischer von Erlach entwarf den Hochaltar (1692–1704) der Basilika, auch der Silberaltar in der „Gnadenkapelle“ (1653) wurde von ihm entworfen.

**TERZ, 2 k M**

Von Mariazell nach Wiener Neustadt nehmen die Kirchfahrer im Sommer den Weg über die Puchalm oder anderswo. Ich aber, bei dem tiefen Schnee im Monat Januar, nahm den Weg über das Wirtshaus in Terz und ging von da weiter nach St. Ägyd.

Da es tiefer Winter ist, entscheidet sich Guntzinger für den „Winterweg“ nach Wiener Neustadt, der heute noch als „Mariazeller Weg“ ausgeschildert ist. Bis St. Ägyd am Neuwalde entspricht sein Verlauf dem des heute als „Wiener Weg“ bezeichneten Wallfahrtsweges. Dann folgt er bis Schwarzau im Gebirge einer Route, die zwar als „Zeller Weg“ beschildert ist, aber anscheinend keinen offiziellen Namen hat. (Wieder einmal bestätigt sich, dass das Ziel und die Motivation – und die Fortbewegung zu Fuß – den Pilger ausmachen, nicht der Weg, den er wählt.) Ab Schwarzau führt er, identisch mit dem burgenländischen „Zeller Weg“, über das Klostertaler Gscheid, Puchberg am Schneeberg und Grünbach am Schneeberg nach Osten in die Ebene des Steinfeldes. Drei wundervolle Tage folge ich bei traumhaftem Septemberwetter Schritt für Schritt den Spuren des Prälaten. Nur einmal kommen mir zwei Pilger entgegen, die nach Mariazell unterwegs sind. Sonst habe ich den Weg – seit dem Klostertaler Gscheid ein alter Römerweg – für meinen Hund Arvo und für mich ganz alleine und genieße ungestört die Schönheit der alpinen Landschaft mit der prächtigen Kulisse des Schneeberg-Massivs.

**ST. ÄGYD, 2 M**

Von wo ich über Gaißrücken den Berg nach Schwarzau überwand.

### SCHWARZAU, 2 M

Dort empfing mich der Ortsseelsorger Johann Philipp Walter kostfrei. Manche Pilger nehmen ihren Weg dann über Gutenstein und Piesting, ich jedoch hielt auf Puchberg zu.

### PUCHBERG, 2 M

Im Pfarrhof gab es gute Einkehr und Nachtherberge bei grimmig wildem Wetter.

Der Hausberg der Wiener (2076 m) wird von Puchberg aus mit einer Zahnradbahn, die schon 1897 gebaut wurde, erschlossen. (Interessant, es ist auch das Jahr, in dem die letzte Kutsche über den Pötschenpass fuhr – das Ende einer Ära, der Beginn einer neuen ...) Entsprechend touristisch geht es sowohl im Sommer als auch im Winter in diesem attraktiven Kurort zu.

### GRÜNBACH/KIRCHBÜHEL, 2 M

Dort steht eine gar liebliche, andächtige Kirch zu Unserer Lieben Frau ✱, die von den ehrwürdigen Zisterziensern aus Wiener Neustadt betreut wird.

Ganz in der Nähe des kleinen Ortes Grünbach mit der frühgotischen Pfarrkirche (um 1100) erhebt sich auf einem Hügel weithin sichtbar die Wallfahrtskirche Kirchbühel. Seit dem 15. Jahrhundert findet jedes Jahr am zweiten Sonntag nach Ostern eine Wallfahrt „Zum Guten Hirten“ (das frühere Patrozinium) statt. Man vermutet, dass diese Wallfahrt ihren Ursprung in einem uralten heidnischen Opferritual zum Frühlingsneumond hat. Von der zweiten Hälfte des 15. Jahrhunderts bis zu ihrer Auflösung durch Joseph II. im Jahr 1785 war die Kirche Priorat der Zisterzienser von Wiener Neustadt und sogar Bischofssitz. Seit 1606 wird Kirchbühel als Wallfahrtskloster der Zisterzienser betrieben.

### WIENER NEUSTADT, 2 M

Dort wurde ich vom Offizial mitsamt der wohlehrwürdigen Priesterschaft und vielen anderen redlichen Bürgern im Dom zu Unserer Lieben Frau ganz liebreich empfangen.

Von München auf diesem Weg 64 Meilen und von der kaiserlichen Hauptresidenzstadt Wien hierher ist es eine kleine Tagesreise von acht kurzen Meilen.

*Die „Putzkapelle" am Mariazeller Weg*

Neustadt ist eine in Österreich gelegene, zur Sicherung der Grenze nach Ungarn errichtete Festungsstadt, an Lebensmitteln wohlfeil, mit bestem Wein im Überfluss. Ich kam am 24. Jänner, zur Zeit der ersten Vesper zur Bekehrung des hl. Paulus, an und begab mich gleich in das würdige St.-Jakobs-Gotteshaus, um dort Gott für seine unaussprechliche Güte und den von ihm erwählten Heiligen, insbesondere aber meinem großen Patron und Schirmherrn Jakob treulichst von Herzen zu danken.
Zur Zeit befindet sich neben dieser Kirch ein Kapuzinerkloster. Auch der Orden des Namens von St. Paul dem ersten Einsiedler führt hier ein wohlbestelltes Kloster. Die Herren Zisterzienser betreuen von alters her das herrliche Gotteshaus zur Allerheiligsten Dreifaltigkeit, das vor Zeiten vom edlen Herrn von Trautmannsdorf (welch passender Name) gestiftet wurde. Es wird hier an einem Altar andächtig die Messe gelesen, der durch und durch zierlich und rein gehalten wird. Der Dom oder bischöfliche Hauptkirch ist Unserer Lieben Frau geweiht und ist ein starker Bau mit zwei großen Türmen, die

*Kloster Kirchbühel*

*Wiener Neustadt, die Bischofsresidenz*

zur Gänze mit Quaderstücken errichtet wurden und über ein besonders großes gravitätisches Geläut verfügen. Die Nikolaikirch am Platz war vor Jahren zu Allerheiligen bis auf den Grund zerstört worden, doch kürzlich hatte sie der jetzige hochwürdige Bischof ebenso wie die St.-Peters-Kirch mit neuen Altären und Inneneinrichtung ausstatten lassen.

St. Elisabeth gehört den Rittern des Deutschen Ordens und die stattliche landesfürstliche Burg wird von einer St.-Georgs-Kirch geziert, kunstvoll erbaut, schön und weit.

Herzog Leopold V. gründete 1194 in der Ebene des Steinfeldes zum Schutz der Ostgrenze eine *Nova Civitas*, eine „Neue Stadt". (Erst im 18. Jahrhundert kam der Name Wiener Neustadt auf.) Babenberger und Habsburger leisteten wichtige Beiträge zur Entwicklung der Stadt, Friedrich III. erkor sie gar von 1440 bis zu seinem Tod 1493 zur Residenz, sein Sohn Maximilian I. ist in der spätgotischen St.-Georgs-Kirche der Burg begraben. Maria Theresia leitete mit der Gründung eines adeligen Kadettenhauses, der späteren berühmten Theresianischen Militärakademie, eine zweite Blütezeit der Stadt ein. Diese ist bis zum heutigen Tag Österreichs einzige Offiziersschule.

Viele religiöse Orden ließen sich in der Stadt nieder, was die für das doch eher kleinere Wiener Neustadt hohe Anzahl von Kirchen erklärt: die Zisterzienser, denen Friedrich III. 1444 Kirche und Konvent der Dominikaner, das „Neukloster", übereignete; die Dominikaner, deren Kirche von 1444 bis ins 18. Jahrhundert St. Peter (13. Jh.) war, welche seit 1966 für Kunstausstellungen genützt wird; die Jesuiten, die für kurze Zeit, bis zu ihrer Auflösung 1733, in der Kirche St. Leopold (1737–1745) und dem angrenzenden Presbyterium (heute Stadtarchiv) ihre Heimstatt hatten; die Karmeliter, seit 1663 in Wiener Neustadt, deren Kirche seit 1997 ebenfalls für Ausstellungen genützt wird, und schließlich die Kapuziner, die 1623 Kirche und Konvent der Minoriten übernahmen, die im 13. Jahrhundert gekommen waren und deren Kirche dem hl. Jakobus geweiht ist. Es ist die Kirche, der Guntzinger nach seiner Rückkehr den ersten Besuch abstattet, um dem Pilgerpatron für die gesunde Heimkehr zu danken. Der spätromanische Dom (Weihe 1279) Zu Unserer Lieben Frau wurde im 14. Jahrhundert um ein gotisches Querschiff und einen gotischen Chor erweitert, welcher die romanische Apsis ersetzte. Er war bis 1785 Bischofskirche. Der gesamte westliche Teil des Gotteshauses war im 19. Jahrhundert in derart schlechtem Zustand, dass er 1886 abgerissen und von 1892 bis 1899 nach den alten Plänen neu gebaut wurde.

Seit 1911 gibt es auch eine evangelische Kirche in Wiener Neustadt. Sie wurde im Zweiten Weltkrieg durch Bomben schwer beschädigt und von 1951 bis 1955 wieder aufgebaut. Die Zeiten haben sich geändert, Guntzinger hätte das wohl auch akzeptiert.

## SUMMA SUMMARUM ALLER MEILEN

Die Summe spanischer Meilen (Leguas), von Compostela durch die spanischen Landschaften Galicien, Asturien, Biscaya und Guipúzkoa (ohne die Meilen vom selbigen Santiago nach Finisterrae und zurück, beinahe 30):
von Compostela nach Oviedo 46 Meilen
von Oviedo nach Santo Toribio 23 1/2 Meilen
von Santo Toribio nach Burgos 22 1/2 Meilen

von Burgos nach Santo Domingo de la Calzada 12 Meilen
von Santo Domingo nach San Sebastián 25 Meilen
Summe aller Meilen von St. Jakob nach San Sebastián: 129 Leguas

Die Summe französischer Meilen, welche bis Lyon den spanischen oder auch deutschen nit unähnlich sind:
von San Sebastián nach Toulouse 46
von Toulouse nach Lyon 58
von Lyon nach Genf 22 kurze französische Meilen, von denen besonders die ersten kaum eine halbe deutsche Meile messen, die folgenden aber den Deutschen nit sehr ungleich sind
von Genf nach Aarberg 14

Dann gehen schon die rechten Schweizer Meilen an:
von Aarberg nach Einsiedeln (mit eingeschlossen die Umwege, von denen etliche drei Stunden lang waren) noch einmal 14 Meilen.
Die Summe aller Meilen von San Sebastián in Spanien durch Frankreich und bis Einsiedeln in der Schweiz beträgt also 154 Meilen.
Die Summe der Stunden durch Schweizer- und Schwabenland bis nach München in Bayern beträgt 70, deren zwei für eine Meile gerechnet, ergibt das von Einsiedeln nach München 35 Meilen.
Von München nach Zell in der Steiermark, mitsamt meinem Umweg, sind es 52 Meilen und von Mariazell nach Neustadt sind es 12 Meilen.
Die Summe aller Meilen, einschließlich der Umwege, von Einsiedeln nach Neustadt: 99 Meilen.

Summa summarum aller Meilen der Rückreise von Compostela in Galicien nach Neustadt in Österreich:
382 deutsche Meilen, summiert mit der Hinreise
475 deutsche Meilen, ergeben insgesamt
857 deutsche Meilen.
Wenn man die Seereise dazuzählt, kommt man auf tausend und mehr.

## ETLICHE WENIGE, DOCH TREUHERZIGE WARNUNGEN FÜR PRIVATREISENDE

Die allernotwendigste Gewahrsamkeit ist für jedwedes redliche Herz das Wort jenes, der der Weg, die Wahrheit und das Leben ist (Joh. 14). Denn als seine getreuen Jünger sich anschickten, in die boshafte Welt auszureisen, sprach er zu ihnen:

Ecce, ego mitto vos, sicut oves in medio luporum: Estate ergo pruden tes, &c. Und gleich folgte: Cavete autem ab hominibus, Matth. 10–16,17 („Ich schicke euch los wie friedliche Schafe mitten unter wilde Wölfe. Seid deshalb vorsichtig. Nehmt euch auch vor den Menschen in Acht.")

„Sehet, ich sende euch" und sprach weiter, „Vernehmet mich wohl und lasst es euch gesagt sein. Ihr sollt nit zu Hause bleiben, ihr müsst reisen. Deswegen seid klug und nehmt euch wohl in acht. Und wenn euch Bären und Wölfe und andere wilde Tiere auch anfallen können, habt ihr euch dennoch vor keiner ungeheuren Bestie so sehr zu hüten wie vor dem Menschen selbst: Cavete autem ab hominibus."

So hat sich ein Reisender wohl in acht zu nehmen, wenn sich einer in der Fremde mit heilschleichenden Worten oder Gebärden als Landsmann ausgibt. Er traue ihm mitnichten, denn wahrhaftig, das alte Sprichwort ist nit falsch: Homo homini lupus („Der Mensch ist dem Menschen ein Wolf"), oder auch diabolus (Teufel). Denn das gute Vertrauen ist schon fast überall verschwunden, schier ganz verloren: Einander Brüder heißen, auf die Gesundheit trinken, sich die Hände drücken, sich anlachen, in die Augen schauen und sich gute Worte geben, sich unehrlich betrügen, verraten, inniglich verachten, hassen und sich tödlich verfolgen ist in der heutigen Welt das normale Leben.

Ein Spanier, wenn er einen einmal als redlichen Menschen anerkennt (was er sich aber wohl überlegt), liebt er ihn dann auch redlich und beständig. Obwohl sich der Pöbel gegen einen Durchreisenden oft unhöflich, unfreundlich und undiensthaft verhält und den Deutschen gern für einen Ketzer oder mindestens Weinverteurer hält, sind dennoch die rechtschaffenden Leute unserer Nation – noch vor anderen – wohl gewogen. So hat mir schon einige Male in Notfällen die Tatsache, dass ich Geringster den Ruhm genieße, Landsmann ihrer Königin zu sein, zu guter Behandlung verholfen. Und riefen sich dann zu: Es del pais, (oder de tierra) de la Reina nuestra Señora („Er ist aus dem Land unserer Königin"). Aber noch einmal: Von den in diesem Büch-

lein hin und wieder mit **N** versehenen Warnungen (N = Nota) ist diese die wichtigste: Hütet euch vor den Menschen.
Ein vorsichtiger Wandersmann soll vor allen Dingen die gute Absicht haben, Gott mit Bußwerken zu dienen und nit, die Welt zu sehen, um nachher viel erzählen zu können. Er mache ein Testament, ordne seine Angelegenheiten und habe ein gutes Gewissen.
Er versehe sich nothalber mit mehr als genügend Geld, wobei der größere Teil in wohlversicherten Wechselbriefen als in bar mitgeführt werden sollte. Aber in Wahrheit: Hat er einen Beutel voll Geld, so braucht er daneben noch einen gar großen Sack voll Geduld. Von seinem Geld lasse er nichts oder nur wenig sehen, doch viel von seiner Geduld. Deswegen ist es auch oft nit ratsam, Almosen zu geben. Beim Geldwechseln wird ihm böses Geld angehängt oder er wird betrogen, indem man für sein Geld nit den wahren Wert berechnet. Auch beim Einkauf oder beim Bezahlen der Zeche (es sei denn, man hat es vorher genau ausgemacht) wird grausam in den Beutel geschnitten.
Die Spanier sind zwar meistens redlich und eifern als aufrechte Biedersleute die gute alte deutsche Sitte nach, indem sie sich als dem lobens- und liebenswürdigen Gerechtigkeitssinn sehr zugetane Liebhaber erweisen. Fast als hätte diese durch die Ketzerei vertriebene Mutter aller Tugenden ihr Vaterland teils verlassen und sich einen neuen Sitz in Spanien erkoren. Ihre wohl aus ihrem Ursprung herrührende Gravität führt aber dazu, dass sie den Ruf haben, stolz und hochmütig zu sein. In der Fremde halten sie fest zusammen. Einem Bedürftigen erweisen sie alles Liebe und Gute. Mir nach Pilgerart schlecht Gekleidetem steckten manche selbst arme Leute noch heimlich Geld in die Hand. Andererseits muss man wissen, dass in den *Hostales* und ähnlichen Einrichtungen für die Speisen und anderes nit nur das Doppelte, sondern wohl das Drei- und Vierfache verlangt wird. Deswegen ist es ratsam, sich niemals anmerken zu lassen, wenn einem eine Speise, oder was man sonst erworben hat, sehr zusagt. So sollte man, auch wenn man etwas nit genügend weiß oder verstanden hat, so tun, als wüsste man aufs Beste Bescheid.
Dem Trunk sollte sich kein Mensch in der Fremde hingeben. Jeder sollte danach trachten, seine Nachtherberge rechtzeitig zu erreichen. Man sollte sich nit darauf verlassen, wenn der Weg für kurz angesagt wird. Und man sollte sich immer erkundigen, ob es nit eine Infektion, finstere Orte, Räuber, Mörder, Wölfe, Gewässer, Moor, böse Stege, Irrwege und andere Gefahren vor einem gebe.

*Vil Ungemach stost den Pilger an, darvor Ihn niemand wahrnen kan.*

Wer sich vor großer Hitze fürchtet, nehme zur Sommerszeit nit den Weg, den ich genommen habe – durch die gar heißen Länder Valencia, Murcia &c., sondern soll meinen Rückweg als Hinweg nehmen – durch die Gascogne &c oder auch durch den Languedoc und über Roncesvalles, je nach Gelegenheit und Jahreszeit. In diesem Fall muss man aber bisweilen mit Umwegen rechnen, wegen der Berge, wegen der Flüsse und auch wegen der Sicherheitsrisiken. Wer sich aber aufs Meer begeben will, sehe zu, dass sein Schiff mit Geschützen wohl gerüstet sei. Das unsere hatte zwar nit mehr als vier große pezos, achtzehn kleine pedreras, aber viele Gewehre, breite Schwerter und Spieße. Unsere Mannschaft musste mehrmals zu den Waffen greifen und sich auf einen drohenden Angriff eines Schiffes vorbereiten, besonders vor Denia, und stand dann kühn und ernsthaft in Positur. Aber erst nach überstandener Gefahr konnte ich mich an den in ihrer Kampfbereitschaft schönen Männern freuen. Wer einen schwachen Magen hat, hänge sich um Brust und Magen eine Tasche, wie man sie in allen Häfen bekommt und versehe sich mit Confect, einer guten Trestersuppe (Anm.: Schnaps), am besten Aquavit oder Muskateller, doch nur zum mäßigen Gebrauch, um Entzündungen vorzubeugen. Gegen die Hitze aber empfehle ich Veyeljulep (Anm.: vermutlich Wacholder), ungewürzt oder mit Küttenlatwerk oder spiritu vitrioli. Sehr dienlich waren mir die prugnole (Anm.: Dörrpflaumen), in Rom nennt man sie auch prugne di Marsilia. Gegen das blöde Haupt (Anm.: Seekrankheit) ist es am besten, man hält sich mittschiffs weiter unten auf, aber möglichst an einem luftigen Platz. Was die Verpflegung betrifft, einige man sich am besten mit dem Patron des Schiffes oder tue sich mit anderen Mitreisenden zusammen. Oder man decke sich selber, falls man seinen Kräften vertraut, mit gutem Wein, Brot, Käse, Wurst, Zunge usw. ein. Denn der Schiffsherr pflegt nur für Süßwasser und das Holz zum Kochen zu sorgen. Für Notsituationen und für besondere Dienste ist es immer gut, wenn man sich ein Mitglied der Schiffsmannschaft zum Freunde gemacht hat. Desgleichen ist es gut, wenn es zu Hause jemanden gibt, der jeden Tag zu Gott und den Heiligen betet und an seiner Statt gute Werke verrichtet, für die Fälle, wo man selber aus irgendeinem Grund nit dazu in der Lage ist. Vor allem erwähle man einen Reiseheiligen zum täglichen Advocaten (Anm.: Fürsprecher) und mache sich durch eifrig reines Gebet Gott selbst gnädig. Zu diesem Zweck füge ich, wie versprochen, die deutsche Übersetzung der Litanei an und möchte hiermit meine Reise in Gottes Namen wohl beendet haben.

# SCHLUSSWORT

Auch meine Reise auf den Spuren des Prälaten, die mich ins 17. Jahrhundert zurückgeführt hat und mich sechs Länder, die ich zu kennen geglaubt habe, neu entdecken ließ, ist damit zu Ende. Die jahrelange intensive Beschäftigung mit den Jakobswegen in Europa und jetzt die Auseinandersetzung mit Guntzingers Pilgerreise hat mich zu einem noch überzeugteren Europäer werden lassen, als ich es schon war. Reisen bildet …

An das Ende des Berichts stellt Christoph Guntzinger die Litanei zu St. Joseph, die ihm im Sturm auf dem Meer so hilfreich war, und andere Gebete.

**LITANEI ZU ST. JOSEPH**

Herr erbarme dich unser,
Christus, erbarme dich unser,
Herr, erbarme dich unser.
Christus, höre uns,
Christus, erhöre uns.
Gott Vater vom Himmel, erbarme dich unser.
Gott Sohn Erlöser der Welt, erbarme dich unser.
Gott Heiliger Geist, erbarme dich unser.
Heilige Dreifaltigkeit, einiger Gott, erbarme dich unser.
Heilige Maria, Gespons Josephs, bitt für uns.
Heiliger Joseph, Gespons der seligsten Jungfrau, bitt für uns.
Heiliger Joseph, eine Zier der Bräutigame, bitt für uns.
Heiliger Joseph, Mann der Tochter von Joachim und Anna, bitt für uns.
Heiliger Joseph:
Ein Sohn Davids,
Gerechtfertigt im Leib der Mutter,
in Gnaden bestätigt,
Du Licht der Handwerker,
Liebhaber der Keuschheit,
Jungfrau und Vater,
Ein Vater Jesu Christi,
Ein Mithelfer der Beschneidung Christi,
Ein Fremdling mit Christus in Ägypten,
Beschützer des Sohns Gottes,

Ernährer Jesu,
Ein Gastgeber des Worts, so Fleisch geworden,
Der du Jesus im Tempel gesucht,
Unter den Armen Christi verschieden,
Mit dem Erlöser auferstanden,
Der Seligste aller Seligen,
Unser lieblichster Schutzherr, Beschirmer und Fürsprecher

**BITT FÜR UNS**

O Lamm Gottes, welches du hinnimmst die Sünden der Welt:
verschone uns o Herr.
Lamm Gottes, welches du hinnimmst die Sünden der Welt:
erhöre uns, o Herr
Lamm Gottes, welches du hinnimmst die Sünd der Welt: erbarme dich unser.
Antiphon: St. Joseph ist heftig zu lieben und in Ehren zu haben, in dessen Armen der Herr geruht hat.
Bitt für uns, o heiliger Joseph, dass wir der Verheißungen Christi teilhaftig werden.

## GEBET

Allmächtiger barmherziger Gott, der du St. Joseph, den gerechten Sohn Davids, Maria der Jungfrau zum Gespons auserkoren, und Jesus Christus deinem Sohn zum Nährvater erwählet hast, wollest aus väterlicher Güte unser flehentliches Bitten allergnädigst ansehen und auch uns, deinen Dienern, mildreichste Vorsehung zukommen lassen, auf dass wir, mit zeitlichen und leiblichen Gaben versehen, an geistlichen Gütern dermaßen zunehmen, dass wir endlich die ewige Freude genießen können. Durch eben denselben Jesus Christus deinen Sohn unseren Herrn, welcher mit dir in Einigkeit des Heiligen Geistes lebt und herrscht von Ewigkeit zu Ewigkeit, Amen.

## VON ST. JAKOB DEM GROSSEN

Antiphon: Dieser ist's, welcher unter den Aposteln als erster die Kirche mit seinem Blut benetzt hat, dessen Leib nach Galicien gebracht, in der ganzen Welt herrlich glänzt.
Gott ist uns durch seinen heiligen Apostel Jacobus beigestanden und hat uns Heil erteilt von unseren Feinden, der Herr unser Gott.

**GEBET**

Gütiger ewiger Gott, lass den getreuen Zwölfboten St. Jakob uns Weltreisenden und Fremdlingen von deiner allerhöchsten Majestät Hilfe erwerben, auf dass wir vor allerhand Gefahren und Sünden hier auf Erden errettet werden und aus diesem Jammertal in das himmlische Vaterland eingehen und dort mit ihm und allen auserwählten Freudensgenossen dich dort in ewiger Ruhe unendlich lieben und loben mögen. O allerheiligste Dreifaltigkeit, Gott Vater, Sohn und Heiliger Geist, Amen.
Jesu Benedictus Deus

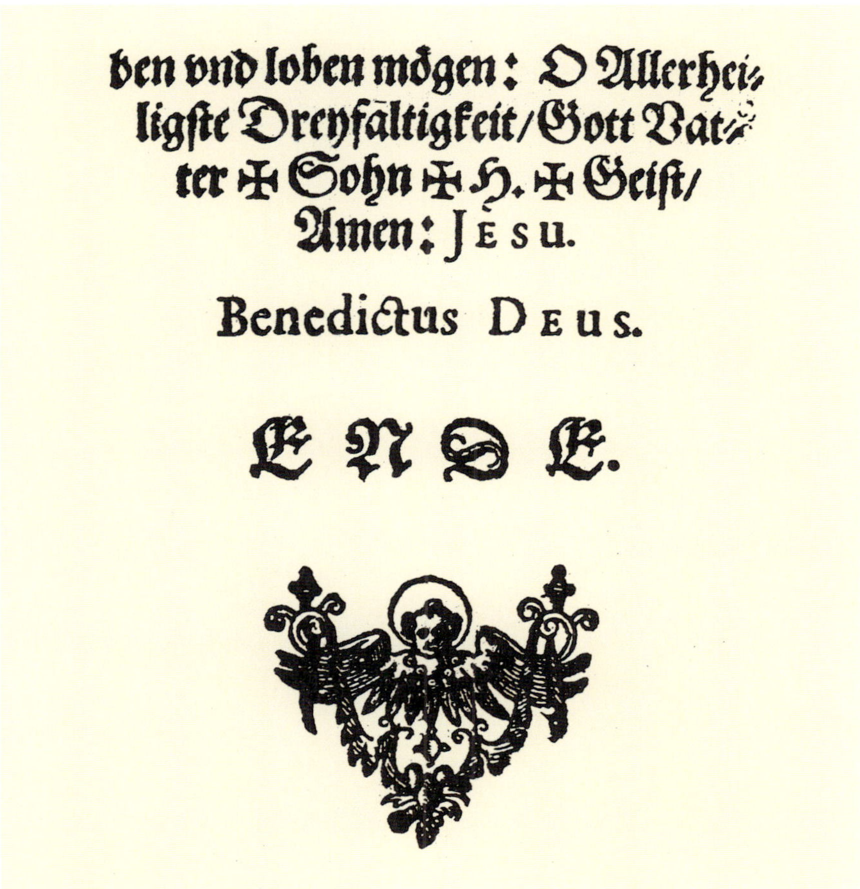

ben vnd loben mögen: O Allerhei-
ligste Dreyfaltigkeit/Gott Vat-
ter ✠ Sohn ✠ H. ✠ Geist/
Amen: JESU.

Benedictus DEUS.

ENDE.

*So endet Guntzingers Pilgerbuch.*

Seine
Paris
Straßburg
DE
Rhein
Mem
Loire
Basel
Zürich
Solothurn
Bern
Maria
SCHW
FRANKREICH
Lausanne
Genf
Lyon
Mailan
Pavi
Saint-Flour
Rhône
Rodez
Savona
San Remo
MONACO
Toulouse
Montpellier
Nizza
Marseille
ANDORRA
Mittelmeer
Kor
Barcelona